IURISDOCENCIA ADMINISTRATIVA

(Enseñar e investigar derecho administrativo)

IURISDOCENCIA ADMINISTRATIVA

(Enseñar e investigar derecho administrativo)

2.ª edición 2024

(1.ª edición en Editorial Colex)

Marcos M. Fernando Pablo

Catedrático de Derecho Administrativo de la Universidad de Salamanca

COLEX 2024

Calle Costa Rica, número 5, 3.º B (local comercial)
A Coruña, C. P. 15004
info@colex.es
www.colex.es

I. S. B. N.: 978-84-1194-323-9
Depósito legal: C 276-2024

«... cultivamos la justicia, profesamos el conocimiento de lo bueno y lo equitativo, separando lo justo de lo injusto, discerniendo lo licito de lo ilícito..., buscando con ansia, si no me engaño, la verdadera filosofía, no la aparente»

(Ulpiano, *Instituciones*, Libro I. *Dig.* 1.1.1.1)

SUMARIO

PRÓLOGO

CAPÍTULO I
LA ENSEÑANZA DEL DERECHO

CAPÍTULO II
LA HISTORICIDAD DEL DERECHO ADMINISTRATIVO. EL *ACTE ADMINISTRATIF* COMO CATEGORÍA

CAPÍTULO III
LA DOCENCIA DEL DERECHO ADMINISTRATIVO. REGLAS PARA UN OFICIO

CAPÍTULO IV

¿INVESTIGAMOS LOS JURISTAS? ¿QUÉ INVESTIGAMOS? RECORDANDO EVIDENCIAS EN DOS CAMPOS

BIBLIOGRAFÍA

PRÓLOGO

La expresión «*iurisdocencia*», que da título a esta obra, la utilizaba Enrique Rivero Ysern, mi maestro, para designar el empleo de la jurisprudencia más reciente en la docencia del derecho administrativo. Dada su dedicación, muy activa, a la abogacía, sus clases magistrales se llenaban de referencias a pleitos, sentencias, escritos y recursos.

Cuando presenté mi primer ejercicio en el concurso de acceso a la cátedra de derecho administrativo de la Universidad de Salamanca, que, en la legislación de la época, exigía presentar un texto sobre *planteamientos didácticos e investigadores* —a tanto habían ya descendido las tradicionales «Memorias sobre el concepto método y fuentes» de la disciplina—, no me atreví a utilizar aquella ocurrencia. Al reeditar ahora parte de aquellos materiales no me niego a emplearla, por que expresa parte de lo que, entonces como ahora, me parece que responde a la reflexión sobre cómo se ha enseñado el derecho, cómo se ha construido el derecho administrativo, y cómo se debería enseñar e investigar en derecho administrativo.

Un rápido repaso histórico por las fuentes sobre la enseñanza del derecho, además de descubrir el nombre del reconocido como primer iuris docente, aclara la cuestión previa de qué debería enseñarse (el *casus* y su *responsa* o ulteriores construcciones tales como las reglas, los preceptos, las instituciones o el total sistema de un ordenamiento sectorial). Con igual perspectiva histórica, se examinan los métodos docentes tradicionales, con particular referencia a algunos maestros de la Universidad de Salamanca, y la llegada a la docencia de un nuevo ámbito jurídico (*el extranjero que acude a la república de las letras*) en el siglo XIX.

La necesaria historicidad del derecho administrativo, si se quiere explicar algo de él, o si se quiere manejarlo como concepto, me llevan a examinar la Francia del setecientos, utilizando fuentes clásicas, para contraponer la obra de la Revolución francesa, particularmente en la afirmación de la institución que, para *los hijos de Montesquieu*, resultó central (el acto administrativo).

En este punto incorporo algún escrito anterior («*Sobre el acto administrativo: Historia y dogmática en España*») que, retocado, me sirve también para describir la tradicional enseñanza del derecho administrativo en España, al menos hasta mediados del siglo XX.

La descripción de la docencia jurídica *a la boloñesa* obliga a sugerir un método peculiar (el aprendizaje basado en problemas), una vez que el acrónimo ECTS ha sido interpretado, con la sorna que sólo la juventud puede prestar, como «*estudia chaval trabaja solo*». Se da cuenta, por ello, de una experiencia particular, una vez que se ha identificado como objeto de enseñanza *el modelo* de derecho administrativo y como finalidad última de aquella, que el alumno capte por sí mismo, el *funcionamiento* de aquél. Mis alumnos comprenderán, por tanto, la importancia del 7,5 como caificación final: Puedes hacerlo mejor.

Como el oficio de docente universitario comporta también la investigación, me ha parecido necesario incluir alguna nota sobre si los juristas investigamos y qué investigamos: Nuestro objeto de conocimiento (el derecho) tiene un componente «narrativo»: Contamos historias, no contamos números. Por ello, nuestra lógica es *intensional,* una lógica que «*nos implica, nos enreda ante y con un auditorio y presupone un punto de vista plurisubjetivo*» (tal como afirmaba el lógico y matemático PAULOS hace tiempo) y no un solo punto de vista objetivo, impersonal e indiscutible.

Si lo juristas investigamos para dar sentido (*un sentido*) a la débil notación positiva de la partitura del derecho dado, si realizamos una *interpretación* y ejecutamos *una obra*, su finalidad primera debe ser dotar de seguridad jurídica al conjunto y mantener la vigencia de los valores que expresa, por más que tales valores no sean *estéticos* sino prácticos. Es *nuestra obra.*

Completando la descripción de los planteamientos investigadores, y congruentemente con lo expuesto a propósito de las finalidades de la investigación jurídica, introduzco ahora dos temáticas que me parecen actuales: La del *soft law* administrativo y la del tratamiento jurídico de la Inteligencia Artificial. La primera cuestión intenta desarrollar la búsqueda de la seguridad jurídica como objetivo investigador. La segunda, la defensa de los valores que expresa en nuestra tradición la idea de derecho.

Sobre aquel *derecho blando* puede decirse, en suma, que el necesario control de los efectos jurídicos (no *obligatorios*, pero reales) que conlleva, requiere su control judicial, para lo cual debe prestarse atención a su modo de incorporación al derecho estricto: No es lo mismo una aplicación jurisprudencial del derecho blando que la asunción «normativa» del mismo. Cuando la administración crea derecho blando, el principio de legalidad obliga (con independencia del grado de vinculación que implique el documento aprobado) a plantearse la existencia de una previa *potestad* para su producción; la tutela judicial efectiva exige, además, que sea admisible, cuando pueda construirse una legitimación suficiente, un recurso contencioso que garantice el respeto a los elementos reglados de dicha potestad. Por ello se preconiza la extensión de la noción de acto administrativo a buena parte de los actos de creación de este derecho blando.

Y con relación al otro tema de investigación que ha querido traerse a estas notas, bien puede decirse que el tratamiento jurídico de la Inteligencia Artificial es uno de esos temas que periódicamente inundan nuestras bibliografías, por su actualidad, novedad o interés. Si la moda no resulta pasajera, deberíamos clarificar los temas de los datos de entrada (desde el ya muy evolucionado derecho de la protección de datos personales que considerar un simple «*click*» en nuestro navegador como un dato personal más: STJUE 4 julio 2023, C252/21), la problemática de la admisión/rechazo de los efectos de caja negra (según qué ámbitos de actuación admitamos jurídicamente para los sistemas de decisión no personales) y finalmente, la problemática de la decisión automatizada, su tratamiento y admisión como acto jurídico, sus requisitos de validez y método admisible de impugnación.

La pregunta sobre el tratamiento jurídico completo que deberíamos dar a los algoritmos de decisión en su conjunto (al sistema que, en su ejecución con ciertos datos de entrada, produce una respuesta con efectos jurídico-administrativos directos o a través de la imputación formal a un agente humano) se contesta en el texto con la negación del carácter reglamentario-normativo que pudiera defenderse respecto de los algoritmos, ni siquiera en el caso de que afecten al código fuente de un sistema informático.

Por casi idénticas razones se rechaza la construcción de los algoritmos como «actos» y se propugna que, en el actual derecho administrativo, la utilización de tales medios, salvo cuando este uso sea legal y expresamente autorizado (son los casos, no muy amplios, de la admisión de actos administrativos automatizados tanto en la Ley 40/2015 de Régimen Jurídico del Sector Público, como en la Ley 58/2003, General Tributaria), implica una actividad material que, eventualmente, puede ser calificada de vía de hecho.

El material que aquí se ofrece, con algún exceso, como *reglas para un oficio,* no ignora la sabiduría del popular *cada maestrillo con su librillo,* y únicamente se justifica en la reafirmación del modo propio de enseñar e investigar derecho administrativo, sin llegar al altivo *«inventar métodos, habiendo el de Salamanca, es traer fantasías»,* con que el claustro de la Facultad respondió, en 1771, al *Plan general de Estudios dirigido a la Universidad de Salamanca por el Real y Supremo Consejo de Castilla y mandado imprimir a su orden en Salamanca*.

Salamanca, 25 noviembre 2023

CAPÍTULO I

LA ENSEÑANZA DEL DERECHO

1. *Prudentia iuris, responsa, instituta, scholae*. Del «ius publice respondendi» a la profesión de docente

Corresponde a la tradición romanista no sólo determinada percepción de lo que es el derecho[1], sino también una larga historia acerca de su elaboración, explicación y enseñanza. En la Historia jurídica de Roma, la ruptura de la unidad (*iusfasque*) entre la norma religiosa (*fas*) y la norma civil (*ius*) desde la publicación de la Ley de las XII Tablas, a mediados del siglo V aC.,

---

1 Tan lejana, por ejemplo, a la tradición china que hace de la contraposición entre el «*li*» y el «*fa*» un elemento decisivo en el que el peso de lo ritualmente ordenado y armónico por naturaleza (*li*) conduce a una función secundaria del derecho: *Vid.* DAVID, R. y JAUFFRET ESPINOSE, C.: *Los grandes sistemas jurídicos contemporáneos*, (traducción de Jorge Sánchez Cordero) 1a. reimp. de la 11a. ed., UNAM, México DF, 2010: «La sociedad china ha mostrado históricamente una gran reticencia a admitir la idea occidental de un derecho rígido y abstracto, aplicable por tribunales, como una necesidad del orden social. El hombre no debe procurar afirmar su derecho, el deber de cada uno es fomentar la conciliación, el de desvanecer el derecho, en caso necesario, en beneficio del interés de todos los juristas incurren en riesgos al regirse y querer aplicar normas abstractas, generales, suscitando obstáculos a los compromisos y con ello alientan la discordia. La solución debe buscarse, al margen de cualquier esquema jurídico, en el compromiso, equidad y sentimiento de humanidad. Las leyes no constituyen el medio natural de solución de controversias entre los hombres. Pueden tener un papel útil al proponer modelos de conductas o formular amenazas contra quienes se muestren antisociales, pero no por ello debe concluirse que deban ser aplicadas a la letra. El ideal consiste en que las leyes no deban ser aplicadas y que los tribunales no tengan que pronunciar resoluciones...» (p. 479).

abre el ocaso de la jurisprudencia pontifical[2], aunque esta perdura por más de un siglo[3]. Los jurisprudentes del Colegio de Pontífices, vieron, en efecto, disminuido su poder cuando, Gneo Flavio da a conocer el contenido del *liber actionum* (*ius flavianum*) que había permitido a los pontífices acceder reservadamente a lo debía considerase derecho mediante las oportunas fórmulas rituarias, pues sólo ellos conocían la acción (el rito) propicio para cada situación y solo a ellos correspondía el *agere* (posibilidad o capacidad de actuar, indicación de la existencia de la *actio* oportuna), redactar al fórmula precisa (*cavere),* y la indicación de la cláusulas que debían incluirse en los contratos (*respondere*).

La estricta formalidad y secretismo, base del poder de los iusprudentes pontificales, dará paso no sólo a un jurisprudencia civil, sino también a una profesión de gran prestigio y reconocimiento, que pronto asumirá la condición de «saber prudencial», sometido a estudio y difusión. A la trilogía de la

La similitud estructural de la oposición *li* y *fa* de la tradición china, con el *fas* y el *ius* romano, es sólo aparente, pues la religión romana es una creencia de rito y contrato que hace del mundo religioso casi una continuación del mundo terrenal, mientras «*li*» responde a la idea de la armonía celestial que debe reflejarse en el mundo terrenal.
Esto no significa que no exista en aquella tradición una larga historia de producción normativa («fa»), pero el pueblo chino ha vivido, tradicionalmente, sin preocupación por el estricto derecho. No se interroga cuales reglas son formuladas por las leyes, sino que ordena sus relaciones con sus semejantes conforme a su noción de lo armonioso y conveniente, «*sin reivindicar derechos pero con el ánimo de reconciliación y armonía...*», El peso del confucionismo, y el taoísmo en esta manera tradicional de ver el mundo jurídico es notable y sólo cede parcialmente en el periodo especifico en que se desarrolla el «legalismo», el tercer componente del derecho tradicional chino. *Vid.* sobre todo ello, el clásico de Vandermeersch, L.: *La formation du legisme. Recherche sur la constitución de une philosophie politique caracteristique de la Chine anceinen* . Ecole Française D´Extreme Orient, París, 1964, de dónde se toman las ideas y la referencia entrecomillada anterior. Se añade, contraponiendo el mundo romano de las XII tablas y la China de la época: «Incluso, puede decirse, el chino clásico ignora la noción misma de derecho y no conoce más que la de poder». (p. 192)

2 Agudo Ruiz, A.: «Dos modelos de enseñanza del derecho romano», *REDUR*, 8/2010 p. 8 y ss señala, respecto de esta jurisprudencia pontifical: «las respuestas de los pontífices tienen un estilo seco y autoritario, sin un razonamiento o argumento que justifique los criterios seguidos. El procedimiento para su elaboración era racional, pero el carisma del Colegio bastaba para fundar la decisión y una explicación de los motivos la habría disminuido. El *responsum* emitido era anotado en los *commentarii Pontificum*, para que los componentes del Colegio pudiesen consultarlos ante nuevos casos».

3 Por todos, con cita de Tito Livio, y del Digesto, (D. 1, 2, 2, 6 «*...ommiun tamen harum et interpretandi scientia et actiones apud collegium pontificum erant...*» —...pero toda la ciencia de la interpretación de estas leyes y de la acciones se encontraba en el colegio de los pontífices—), Tamayo y Salmoran, R.: «Jurisprudencia y formulación judicial del derecho (principios)» en *ISONOMIA*, 21, octubre 2004.

jurisprudencia pontifical se unirá, a consecuencia de la publicidad del derecho, la misión de «escribir» (difundir) el derecho e «*instruire*», enseñar, el mismo[4].

Se atribuye el mérito de haber sido el primer jurisconsulto docente a Tiberio Coruncanio[5], primer *Pontifex Maximus* de extracción plebeya que utilizó el «*respondere*» ante «*auditores*», con finalidad de divulgar los saberes mistéricos pontificales. Comenzó con ello a sustituir la carga que pesaba sobre los patronos de asumir la defensa y la explicación de la ley respecto de quienes estaban bajo su patronato, y abrir la jurisprudencia a los no patricios. La *prudencia iuris* se ejerce en forma pública, explicando las motivaciones o razones que la sustentan: Del secretismo de las *consultaciones* de la jurisprudencia pontifical, se pasa a una actividad susceptible de ser aprendida, a una ciencia basada en el *publice respondere*[6] y a una profesión que se aprendía por observación y dialogo con un maestro.

---

4 D´Amelio, M.: Voz «Giurisconsulto», en *Enciclopedia Italiana Trecani*, 1.°, 1933, vl. 17, «*Più tardi i giureconsulti svolsero un'attività propriamente scientifica, e dalrespondere, a cui assistevano giovani auditores, trasse origine l'insegnamento. Così alla più antica attività del giureconsulto si aggiunge da un lato lo scribere, dall'altro* l'instruere. I magistrati avevano in gran conto l'opinione dei giureconsulti e si venne così formando il diritto che Pomponio chiama *ius compositum a prudentibus*. Anche accadeva spesso che i pretori fossero scelti fra i giureconsulti. Allora l'opinione dei giureconsulti si trasformava in editto. Ma all'epoca dell'impero non mancarono riconoscimenti ufficiali. Augusto rese pubblico l'ufficio del giureconsulto; ma questi non poteva rispondere ai privati se non autorizzato da lui. Da allora, i *responsa prudentium* acquistarono maggiore importanza; ma sembra inesatto che avessero valore di legge»; *vid.* también, Ferrini, C.: *Les scuole di diritto. in Roma antica*, Modena 1891 y P. Rossi, *L'istruzione. pubbl.ica nell'antica Roma*, Siena 1892, entre otros.

5 «*De todos los que alcanzaron esta ciencia dícese que nadie la profesó públicamente antes que Tiberio Coruncanio pues los demás anteriores a este procuraban mantener en secreto el derecho civil y solamente se prestaban a evacuar consultas más bien que a enseñar a los querían aprender...*», *Digesto* I, 2, 35. Se trata de un texto, del *Enchiridion* de Pomponio, manual destinado también a la docencia, uno de cuyos capítulo (*De Origine Iuris*) recoge el primer libro del Digesto de Justiniano y es la fuente autorizada para el conocimiento de la jurisprudencia romana del período tardo-republicano y el período clásico. El Digesto añade, que no queda ningún libro del citado jurisconsulto aunque sus respuestas fueron muchas y memorables.
Utilizamos la versión del *Corpus*, a doble texto, de D. Ildefonso L. García del Corral 1.ª Barcelona 1885 que toma como base para la traducción el *Cuerpo del Derecho Civil*, publicado por los hermanos Kriegel, Hermann y Osenbrüggen, con notas y referencias de D. Ildefonso L. García del Corral.

6 Agudo Ruiz, A.: «Dos modelos...», cit *REDUR*, 8/2010 p. 8 y ss. El *ius publice respondendi ex autoritate principis* responde a una creación de Augusto que, al privilegiar con su autioridad las opiniones de ciertos juriconsultos vinculantes para el magistrado, termina poniendo por encima del prestigio del *respondere*, la propia autoridad del *princeps*.
Sobre *el ius publice respondere ex autoritate principis*, es clásico el trabajo de WIEACKER F.: «Respondere ex autoritate principis», Satura Roberto Feenstra oblata, Fribourg 1985, pp. 71-94.

Al servicio del aprendizaje de ese *oficio*[7], el primer método docente sería el simple *audire* regular y el seguimiento de un maestro. Pero junto a él se desarrollarán dos nuevos métodos, tal como señala AGUDO RUIZ[8]:

> «Junto al tradicional *audire*, existen otros dos métodos más, el *instituere* y el *instruere*... El *instituere*, de donde deriva el término institutiones,... consiste en cimentar con una preparación elemental, metódica y teórica, la formación del jurista. El *instruere*, de ahí instrucciones o esquemas o formularios o ejemplos, que pudieron quizá ser los instrumentos y maneras de realizar una formación práctica y acabada) hace referencia a una enseñanza más perfeccionada, al último estadio en el proceso de formación del jurista, esto es, habituar a los discípulos a la práctica forense y a la redacción de escritos jurídicos...».

A partir de Adriano, los grandes juristas resultan absorbidos por la alta administración imperial y probablemente queden al margen del proceso *respondere-docere* en las *stationes,* y el aprendizaje del oficio queda en manos de los maestros de derecho, *magistri iuris*, que constituyen una figura profesional distinta y de menor prestigio social[9].

La enseñanza del derecho, se desarrolló también gracias a la existencia de una obra jurisprudente escrita, parte de la cual tomará un perfil explicativo, didáctico y docente. La primera obra de difusión de estas características la constituye quizá *Commentaria tripartita* de Sexto Aelio Peto *Cato* («*listo*») que incluía un comentario a las XII Tablas, una segunda parte destinada a la interpretación y la tercera a las acciones, (al menos según Pomponio D. 1.2.2.38). Obra de contenido más elaborado, el *Libri tres iuris civilis de* M Sabino, texto base de la escuela sabiniana. En los distintos estilos y «sistemática» de la

7 Aulo GELLIO, (*Noctes Atticae*, 13, 13) menciona la existencia de *stationibus ius publice docentium aut respondentium*. Desde, por lo menos, TYDENMANT, J. G. *Disquisitio historica de iuris civilis docendi discendique via ac ratione apud Romanos: pars prior, argumenti expositionem continens usque ad liberae reipublicae interitum* Groningae 1837) se indica, críticamente, que se trata de una indicación de *lugares* públicos de discusión, no de escuelas organizadas, pagadas y mantenidas públicamente en el sentido que posteriormente se le dará a la expresión. En igual sentido, AGUDO RUIZ 8 opus cit, p. 14 con cita de GARCÍA GARRIDO FRANCISCO EUGENIO *Estudios de Derecho y Formación del Jurista (Madrid, 1988)*: «Era una enseñanza sin la organización convencional de un plan de estudios, un programa, un horario, ni menos unos alumnos matriculados que al fin de sus estudios habrían de obtener el correspondiente diploma; tales alumnos eran simplemente unos oyentes del jurista, oficialmente reconocido, autorizado, para responder y enseñar, eran unos meros auditores. No obstante, como opina Guarino, estas escuelas no debieron absorber toda la enseñanza del Derecho en la Roma clásica, al menos durante el primer siglo del Imperio, sino que todavía se mantendría el sistema docente republicano de asistir a las consultas de los juristas en su propia casa».

8 *Opus cit*. p. 13.

9 AGUDO RUIZ, *opus cit*. p. 14.

producción jurisprudente escrita (*quaestiones, responsa, sententiae, digesta*)[10], se combina el Derecho civil, el pretorio y el de ciertas normas públicas.

Lugar destacado ocupa en la historia de jurisprudencia romana, sin salir del relato de Pomponio, Quinto Mucio Scevola[11] (*el Pontífice*) a quien corresponde, a través de la incorporación de la dialéctica helénica, el primer aliento sistematizador del derecho, gracias a la aplicación de la categorías genero/especie, de manera que la simple acumulación de *responsa* (que no pretendan sino decidir casos singulares, concretos, sin abstracción) son ordenados en soluciones que tratan de tener valor para casos semejantes. Así, de las responsa aisladas se pasará a las *regulae* que se utilizaran después en la Compilación Justinianea[12]. Su obra supone, además, el final de la evolución de la enseñanza y transmisión de los conocimientos jurídicos, que comenzó siendo oral[13]. Desde entonces, la actividad del jurista se entiende también como labor literaria, sistemática y científica, mediante la utilización de conceptos abstractos y clasificaciones.

---

10 *Vid.* sobre el diferente objeto y sistemática de esta tipología de la literatura jurídica, para el caso de Roma, por todos, MOUSOURAKIS, G.: *A legal history of Roma,* Roudledge, New York 2007 que ofrece un tratamiento común a la romanística tradicional.
Desde el punto de vista de su relación con la enseñanza, AGUDO RUIZ, (*cit.* p. 16) indica: «Junto a esta literatura elemental o didáctica, los jurisconsultos escribieron una abundante literatura jurídica que será estudiada por los futuros juristas en un nivel superior —*instruere*—. Dicha literatura jurídica puede ser catalogada en los siguientes apartados: *a) Responsa:* colecciones de respuestas dadas por un jurista a casos efectivamente formulados por un determinado consultor, que se presentaban agrupados por materias siguiendo el orden del edicto; *b) Quaestiones o disputationes:* colecciones de respuestas dadas por un jurista a casos imaginados, propuestos o sugeridos por los auditores; *c) Digesta:* colecciones amplias y sistematizadas según el edicto del pretor de quaestiones y responsa jurisprudenciales referentes a todo el derecho privado vigente; *d) Libri ad edictum:* comentarios sistemáticos realizados por los juristas al edicto pretorio y al edilicio; *e) Libri singulares:* comentarios jurisprudenciales referentes a distintas instituciones jurídicas como dote, tutela, testamentos, legados, etc.».

11 Nos referimos al autor de los *XVIII libri iuris civilis*, llamado el Pontífice para distinguirlo de diferentes personajes de su familia, también juristas, y en particular de Quinto Mucio Escevola *el Augur*, maestro de Cicerón y primo del padre de nuestro personaje, Publio Mucio Escaevola.

12 *Vid.* Sobre este punto, SCHULZ, F.: *Storia de la Giurisprudenza romana*, Sansoni, Firenza, 1968.; STERIN,G.: «Lo svolgliamento storico della nozione di regula iuris in diritto romano», *Antologia giuridica romanista ad antiquam*, Milano, 1968; FERNANDEZ DE BUJAN, A.: «Sistemática y ius civile en las obras de Quinto Mucius Scaevola y de Accursio», Universidad de Cordoba, servicios de publicaciones, 2001 y en *Revista jurídica Universidad Autónoma de Madrid*, n.°. 6, 2002, pp. 57-80.

13 La escuela opuesta a la de Quinto Mucio, la de Servio Sulpicio Rufo, otro de los grandes juristas del momento (para Cicerón, *el primero que elevó la jurisprudencia a la condición de ciencia*), hacia hincapié en la asistencia de *oyentes y auditores* (*auditores Servii*) a las respuestas dadas por el jurista, antes que en el texto escrito.

Aunque solo sea por la trascendencia que tendrá la obra en la docencia jurídica posterior (y singularmente a través de las Instituciones de Justiniano), las *Instituciones* de Gayo, representa un compendio de derecho romano escrito «con sencillez que se distingue no por lo que tiene de creación original sino por su valor expositivo y didáctico»[14]. El texto fue acogido con fervor en los tiempos posteriores y su ordenación de materias (personas, cosas, acciones) así como buena parte de su contenido, pasará a las Instituciones de Justiniano, representando un esquema de ordenación del total caudal jurídico (*ordo iuris*) que, bajo el enunciado de sistema romano-francés llegará a la codificación[15] como «sistema» externo de los Códigos Civiles[16].

Después del Dominado (235 - 476 d. C) se adoptaron medias en el Imperio de Oriente para *escolarizar* la enseñanza del derecho. Son conocidas las escuelas de Berito y Constatinopla, con un plan de estudios fijo, con profesores al uso, retribuidos con fondos públicos. Sobre esa docencia se ha dicho que no «No era una mera preparación práctica, sino una formación de orientación fundamentalmente teórica de alto nivel científico y tendencia marcadamente clasicista. Por ello en las escuelas dominó un profundo respeto por los autores clásicos y por sus textos, sin pretensiones de adaptarlos al derecho vigente o a las concepciones jurídicas tanto vulgares como regionales contrapuestas al clasicismo. Ese clasicismo hizo que los autores clásicos se estudiaran en la escuela con un espíritu muy distinto del de los autores estudiados: con ausencia de sentido práctico y con una metodología helenística con tendencia marcada a la sistemática, a la generalización de normas (formación de reglas generales) y a la creación y delimitación de conceptos (definiciones, distinciones, diferencias)»[17]. Había nacido un método de docencia que hacía de la sistemática, la abstracción, sus principios: La

---

14 Fernandez De Bujan, cit. p. 254. Aunque no pueda decirse que los jurisprudentes romanos elaboraran, en ningún momento, un «sistema» (la idea misma de *sistema* en el derecho romano ha sido ampliamente negada: Por todos, la amplia revisión de Cuena Boy, F. *Sistema jurídico y derecho romano. La idea de sistema jurídico y su proyección en la experiencia jurídica romana*. Universidad de Cantabria 1998) lo cierto es que la aportación de Scaevola consistió en iniciar la literatura jurídica a base de *clasificaciones, géneros, especies, diferencias, normas y principios básicos* que resultan de sus definiciones, y ordenó el derecho existente en cuatro secciones (sucesiones, familia, cosas y obligaciones) en un intento de *totalidad* (sistema externo) que dejará huella.

15 *Vid.* Iglesias, J. *Derecho Romano, Instituciones de derecho privado*. Ariel, Barcelona, 1958 p. 58, p. 71.

16 El otro plan de ordenación sistemática, es debido, como se sabe, a Savigny, F. C. que resulta fundamentado y ampliamente contrapuesto al romano francés original en *Sistema del derecho romano actual*, (Tomo I, p. 256 y ss.), que cito por la edición de Madrid, Gongora y Cia Editores, Madrid, 1878. Corresponde a la traducción del alemán de Guenoux y vertida al castellano por Mesia y Poley, con prólogo de Duran y Bas. Existe una edición posterior en castellano, Analectas, Pamplona 2004.

17 Agudo Ruiz, *opus cit*. p. 17. Del mismo autor es también otra contribución muy clarificadora: «Justiniano y la reforma de los estudios jurídicos» *REDUR* n.° 10, 2012 pp. 7-25.

docencia jurídica como la explicación de una legítima ciencia. Pero, para Justiniano, «la *scientia iuris* es algo externo a los juristas; éstos la deben conocer, pero no es objeto de una actividad creadora en el sentido de los antiguos jurisconsultos que, ahora, deben limitarse a enseñarla»[18].

De un «oficio», la docencia jurídica se ha transformado en una «profesión» que requiere no tanto «hacer» como «conocer». En efecto, la concepción que late en la Constitución imperial *Omnem* y en el conjunto de medidas que abarca, es la de «suprimir para siempre toda la actividad creadora y personal de los juristas y de la escuela, reduciendo su función a la enseñanza mecánica de su compilación en los límites y con los métodos rigurosamente prescritos»[19].

Esto significa, por parte de Justiniano, el desconocimiento más absoluto de aquello que había sido la característica del Derecho romano y de su desarrollo histórico, aunque se trate de un *desconocimiento consciente*: Se trata de poner orden en un derecho dado y que el mismo permanezca ligado a la voluntad del emperador, no al juicio de una técnica.

Y el alumno, además de ser un retórico y gramático, debe superar una dura disciplina de aprendizaje «teorético». Solo en último lugar, estudiados y dominados los cuatro primeros libros del Digesto, se introduce la enseñanza práctica, para llegar a ser «solucionadores avanzados» de casos.

El círculo histórico parece haberse cerrado: Lo que era el oficio inicial del jurisprudente del que se aprendía escuchando (*responsa audire*), es ahora un resultado de un saber formalizado, textual, previa y literalmente aprendido. El derecho se ha transformado en «ciencia». Pero una ciencia en la que no se participa, sino que se debe aplicar como *conocimiento ajeno recibido*.

---

18 AGUDO RUIZ: «Justiniano y...» *cit.*, con referencias a ARCHI (1978): *Giustiniano e l'insegnamento del diritto, L'Imperatore Giustiniano, storia e mito*, Milano1978. La descripción del Plan de estudios(cinco años) que realiza el citado autor es tomada de la Constitución *Omnem* (533) que reforma los contenidos de la enseñanza del Derecho para adecuarlos a la promulgación del Digesto, recién realizada por la Constitución *Tanta* de la misma fecha. Señala AGUDO RUIZ que «Los tres libros —*Código, Instituciones y Digesto*— serán enseñados en las ciudades reales —Roma y Constantinopla— y en la prestigiosa Berito.... existen otros centros de enseñanza del Derecho, pero con un nivel muy inferior, quizá como complemento a los estudios de gramática o de retórica...».

19 *Vid.* AGUDO RUIZ, ibídem, p. 13, con cita (que reproduzco) de VOLTERRA: «Giustiniano e le scuole di diritto», *Gregorianum,* n.° 48.
La constitucion *Omnen* de 16 de diciembre de 533, termina prohibiendo todo «comentario» u opinión y por tanto «revela una nueva concepción del Derecho y, consiguientemente, de su enseñanza. Para los primeros, el derecho clásico es ante todo derecho jurisprudencial y, consiguientemente, los propios juristas tienen conjuntamente la función creadora y docente. Para Justiniano, por el contrario, la scientia iuris es algo externo a los juristas; éstos la deben conocer, pero no es objeto de una actividad creadora». *Vid.* AGUDO RUIZ, ibídem., con cita ahora de ARCHI: *Giustiniano e l'insegnamento del diritto, L'Imperatore Giustiniano, storia e mito*, Milano, 1978.

2. El *ius comune*. *Lectio* y otras expresiones de un modo docente

La segunda vida del derecho romano[20] comienza cuando IRNERIO, halla un texto del Digesto en el siglo XI. Pero la forma que Justiniano había dado al derecho romano no era desconocida en Italia del norte y el sur-este de Francia. Se conocía el derecho vulgar, las Instituciones de Gayo así como el Primer Libro del *Codex Iustiniani* y parte de las *Novelas*. La parte más rica y compleja, el *Digesto* (Pandectas), fue olvidada desde el año 603. El redescubrimiento del *Digesto* coincide con la implantación e inicial desarrollo de las Universidades, comenzando por Bolonia, cuyo estudio se centrará ampliamente en el Derecho. El movimiento es general en toda Europa: El jurista italiano VACARIO fundó en el siglo XII la primera escuela de Derecho en Oxford, y todas las Universidades posteriores incluyeron el Derecho entre las disciplinas esenciales de estudio, hasta el presente: La enorme influencia que ejerce el Derecho en las sociedades modernas y el hecho de constituir en la práctica un modo de resolver los conflictos humanos sin recurrir a la violencia, hace que el estudio de las normas jurídicas continúe siendo parte esencial de las universidades contemporáneas[21].

Los diferentes estilos (*mos italicus* o glosadores, *mos gallicus* o comentaristas, humanismo, *usus modernus pandectarum,* iusnaturalismo racionalista) en que la ciencia jurídica se expresó y se enseñó, formalmente mantienen una misma apariencia: La *lectio* o lectura que el discente escuchaba y trataba de memorizar sobre el puro texto del derecho romano, disección del texto y añadido con la explicación y análisis de las partes del texto; glosas e interpretaciones del mismo (a partir de una serie de *loci, lugares comunes propios* de la retórica) y la aplicación de la teoría sobre la práctica[22]. Como tal interpretación rara vez era improvisada, los lectores solían dictar sus notas preparadas con antelación. La formación de material (*apuntaciones*) para tales lecciones, por parte de los docentes, dará paso después a su edición, en obras que se presentan como «comentarios» precisamente a la concreta fuente romana objeto de explicación[23].

---

20 *La segunda vida del derecho romano* es una expresión que utilizó P. VINOGRADOFF en su obra *Roman Law in Medieval Europe.* Es también el título de una obra de MARGADANT, G., Porrua México 1986, a quien seguimos, a la letra, en el párrafo. La obra más clásica en castellano, sobre el tema, es, no obstante, KOSCHAKER, P.: *Europa y el derecho romano*. Edit. Ediciones de Derecho Privado, sin fecha. Inolvidable también la cita de CLAVERO, B.: *Historia del Derecho: Derecho comun*. Ediciones Universidad de Salamanca, Salamanca, 1994.

21 VILLAPANDO, W.: «La formación del juristas, objetivos y competencias», INVENIO 12, 2009.

22 *Vid.*, sobre estos aspectos docentes, SEISDEDOS SANCHEZ,C.: «Ars et doctrina studendi et docendi de Juan Alfonso de Benavente» *Brigecio: revista de estudios de Benavente y sus tierras*, n.° 2, 1992, pp. 185-192.

23 El método inicial de los glosadores, puramente analítico, exegético y casuístico da lugar a obras del tipo «vocabulario» tratando de fijar el significado textual, mientras la preocupación exegética da lugar a los *Commenta* o *Lecturae*, siendo los primeros obras compuestas por el profesor, mientras la segunda responderían a la idea de «apuntes» o material para la *lectio*.

Junto a esta forma docente ordinaria, las *repetitiones* (*relectiones*, a partir del siglo XVI) eran ejercicios académicos extraordinarios que consistían en una disertación entre profesores y alumnos sobre un tema libremente elegido de entre los tratados en las lecciones ordinarias (aunque también podía tratarse de una exposición del alumno delante del maestro). Si las *disputationes* eran debates públicos en torno a un problema o caso práctico, con intervención de los doctores de la universidad[24], el alumno podía ser llamado a *colación*, es decir, sujeto al interrogatorio (*collatione*) sobre los distintos temas tratados, practicando el *oponnendo* et *repondendo* a las objeciones del profesor[25].

De entre esta literatura que tuvo origen docente, quizá deba recordarse aquí, una obra muy conocida, los *Commentaria in tres priores Institutionem Imperatoris Iustiniani librii* del género «Instituciones»[26], de Antonio PICHARDO

Además de esta tipología, la «*Summa*» constituía una obra resumen sistemático de una obra del *Corpus iuris civilis*, también con finalidad didáctica. Los comentaristas añadirán los *Commentaria*, donde se buscaba no la explicación de un texto sino el sentido *o ratio* de un precepto relacionándolo con otros; los *Consilia* (origen de una literatura de interés y finalidad dictaminadora que dará lugar a la jurisprudencia por consultas (no debe olvidarse que el juez era lego, de manera que los comentaristas lograron por esta vía imponer su opinión); y el *Tratatus*, que se ocupa de una materia jurídicamente especificada, delimitada, que puede llegar a introducir un cierto tratamiento sistemático. *Vid.* TOMAS y VALIENTE, T.: *Manual de Historia del Derecho español*, Tecnos, Madrid, 2011, p. 184.

24 *Vid.* TOMAS y VALIENTE, cit. p. 198. Un desarrollo más amplio de estas formas docentes en la Universidad de Salamanca, en ALONSO ROMERO, M. P. *Salamanca, escuela de juristas.* Universidad Carlos III, Madrid, 2012., especialmente p. 191 y ss.
Una consideración más detenida de la relación de la actividad docente y su publicación en DOMINGO BAQUER, I.: *Para qué han servido los libros*, Universidad de Zaragoza, Zaragoza 2013.
La distinción en entre la *lectio* ordinaria (*légere ordinarie*), más profunda y por un profesor más cualificado, y la *legere cursoria*, más superficial e impartida por un sublector, se utilizaba en algunas universidades europeas.

25 Tómanos esta descripción de la enseñanza universitaria medieval de DOMINGO BAQUER, I.: *Para qué han servido... cit.*, que la refiere a Bolonia.

26 La obra no es, como se intuye, la primera de su género ya próximo al humanismo y coincide en el tiempo con otras similares: *Commentaria In Quator Institutionum Iustiniani Imperatoris Libriis*, de Thadaei PISONIS SOACII (de la cual se editaron 8 ediciones entre 1600 y 1653) Meiettus, Venetiis, 1600; *Commentaria in quatuor Institutionum Iustiniani Imperatoris libris de* BORCHOLTEN*, Joanis, 1595; Matthaei* WESSEMBECK*,: Comentarius in Institutionem seu elementtorun iuris de Iustiniano sacratisimi principi libros IIII,* 1593 y el muy influyente *In quatuor libris Institutionum Imperialium commentarius academicus et forensis*, de Arnold VINNIUS (Valencia, 1786; la primera edición, Leiden, 1642). Será esta obra, juntamente con la Heineccius, la que desplace de la docencia a la obra de Pichardo. Ni *El arte legal para estudiar la jurisprudencia con la exposición de la Instituta* DE BERMÚDEZ DE PEDRAZA (1612); ni la obra de Antonio PÉREZ sobre las *Instituciones* hicieron sombra a la importancia de la obra de Pichardo y en ella se asentó la docencia del derecho romano en América: *Vid.* GARCÍA SANCHEZ, J.: «Antonio Pichardo de Vinuesa y la enseñanza del derecho romano a través de las instituciones de Justiniano» *Revista Internacional de Derecho Romano*, octubre 2008.

De Vinuesa[27], Catedrático de Prima en Salamanca, de la cual se hicieron varias ediciones y que fue alabada por Cuiacio[28] y Menochio, y constituye la primera obra de un jurista español de este género que acierta, además, a «aunar el derecho romano con el hispano»[29].

Al servicio de esta docencia, cuya práctica constituía un ejercicio nemotécnico, repetitivo, de los contenidos del derecho dado y su glosa y comentarios[30] y, más adelante, su contraposición y cotejo con otros derechos diferentes al *ius comune*[31], pueden citarse algunas obras «pedagógicas»: La *Epistola de*

---

27 Sobre el conocido jurisconsulto segoviano: De Dios, S., «El doctor Antonio Pichardo Vinuesa: vida, obra y doctrina sobre el poder del príncipe» en *Ius Fugit* 7 (1998) 9-87; Alonso Romero, M. P., «Ius commune y derecho patrio en la Universidad de Salamanca durante los siglos modernos. Trayectoria docente y métodos de enseñanza de Antonio Pichardo Vinuesa, Juan de Solórzano Pereira, Francisco Ramos del Manzano y José Fernández de Retes», en *El Derecho y los juristas en Salamanca (siglos XVI-XX). En memoria de Francisco Tomás y Valiente*, Salamanca, 2004, pp. 82-102;

28 Hasta el punto de que la obra es recogida en Taisans, C. *Les vies des plus celebres jurisconsultes de toutes les natios, tans anciens que modernes, tiree des meilleurs autuers qui ont ecrit*, Ches Selvestre, París, 1721.
La publicación de la obra, según confiesa el autor, se debió a solicitud de los alumnos. Discípulos suyos son Solórzano Pereira, Ramos Del Manzano y Fernández De Retes, que ocuparan lugar igualmente destacado en la ciencia jurídica española. Sobre este y otros aspectos de la vida de Pichardo (su porfía con el estamento universitario hasta hacerse con la catedra de prima, su informe contra el sistema de provisión de cátedras, el altercado, con herida de grave, que sufrió de un contradictor, su tremenda popularidad y el respeto que mereció a sus discípulos, *vid.* García Sanchez, J.: «Antonio Pichardo de Vinuesa y la enseñanza del derecho romano...» cit. p. 4, además de múltiples obras que ha dedicado Salustiano De Dios a los juristas de Salamanca, y las no menos numerosas de M. Paz Alonso Romero, que estamos citando.

29 Estas son las palabras del censor de los *Comentarios*, Gabriel Henríquez, a la sazón maestro del propio Pichardo. Tomamos los datos, una vez más, de S. De Dios: *El poder del monarca en la obra de los juristas castellanos (1480-1680).* Universidad de Castilla la Mancha, 2014, p. 228. Orden, método y claridad en la disposición de los temas y argumentos son, a la vista de los comentarios, las características formales de la obra.

30 Contamos con algún testimonio de los alumnos respecto de este método. En Cailleme, E.: *L´enseignement du droit a Lyon avant 1875.*Alexander Rey, Lyon, 1900, se puede ver el testimonio de un escolar en torno a 1543 que «deseaba sustraerse a la enseñanza al uso tradicional que dejaba de lado los textos para no atender sino a comentarios, aunque el profesor, en lugar de remontarse a las fuentes para encontrar el sentido, acumulaba en su lección cita sobre cita...». p. 50.
La obra de referencia para la enseñanza del derecho en la Francia medieval ha sido, como se sabe, Fourneir, M: *Historie de la science du droit en France, Tomo III Les Universites Françaises et l´enseignement du droit en France au Moyen Age*, Larose París, 1892.

31 Además de la citada en el texto, merecen recordarse las de Francesco Zarabella: *Tratatus de modo docendi et discendi ius canonicun et civile*, que cito por el trabajo de L´Engle, S.: «A Zealously Annotated Liber Extra: Vich, Archivo Capitular, ms. 144» en *Il camino delle idee all Medioevo all´Antico Regimen.Diritto e cultura nell´experienza europea*» a cura di Mafei, P. e Varannin, G. M., Firenze Universiti Press, 2014, disponible en https://acortar.link/vpvIDE.

regimene et modo studendi de Martino FANO, quizá la más conocida, advierte a los alumnos de la necesidad de memorizar una o dos leyes (*regulae*) diarias y repetirlas y revisarlas los días siguientes[32]. La de ZARABELLA recomienda a los estudiantes *tomar notas marginales* en sus libros de la explicaciones del docente, sobre los puntos que se han destacado en la *lectio*; igual indicación se encuentra en Alfonso de BENAVENTE, a fin de que durante la lectura de los pasajes (mediante un signo fácilmente asociable) se recuerde el comentario escuchado. Todo ello apunta a un uso pedagógico intenso del códice similar al uso de palabras clave o subrayados de hoy en día[33]. La obra de Francisco BERMUDEZ DE PEDRAZA[34], (al que más tarde citará GIL Y ZARATE[35]), recomienda «oír con buena voluntad al maestro... siendo más provechoso oír al Maestro que *deprender por los libros* porque es más vehemente la impresión así se hace en el alma con la vista y voz viva del maestro que por el estudio de los libros» si bien «*no se ha de oír por cumplimiento, solamente por cursar y contar las tejas y hacer edificios en el mar, como dice una glosa*». Igualmente, encomienda «escribir la lección, aunque *"no ha de escribir más que las lecciones que estudiare y hay oído", que para esto se escriben y fuera de ello no hay papeles más inútiles y después haberlas estudiado, rumiarlas entre así mismo... lo que oyes, repásalo por el entendimiento y lee continuamente el volumen de la ley*». Finalmente, aconseja: «*Y si lo que faltare fuere la memoria, ha de suplir la pluma, y encontrando ley glosa o doctrina memorable, escribirla*

También merecen cita JACOBUS, J.: *De modo in iure studendi* (1476), el *Metodus studendi in utroque iure* (1468) y *Ars et doctrina studenti et docendi* del canonista español Juan Alfonso de BENAVENTE (1453), ya comentado. Este último fue editado por ALONSO RODRIGUEZ, B. en 1972, Universidad Pontificia, Biblioteca Salmaticense II, Salamanca, 1972, con una introducción del editor de quien se toman las referencias anteriores. De allí las toma también GARCÍA y GARCÍA en «Transmisión de los saberes jurídicos en la Baja Edad Media» en la obra colectiva (BURKE et alter, ed.) *Educación y transmisión de conocimientos en la historia*. Universidad de Salamanca, Salamanca, 2002, p. 40 y ss. Este autor ha dedicado al mismo objeto otros trabajos, por ejemplo: «La enseñanza del derecho en la Universidad Medieval» en su libro *En el entorno del derecho común*, Dynkinson, Madrid, 1999, p. 93-117.

32 Sobre la importancia de la «nemotecnia» en esta literatura medieval, *vid.* FRATTI, I.: «L´Epistola De regimine et modo studendi de Martino Fanno» en *Studi e memorie per la storia dell' Università di Bologna*, vols. 6-7., 6, Bolonia, 1921.

33 El desarrollo de la imprenta no hará desaparecer el *modo docendi*. En particular, cabe aquí la cita de la obra de BERMUDEZ DE PEDRAZA, F.: *Arte legal para estudiar la jurisprudencia con la paratitla y exposición de los quatro libro de las instituciones de iustiniano*. Imprenta de Antonia Ramírez, Salamanca, 1612, que expone, en castellano, algunos mecanismos muy útiles para el lector de la época: brocardos, máximas, argumentos, lugares comunes, citaciones, ya en castellano.

34 *Arte legal para estudiar la jurisprudencia con la Paratitla...* cit., p. 43 y ss.

35 *De la instrucción pública en España*, tres Tomos, Imprenta del colegio de Sordomudos, Madrid, 1855. La cita de la obra de BERMUDEZ DE PEDRAZA se realiza para demostrar el abandono total de la enseñanza jurídica, de manera que era precisa la instrucción particular si quería obtenerse algún saber además del grado universitario.

luego en un alveolo debajo de conveniente títulos o letras...» así, además, el estudiante de jurisprudencia «*tendrá un libro dividido en cuatro partes y en cada una letra ABC Y D, y en una parte se escribirán las conclusiones que tocan a contratos, en la segunda últimas voluntades, en la tercera juicios y en la cuarta delitos y penas*».

La primera mitad del siglo XVI conoció la introducción (quizá como resultado mismo de la extensión de la imprenta) de la práctica del *dictado,* contra la cual se luchó[36] pero no pudo ser desarraigada, aunque la intervención de los visitadores, desde 1538, insistía en calificar a los catedráticos[37], según utilizasen la *lectio* «*in scriptis*» o «*in fluxu orationis*», permitiéndose, no obstante, un breve tiempo final de dictado.

La evolución que en este largo período sufrirá la colación y obtención de los diferentes grados universitarios, dio lugar a otra práctica docente alternativa a la oficial, la relativa al *modo de pasar* del grado de Bachiller a la Licenciatura o al ejercicio profesional (no debe olvidarse que, tradicionalmente, el grado de Bachiller permitía el ejercicio profesional, previo examen y matricula[38]) mientras el de licenciado implicaba la licencia para enseñar. No existiendo normativa sobre esta fase avanzada de estudios, la practica genero un *modo ordinario de pasar en Salamanca*, difundido desde finales del siglo XVI, por ESPINO o BERMUDEZ DE PEDRAZA y VILLADIEGO, recogiendo un mismo camino para preparase para la judicatura, la catedra o la abogacía[39] (*relectiones*) aunque, con el tiempo, siendo necesario un examen y matrícula para el ejercicio de la abogacía, «*se crearía una doble carrera para los juristas:*

---

36 *Vid.* la Real Provisión de septiembre de 1567 y Real Cedula de diciembre de 1568. En Derecho, según parece, la mayor parte del tiempo de la *lectio* se destinaba al dictado. Francisco de Vitoria importó esta práctica de los Colegios de París, y, a final del siglo XVI parecía ser costumbre común en todas las universidades italianas. *Vid.*, estos datos en RODRIGUEZ SAN PEDRO, L.: «Universidad de la monarquía católica, 1555-1700» en, RODRIGUEZ SAN PEDRO, L (Coord.) *Historia de la Universidad de Salamanca*, VI. I. *Trayectoria histórica e Instituciones vinculadas*, Universidad de Salamanca, Salamanca, 2002, p. 111. Añade: «Los propios estudiantes eran partidarios del dictado y en caso contrario organizaban alborotos, pateando y haciendo ruido con los tinteros, como se denuncia en 1572».

37 Por ejemplo, en GARCÍA SANCHEZ, J.: «Antonio Pichardo de Vinuesa...» *cit.*, p. 73 y ss, se transcriben actas de diferentes visitas: «*lee en latín bien y a probecho e dicta in scriptis como un quarto de hora*». La comprobación del modo en que se impartía la docencia se realizaba mediante testigos para comprobar si se impartía en latín, al dictado o no, y el adelanto o retraso de los temas.

38 *Vid.* PESET, M. y ALONSO ROMERO, M. P.: «Las Facultades de Leyes» en *Historia de la Universidad de Salamanca VI. III Saberes y confluencias.,* p. 40.

39 La obra de BERMUDEZ DE PEDRAZA es la ya citada *Arte legal para estudia...* La de Diego ESPINO no ha sido localizada (*vid.* DE DIOS, .S.: *El poder del monarca en la obra de los juristas castellanos, 1480-1680, cit. p. 320*) pero se titulaba «*Instrucciones y reglas para pasar en las Facultades de Cánones y Leyes (...)* Salamanca, 1591. En el repositorio digital de la USAL se contienen apenas tres páginas de esa obra que recogen las regla primera, segunda, tercera y décimo tercera.

Una a través de la Universidad y la Catedra, para después alcanzar destinos más altos, y otra, más larga, con menos posibilidades, en las que se esforzaban muchos abogados más prácticos»[40].

A finales del siglo XVII, la docencia medieval parece encontrarse en una profunda crisis. Se has desplazado las fuentes efectivamente aplicadas con preferencia (del *Corpus* a los derechos reales y particulares), se han pervertido los métodos (la *lectio* se dicta *in scriptis*, desde cartapacios preparados de antemano que se hacer circular de profesor en profesor), las fuentes se han separado de las doctrinas (la imprenta hace fácilmente circulables las opiniones sin necesidad de adherirlas a un texto concreto), el método escolástico de disputa parece agotado. Y, por si fuera poco, el humanismo ha abierto las puertas a la razón y una concepción del derecho alejada de la autoridad de los textos romanos que fundamentaron el *ius comune*.

3. La crisis del setecientos, qué cambió la Ilustración y trajo de nuevo la Codificación

La situación que BOUCHER D´ARGUIS denunciaba en la Francia del setecientos, respecto de lo métodos y decadencia de la enseñanza del derecho[41] resultaba ampliamente superada, en lo negativo, en España, y eran igualmente notables las voces que se alzaban contra el exceso de escolasticismo en los métodos, contra el predominio absoluto del derecho romano y contra la decadencia total de las viejas Universidades[42].

En aquella crítica se mezclan la necesidad de introducir el derecho nacional, el derecho regio, en la docencia; la atención a las nuevas corrientes del derecho natural racionalista, la imperfección aplicativa del derecho romano en sus soluciones aisladas, la propia rutina en que había caído el *ius comune*

40 PESET M. y ALONSO ROMERO, M. P.: «Las Facultades...» en *Historia de la Universidad de Salamanca VI. III Saberes...* cit. p. 43.

41 *Lettres d´un magistrat de París a un magistrat de province sur le droit romain et la maniere don ton l´ ensiegne en France,* Ginebra, 1782. A. G. BOUCHER D´ARGUIS es el autor de las voces relativas al derecho romano en *L´Encyclopedie*.

42 Por todos, las referencias de RODRIGUEZ ENNES, L.: «La ruptura del monopolio de la enseñanza del derecho romano en las universidades españolas del siglo XVIII» en *Revue Internationel des droit de l´Antiquite* (*RIDA*) 1996 en https://acortar.link/4uQEAS, que recoge testimonios que van desde FEIJOO (que, protestaba contra la absurda cultura de su tiempo: progresan las ciencias en el extranjero «*mientras nosotros nos quebramos las cabezas y hundimos a gritos las aulas sobre si el ente es univoco o análogo, si trasciende las diferencias, si la relación se distingue del fundamento...*»), al obispo LORENZANA («*inútil pasar toda la vida conciliando antinomias y no saber responder a una vieja cómo se hace un contrato o un testamento*») MARTINEZ MARINA («*es necesario desterrar de las estudios generales hasta el nombre de Justiniano*») SARMIENTO («*¿Sería bueno que hubiese cátedras de Ovidio o Virgilio? ¿Por qué pues las ha de haber de Justiniano?*») etc. etc.

y la confusión a la que conducía el amasijo de leyes, glosas, opiniones... así como el lamentable estado de las Universidades, a las que se achacaba, en esencia, el uso de métodos escolásticos periclitados y conocimientos añejos.

En el campo del derecho, a diferencia de lo que ocurrió en Francia (donde la figura del *proffesseur royaux* enseñaba derecho civil en lengua francesa desde 1679[43]) el viejo esquema del siglo XVI continúo en vigor, pese a que desde comienzos de siglo se insta a las universidades a abrir las puertas a la docencia del derecho real. La crítica ilustrada al romanismo dominante tenía fundamento y, de hecho, el derecho que se debía aplicar se aprendía después por dos vías, las pasantías de los abogados y las academias dependientes de la propia universidad o en torno a chancillerías, audiencias o colegios[44]. De alguna forma, se asimiló *el derecho regio con la práctica y el derecho romano con el saber teórico e inútil*[45].

La reforma de la enseñanza universitaria y jurídica que pretendió la ilustración española[46] es contestada por las universidades mismas, con altanería (en particular, Salamanca, cuya Facultad responde que «*inventar métodos,*

---

43 Se anticipó así la ruptura del monopolio del derecho romano en la docencia jurídica, aunque permaneció la necesidad de una reforma profunda de los estudios jurídicos. *Vid.* Rodriguez Ennes, cit. pág, 382.

44 Ennes, cit. p. 376 remite aquí al historiador de la universidad y de la historia del derecho M. Peset: «La formación de los juristas y el acceso al foro en los tránsito de los siglos XVIII y XIX» en *RGLJ*, 1971. Del mismo autor, de entre su muy extensa obra sobre el tema, *Las viejas Facultades de Leyes y Canones del Estudi General de Valencia*, Valencia, 2006, que, pese a su título, se extiende a consideraciones generales.

45 Ennes cit. p. 377. Contra esta idea tradicional de la enseñanza del derecho en las etapas finales del antiguo régimen, ha argumentado en una larga serie de artículos, Alonso Romero, M. P., destacando que en Salamanca se enseñaba el derecho vivo, el derecho real, el derecho de la práctica, y juntamente con él, el argumentario e instrumental tradicional que servía de técnica jurídica. Tales artículos se presentan ahora en *Salamanca, escuela de juristas*, cit. En particular, en el capítulo 9 «La formación de los juristas», se destaca la importancia del Plan de Estudios de Salamanca para el futuro: «Salamanca (fue) a lo largo de todo el Antiguo Régimen el principal centro de estudios jurídicos de la Monarquía española, que proporcionó el grueso de la alta burocracia regia y donde se formó la mayoría de los juristas castellanos más relevantes; así mismo, se destaca la trascendencia de las reformas que en sus postrimerías se emprendieron allí. Su Plan de Estudios de 1771, reformado en 1807, constituyó la base para la uniformización de los estudios de derecho en las universidades españolas peninsulares y, como tal, el punto de partida de los diferentes planes que a lo largo del siglo XIX acabaron consumando el tránsito hacia el nuevo modelo de enseñanza acorde con el distinto modelo de jurista que se alumbró con las revoluciones liberales. No hay que olvidar tampoco el especial significado de este centro en México, cuya primera universidad se fundó en 1555 sobre el patrón salmantino, siempre muy presente en su historia y al que a su vez ayudó a difundir por otras universidades hispanoamericanas».

46 *Vid.*, sobre esta temática general, Alvarez De Morales, A.: *La Ilustración y la Reforma de la Universidad en la España del siglo XVIII*. Pegaso, Madrid, 1985.

habiendo el de la Universidad de Salamanca, es traer fantasías»[47]) y, salvo la introducción de cierta docencia en derecho regio[48], la reformulación de los métodos de la docencia jurídica que se habían propugnado en el siglo[49], queda prácticamente sin realizar.

No obstante, la lustración dejó, junto con la desaparición de las viejas formas de docencia, la introducción del Manual para su aplicación en la España del XIX. Naturalmente ello fue posible cuando las materias comenzaron a definirse por «conocimientos» y no por fuentes, aunque en ocasiones se introduzca un único manual concreto. Las vieja cátedras de «*Instituta*» o *Prima* de Leyes, que referían sus contenidos, lecciones y cometarios a los libros del *Corpus*, dejan paso a otras asignaturas acompañadas de un libro explicativo (el manual) que ya no pretende la glosa o análisis literal del texto de la fuente, sino la enunciación abstracta de los principios y conexiones sistemáticas de los sentidos de las normas y conceptos. El método dialectico (escolástico) entra en crisis y se transforma en método *expositivo*, quedando aquel acantonado a los actos de disputa y ejercicios en las academias. El

---

47 ENNES, *opus, cit*. p. 385. con cita del *Plan general de estudios dirigido a la Universidad de Salamanca por el Real y Supremo Consejo de Catilla y manda imprimir de su orden*, Salamanca 1772, p. 92. Los hermanos PESET, se habían ocupado monográficamente de este tema en *El reformismo de Carlos III y la Universidad de Salamanca. Plan general de estudios dirigido a la Universidad de Salamanca, por el real y supremo consejo de Castilla en 1771*. Salamanca, 1969.
El altivo inciso citado puede verse reproducido en *Plan general de Estudios dirigido a la Universidad de Salamanca por el Real y Supremo Consejo de Castilla y mandado imprimir a su orden en Salamanca*. Antonio Lasanta, 1772, p. 34. Existe versión digitalizada en el repositorio de la USAL.

48 Y el derecho natural que, sin embargo se hará desaparecer casi inmediatamente, ya reinando Carlos IV, por lo peligrosas que resultaban las doctrinas que se impartían, singularmente, las del contrato social, soberanía popular y límites de los tributos. La intervención del Consejo Real a partir de un anónimo que señala estos datos en el manual utilizado (el de Juan Bautista ALMICI *Institutiones iuris naturae et gentum secundum cathohca principa*, Madrid, 1789) conducirá a la supresión de la materia, o su transformación en «filosofía moral». *Real Decreto el estudio del Derecho Público, el Derecho Natural y el Derecho de Gentes Vid.* NEIRA M. M.: «Una supresión ficticia? Notas sobre la enseñanza del derecho en el reinado de Carlos IV» en *Anuario de Historia del Derecho español* 68, 523-544.

49 En particular, Gregorio MAYANS, había propugnado *la enseñanza de las distintas disciplinas a través de principios generales, sintetizados en manuales, suprimir los dictados en clase por explicaciones de los profesores y preguntas dirigidas a los alumnos, establecer la obligatoriedad de exámenes y la potenciación de las enseñanzas prácticas en el seno de la Universidad*. Aunque no sería aplicado, su proyecto no dejaría de ejercer influencia posterior. *Vid.* ARIAS DE SAAVEDRA, I.: «La reforma de los planes de estudios universitarios en España en la época de Carlos III. Balance historiográfico» en *Chronica nova: Revista de historia moderna de la Universidad de Granada*, n.º 24, 1997. Los hermanos PESET, publicaron el documento bajo el título *Gregorio Mayans y la reforma universitaria. Idea del nuevo método que se puede practicar en la enseñanza de las universidades de España*. Valencia, 1975.

texto «original» romano cede su lugar, en la *lectio*, a una transmisión del saber que el profesor ha extraído de las fuentes y ha elaborado previamente en su propia obra escrita.

A lo largo del siglo XIX se consigue, finalmente, otro de los objetivos ilustrados, la unificación de los Planes de Estudios, sobre la Base del vigente en Salamanca. La reforma CABALLERO de las Facultades de Leyes (1802) seguida del Plan General para la Universidades (1807) incluía la fijación de libros de texto (que habrían de cumplir el papel de manuales) para todas las universidades, reducía el derecho romano y ampliaba el derecho propio al tiempo que introducía la economía política: No fue posible reintroducir el derecho natural, publico o de gentes, que representaban la opción de progreso en la línea europea. En 1821 se incorpora a la segunda enseñanza derecho público y constitución, pero hay que trasladarse hasta 1836 (*Arreglo provisional*) para encontrar unos *Principios de Derecho Público General* y unos *Elementos de derecho público de España* en las Facultades[50]. Estamos ya a las puertas de la aparición de una nueva disciplina universitaria, el derecho administrativo.

Entre tanto, se ha producido en Europa (fruto del derecho natural racionalista elaborado a partir del siglo XVI y consagrado en el siglo XVIII, en su encuentro con el programa político de la Ilustración) el primer resultado de la Codificación y la extensión de las ideas que la conforman: Frente a las viejas recopilaciones, la modernidad viene representada por la idea de un «*sistema* de reglas orgánicamente subordinadas, con pretensiones de generalidad y plenitud, agrupadas por institutos y redactados de forma concisa, normas que se contemplan ahora como soluciones para una masa de casos particulares desligadas de toda relación *hic et nunc*, deduciendo de un supuesto de hecho general, abstracto e hipotético una consecuencia jurídica igualmente general»[51].

La docencia de este nuevo derecho, especialmente tras el desarrollo de la pandectística, se dirigirá a lo que incorpora la nueva noción de derecho

50 Existe bastante literatura sobre la evolución de los planes de Estudios y manuales para el siglo XIX. Por todos, MARTINEZ NEIRA, M.: *El estudio del derecho:/ Libros de texto y planes de estudio en la universidad contemporánea*. Instituto Antonio de Nebrija, 4, 2001. Desde el interés de esta evolución para el derecho público y administrativo, es muy conocida la dedicación de GALLEGO ANABITARTE, desde su contribuciones en la *Revista de Administración Pública*, hasta su ponencia «Influencias nacionales y foráneas en la creación del derecho administrativo español» en *Posada Herrera y los orígenes del derecho administrativo español INAP*, Madrid, 2001 y su monografía *Formación y enseñanza del derecho público en España (1769-2000: Un ensayo crítico*, Marcial Pons, Madrid, 2003, recensionado por A. NIETO en la *RAP (Revista de Administración Pública)* n.° 161, mayo/agosto, 2003, p. 545.

51 *Vid.* DE LOS MOZOS, J. L.: *Derecho Civil Español, I. Parte General vol. 1 Introducción al derecho civi*l, Universidad Pontificia, Salamanca, 1977, p. 190. La idea de código, fruto del iusnaturalismo racionalista y de la Ilustración (*Constitución y Código*), implica una alteración de concepto de derecho mismo y, por tanto de su docencia: Es el momento del nacimiento de la idea de «sistema» interno.

codificado, es decir, a la *representación ideal*, teórica, del ordenamiento que expresa el código, o lo que es lo mismo, hacia la idea misma de *sistema*[52].

Cada disciplina académica (aunque padeciendo todas, en mayor o menor medida, la incomunicación entre las tareas docentes e investigadoras y la práctica jurídica) contará así con un grupo de construcciones (sistemáticas) de referencia, expresadas en obras como Tratados (*El Derecho Civil español común y foral* de CASTAN TOBEÑAS, o el *Derecho Civil de España, Parte General* de F. de CASTRO, para el derecho civil, por ejemplo[53]) manuales o cursos, sobre los que se dirigirá la docencia y el aprendizaje. Debe observarse, sin embargo, que del *liber* del derecho intermedio, todavía literalmente «pegado a las fuentes» materiales o al «manual» que afirma la Ilustración, los nuevos documentos docentes no dejan de presentar algún inconveniente, que llevará a un maestro del derecho administrativo a preferir la comunicación oral, cuando se trata no de aprender nociones, sino ideas, métodos, itinerarios de análisis o síntesis aplicativas de la meditación humana, a la resolución de problemas[54].

Tal divergencia, y la propia *praxis* de la docencia jurídica en la Universidad española de los últimos cincuenta años, obligan a considerar el papel del manual. Y, en este sentido, parece claro que su exclusivo o prevalente uso, puede contribuir a sustituir la lectura y el estudio directo de los textos legales y jurisprudenciales, desarrollando así, en el fondo, una función anti-educativa[55]. Frente a ese uso exclusivo, *la lectio in presentia* parece preferible, en la medida en que la forma oral de transmisión de la información (*vid. infra*) parece potenciar la memoria a largo plazo.

---

52 No podemos detenernos en la exposición de las diferencias inteligencias que se le da al término sistema aplicado al campo del derecho. Por todos, y muy clarificador GARCÍA AMADO, J: «Teorías del sistema jurídico y concepto de derecho», publicado en *el Anuario de Filosofía del Derecho*, Nueva Época, T II, Madrid, 1985.
El uso del término en esta exposición, no responde ni al contexto o plano teórico-general o filosófico, sino más bien al práctico-positivo (sistema como un elemento más del ordenamiento jurídico-administrativo, junto con las normas y los principios) y al contexto científico-jurídico correspondiente a una disciplina: Derecho Administrativo.

53 El Tratado de Castan comienza a publicarse en los años 20 del pasado siglo. La obra de Federico de Castro se edita por primera vez en Valladolid, 1942. Ese mismo esquema puede repetirse para otras especialidades académicas: El *Garrigues* para el derecho mercantil, (*Tratado de Derecho Mercantil*, 3 vls., *Revista de Derecho Mercantil. Madrid.* 1947), el RODRIGUEZ DEVESA para el derecho penal (*Derecho Penal español, parte general*, 1970).

54 GIANNINNI, MS.: «...la parole scritta dovesse essere o opera di pensiero, significativa de un fatto di speculazione scientifica, overo un sussidio, quasi una memorizatore, e in tal caso, quelle offerte dal mercato fossero quasi fungibili tra loro». *Diritto Amministrastivo*, Milano, 1970, Prefazione, V.

55 Lo ha advertido, para el Derecho Administrativo SORACE, D.: «L´ínsegnamento del diritto amministrativo». *Actas del XIII Congreso Italo-Españaol de Profesores de Derecho Administrativo*, Salamanca, octubre 2000, CEDECS, Barcelona, 2002 p. 43 y ss.

Por ello, si de proporcionar material para los alumnos se trata, quizá deberíamos acudir a obras de lenguaje conciso y claro que, expresando el paradigma dominante, sirvan a la tarea de «comunicar» el «lenguaje mínimo» de la disciplina, terminológica y conceptualmente; obras adecuadas, por tanto, a quien debe adquirir un conocimiento básico, y no tanto a obras escritas para quienes son nuestros pares[56], a menos que pretendamos construir un «sistema» propio, sea cual sea el nombre que demos a nuestra obra.

4. Conclusión histórica: ¿Qué enseñar? ¿Cómo enseñar derecho?

A modo de conclusión de estas notas puede decirse que el derecho ha sido desde sus orígenes, al menos en occidente, simultáneamente una práctica y un saber que se comparte se transmite y se enseña. Al tiempo, ha sido objeto de enseñanza tanto la solución del caso concreto (*casus/responsa*), como las reglas que la determinan (*regulae/praecepta*) y, por conexión de soluciones, las razones que las producen (*ratio/concepta*).

Por abstracción de razones se elaboran posteriormente, sin salir de ese saber particular, «instituciones» y, en un momento ulterior, la idea misma de «sistema» o conjunto ordenado, sustituye a la simple suma y exposición secuencial del *ordo iuris*.

Cada uno de esos aspectos ha sido objeto de elaboración conceptual y práctica docente, ha sido objeto de una transmisión cultural que es también, en trazo muy grueso, un esquema de la evolución de la ciencia jurídica. A la vista del esquema la pregunta debe ser: ¿*Qué* ha de ser objeto de enseñanza jurídica hoy? ¿El *responsa del casus*? ¿las *regulae de los preceptos*? ¿*la ratio/conceptos* de las misma? ¿*las instituciones* que dan unidad de sentido a los conceptos? ¿o el *sistema* jurídico-administrativo en su conjunto? ¿Hacia dónde debemos los juristas docentes hoy dirigir principalmente nuestra atención?[57]

56 *Ibidem*, p. 57.

57 El asunto es decisivo: La reflexión que el profesor Sosa Wagner, realizaba en su lección de despedida en la Universidad de León (7 de octubre 2016) es absolutamente necesaria. ¿Qué interés tiene *explicar el apasionante régimen jurídico de la licencia de derribo en Castilla la Mancha* en un programa de dos semestres?.¿No deberíamos centrarnos en los saberes *estructurantes* de una forma de pensar y trabajar?. *Vid.* Sosa Wagner, F.: *Lección de Despedida*, León, 2016.
Más de cincuenta años antes del proceso de Bolonia y de la reducción y «profesionalización» de la enseñanza jurídica, Betti condenó ya la «minúscula especialización» que no conduce ni al empleo ni a la formación del jurista. *Vid.* E. Betti,: «Osservazioni critiche sul progetto di riordinamento delle facoltà di Giurisprudenza», en *Riv. giur. umbro-abruzzese*, 36.6 (1960) 320. La referencia la tomo de Torrent Ruiz, A.: «Fundamentos del derecho europeo (derecho romano-ciencia del derecho-derecho europeo» en *Anuario de la Facultad de Derecho Universidad Complutense*, 11, 2007, p. 941.

La segunda cuestión es la relativa al *como* realizamos la transmisión docente de ese saber, pues, ya se ha anotado, la práctica del *audire* (enseñanza oral) dio paso al *instruire* (fijación por escrito de la información), *al leer* y *memorizar*, pero también al disputare medieval. También queda apuntada la problemática general del «curso», «manual» o texto docente de referencia.

Los avances de la neurobiología y la psicología del aprendizaje en el último cuarto de siglo nos permiten afirmar (sin salirse del paradigma admitido), el papel preponderante que la lectura y la exposición oral deben desempeñar en la enseñanza del derecho. Por una parte, el derecho moderno se expresa fundamentalmente por escrito, y, por otra, la lectura es, según los datos de la psico-biología[58] la más asequible de las actividades potenciadora de las capacidades mentales y la que proporciona un mejor balance costo/beneficio en la trasmisión de la información. A su vez, la exposición oral aumenta la comprensión de los materiales y la información y genera, con mayor rendimiento, una memoria a largo plazo más efectiva.

El modelo sobre los estilos de aprendizaje[59] que popularizo David Kolb[60] (convergente, divergente, asimilador e inventor), basado en las dos formas de percibir (experiencia *concreta*/conceptuación abstracción generalidad) y dos formas de procesar (experimentación activa/observación reflexiva), pese a las críticas sobre su escasa evidencia experimental, sigue siendo útil: Nos permite diferenciar el tipo de aprendizaje que deberíamos utilizar en función de su adecuación al *momento* de la secuencia que hemos definido como objeto de aprendizaje (*qué* se quiere en cada momento, enseñar: *casus/responsa*, o bien *regulae/praecepta*, o bien *ratio/concepta*, o, finalmente, *ordo/sistema*).

Igualmente, si las actitudes, hábitos y condicionantes del sujeto del aprendizaje deben tomarse en cuenta (de manera que no bastan los rasgos preponderantes, del modelo de KOLB según el esquema cuadripolar resultante), no puede evitarse considerar algún rasgo decisivo de las nuevas generaciones: La llamada «generación Z», ya nativa digital, prefiere como forma de comunicarse *la imagen* (video) al texto o la voz, y no tiende a «seleccionar» contenidos sino a «elaborarlos» y compartirlos[61].

---

58 Morgado, I.: *Aprender, recordar y olvidar: Claves cerebrales de la memoria y la educación*, Ariel Barcelona, 2014. De allí, también la idea de «jurista europeo», expresión reconocida en Italia en el Decreto Ministerial de 25 de noviembre del 2005.

59 De La Barrera, M., Donolo, D.:«Neurociencias y su importancia en contextos de aprendizaje» *Revista Digital Universitaria* 2009 Vol. 10 n.° 4.

60 Kolb, D.: *Experiential Learning: Experience as the Source of Learning and Development by David A. Kolb* Prentice Hall, 1984.

61 La generación Z, un tercio de la población mundial, presenta otros rasgos de interés: Comunicabilidad permanente, capacidades multitarea, uso intensivo de redes sociales. Cuando se ha tratado de utilizar su entorno tecnológico con instrumento prevalente de educación, los «rasgos negativos» afloran inmediatamente: Acceso pleno a la información

Nuestros alumnos prefieren leer en su móvil o *tablet* a consultar el original en papel. En estas condiciones, *el texto* escrito tiende a difuminarse como instrumento docente, al menos que lo presentemos, hábilmente, como «imagen». El empleo de las TIC no es, por tanto, un mero adorno instrumental, sino una necesidad para la generación presente. Análogamente, la tradicional «*lectio*» de origen medieval, ha de acomodarse a este gusto por la imagen, apoyarse, por tanto, en contenidos visuales... al menos a partir de cierto grado de formación.

Puesto que la docencia jurídica de la que aquí se habla se refiere a la docencia jurídico-universitaria, sin perjuicio de matices muy importantes a los que más adelante se aludirá (en función del modelo de universidad y en función de los objetivos de la docencia universitaria en cada modelo: *vid. infra* para la docencia jurídico-administrativa) es importante definir la clase de conocimientos que se elaboran y transmiten en las universidades. Y, en el campo del derecho, creo firmemente que ha de ser objeto de enseñanza/aprendizaje la elaboración y el funcionamiento de un *modelo* construido sobre el sistema de un sector del ordenamiento.

La modelización implica una actividad de construcción de modelos, es decir, por utilizar la noción más elemental, una *representación* o esquema de algo para facilitar su comprensión, mediante la omisión de detalles no relevantes (en función del objetivo del modelo), teniendo en cuenta que se busca la *adecuación*, no la corrección. El modelo debe permitir representar adecuadamente cómo se comportará el sistema real modelado, de manera que las soluciones que ofrezca puedan *ser trasladadas a la operación real* de aquel.

En el campo del derecho, sucede que tal modelo no admite representación simbólica (o es muy difícilmente utilizable) de manera que la esquematización sólo puede ser «ideal» o conceptual. Pero eso no obstaculiza que el primer objetivo de la docencia jurídica sea formar *en el alumno* (¡!) tal representación mental esquemática sobre el funcionamiento del sistema jurídico o de la parte del mismo objeto de enseñanza. No se trata, por tanto, de explicar el sistema mismo, sino de lograr que el discente se *represente idealmente un modelo* del conjunto normativo ordenado sistemáticamente.

Tal representación ideal debe ser operativa: El modelo construido idealmente debe permitir al alumno «operar» con él, es decir, ser capaz de introducir datos y hacerlo funcionar. Sin ello no hay «modelización» sino «teoría». Por volver a nuestras preguntas anteriores, el modelo, debe ser capaz de ofrecer una respuesta (*responsa*) aplicando los preceptos pertinentes (*regulae*) al *casus* planteado, coherente con los principios (*ratio*) y las instituciones,

pero carencia de criterios de selección y organización, utilización mayoritaria de las redes para el ocio o aspectos personales y no para actividades académicas que involucren al docente... Sobre esto *vid.*, por todos SALINAS, J.: «Innovación docente y uso de las TIC en la enseñanza universitaria» *Revista Universidad y Sociedad del Conocimiento,* on line http://www.uoc.edu/rusc/dt/esp/salinas1104.pdf

e igualmente (esto es decisivo) *reconocible como solución que ofrece el sistema,* si operase realmente y no a través del modelo.

Puesto que se trata de un modelo «mental» parecería lo más lógico utilizar procedimientos de aprendizaje de abstracción/generalidad y observación reflexiva. Pero nada nos garantiza que este medio de componer el modelo logre en todo caso su objetivo, pues se corre el riesgo cierto de que el modelo no cumpla la segunda condición (*operación*) al pasar a la experiencia concreta: En efecto, puede que el discente *trate de operar con un modelo que no posee*, que le es ajeno y solo conoce a través de una abstracción y/u observación pasiva o «teórica» (el modelo del profesor que trata de imitar a la búsqueda de soluciones «correctas»).

Nada se opone a que la construcción del modelo pueda intentarse a través de una percepción *experimental* activa y no abstracta, (el «*casus*» y la *responsa* a través de las reglas, preceptos y principios) ni que el procesamiento del aprendizaje se realice mediante *observación reflexiva* del resultado que ofrece el modelo: Si este se aparta del resultado «real», el modelo mental está mal construido.

Significa esto que la *construcción* del modelo no implica docencia «*teórica*» ni la docencia *práctica* supone sólo comprobar el funcionamiento del modelo respecto del sistema. Y significa también que deben combinarse los contextos de aprendizaje en los que se desarrollen las dos formas de percibir y las dos formas de procesar básicas. Como se justificará más adelante (*vid. infra*, sobre el Aprendizaje Basado en Problemas, ABP), un *resultado* del sistema (pongamos, una sentencia de un caso dudoso) puede ser utilizado para recorrer a la inversa todo el proceso de solución y clarificar datos decisivos para la asimilación (por el alumno !) del modelo. Y, análogamente, la descripción en *bruto* de un escenario (esto es lo propio del ABP) puede obligar a interrogarse sobre elementos constitutivos del modelo mismo.

Como todo modelo[62], aunque se trate de un modelo mental, los conocimientos del mismo que debemos exponer-trasmitir se refieren a (i) los *elementos* del mismo, a (ii) las *relaciones* entre ellos y a (iii) los *procesos* que en su seno se van a producir. La dificultad radica ahora en que *los elementos* se convierten en conceptos, ideas (por ejemplo, «interés legítimo», «la reserva de ley») y

62 No pretendemos que sea posible una «modelización» completa del proceso de aprendizaje. Por ello, nos separamos ahora conscientemente de todos los estudios sobre modelización que se han realizado en los diferentes campos. En cualquier caso, tales técnicas trabajan con un alto grado de abstracción y utilizan técnicas formales de representación gráfica que en nuestro supuesto no parece posible utilizar.
Creemos no obstante que la construcción en el alumno de ese modelo del sistema jurídico y su funcionamiento, es posible esquematizarla a través de la diferenciación entre elementos, relaciones y procesos. Pero obsérvese que estas categorías se refieren al modelo, no al *sistema* jurídico mismo.
En cualquier caso, una introducción suficiente a esta temática en CASELLES MONCHO, A.: *Modelización y simulación de sistemas complejos.* Universidad de Valencia, Valencia, 2008.

no sólo en preceptos legales expresos; las relaciones implican contactos, cercanías conceptuales, divergencias, oposiciones, o especificaciones, mientras *los procesos* que debe incorporar el modelo traducen el flujo de operaciones (deducción, inducción, subsunción) que realizamos con los elementos.

La historia de la docencia jurídica nos ha mostrado que, en todo caso, se trata de transmitir un saber sobre un objeto cultural y saber hacerlo funcionar[63], aspecto éste que se identifica más fácilmente con la *técnica jurídica*. Pero obsérvese que ésta no puede asimilarse en abstracto, para todo ordenamiento o para cualquier rama jurídica: En otras palabras, *la estructura del modelo ideal del sistema que ha de ser objeto de docencia, condiciona la operatividad, el menor o menor grado de agilidad que el discente adquiera en la construcción de soluciones jurídicas en un campo dado*. Por tanto, seleccionar los elementos del modelo sobre los que ha de recaer la docencia a fin de que el alumno se forme el modelo ideal, constituye la primera labor de la docencia jurídico-administrativa; establecer las relaciones relevantes constituye la segunda, y describir los procesos el punto de llegada.

El objeto de nuestro conocimiento y el objeto que ha de ser enseñado tiene, sin embargo, una profunda peculiaridad, no sólo por su carácter no codificado, sino por *su historicidad*. No es posible, desde luego, explicar las características de la jurisdicción contencioso-administrativa como se explica el saneamiento de la cosa vendida, sin tomar en cuenta el origen histórico de aquella[64]. Por ello, la cuestión relativa al objeto que debe ser enseñado (el sistema derecho administrativo) sobre el que recae el modelo, que es la eterna cuestión del «concepto»[65] de derecho administrativo, sólo puede ser abordado históricamente.

---

63 Sobre este punto, parece que existe suficiente acuerdo: Se trata de formar juristas prácticos, es decir, en palabras de STORACE y RESCIGNO, (*vid.* STORACE: «L´insegnamento...», cit. p. 50) «juristas que frente a una cuestión de derecho, a la pregunta *quid iuris* sobre un comportamiento ya producido o que deba producirse, sea capaz, en un tiempo razonable, de encontrar una respuesta jurídicamente correcta o al menos plausible».

64 El argumento, y el ejemplo, es de SORDI, B.: «Brevi spunti su storia e didáctica del diritto público» en CERULLI, S. et alter (a cura di): *Per una reflexione sulla didacttica del diritto*, Milano, 2000, que argumenta con la imposibilidad de explicar el origen de la jurisdicción administrativa italiana (art. 2 y 4 de la Legge de 20 de marzo 1865, n.2248) sin una referencia histórica que aparta el modo de explicación de, por ejemplo, el modo en que pueden enseñarse los vicios de la compraventa.

65 No hace todavía mucho, el aspirante a plazas de cuerpos docentes universitarios debía formalizar una Memoria (o una «Memoria Pedagógica») sobre «el concepto método y fuentes» de la asignatura. De aquellas reflexiones nació, por cierto, alguna certeza y algún concepto plenamente operativo aún hoy día en el derecho positivo. Recuérdese, sino, la trascendencia que tendría la Memoria pedagógica del profesor E. GARCÍA DE ENTERRÍA, de donde procede, por ejemplo, su célebre artículo «Reflexiones sobre la ley y los principios generales del derecho» (*RAP*, n. 40), según propia confesión. De allí procede también su muy conocido artículo «Verso un concetto de diritto amministrativo come diritti statutario» (*RtDP*, 1960, p. 317 y ss).

Tengo a la vista la Memoria Pedagógica de mi maestro, el Pfr. RIVERO YSERN (E.), inédita, y allí está también recogida su visión de que existe *una administración material* que da lugar a la regulación por el derecho administrativo de relaciones jurídico-privadas, ampliando así la perspectiva subjetiva-estatutaria. La necesidad de esta visión, en el momento actual, ha sido destacada por ESTEVE PARDO, J.: «La extensión del derecho público, una reacción necesaria», *RAP*, 189, 2012, p. 11 y ss. que reclama la superación de perspectivas subjetivas para definir y dimensionar el derecho público, ante la constatación de que hoy existen actores sociales que, o se les somete al derecho público o escapan a todo derecho.
Sirvan estos ejemplos para clarificar que aquellos ejercicios teóricos sobre el *concepto* método y fuentes, han determinado importantes consecuencias positivas.
Sobre las reflexiones metodológicas que solían incluirse en dichas Memorias, sigue siendo imprescindible, el trabajo de GONZALEZ PEREZ, J.: «El método en el derecho administrativo», *RAP, n.º* 22, p. 27 y ss. Igualmente, con amplias referencias, PEREZ MORENO, A.: «El método en el derecho administrativo», *Revista de Estudios Jurídicos n.º 9/2009 (Segunda Época)*, p. 1 y ss.

CAPÍTULO II

LA HISTORICIDAD DEL DERECHO ADMINISTRATIVO. EL *ACTE ADMINISTRATIF* COMO CATEGORÍA

1. Un concepto histórico de derecho administrativo

El derecho administrativo se ha construido como realidad histórica y este aspecto resulta esencial para su concepto[66]. La dificultad de construir tal concepto es una afirmación de la que cabe recoger abundantes testimonios doctrinales. El interrogante con que J. RIVERO se plantea la existencia del criterio del derecho administrativo, la afirmación de BUFFELAN sobre el *inencontrable* criterio de este o la negación de EISENMANN de la autonomía del derecho administrativo, son buenas muestras de ello[67]. Cabe, por tanto, concluir

---

66 En sentido más estricto, el concepto de derecho administrativo pretende ser el concepto básico, fundamental sobre el que construir el sistema científico ius-administrativo, diferenciándose de la definición de aquél en cuanto esta trataría de expresar el contenido de tal disciplina jurídica. Pero, si es cierto que la perspectiva es uno de los componentes de la realidad, como quería ORTEGA, no menos cierto es que no cabe separar el contenido que se entiende corresponde a una disciplina jurídica y el concepto de la misma, pues todos los conceptos (también los normativos) encuentra referencia en una parcela más o menos estricta de la realidad, según cual sea su propia formulación.
El concepto buscado, por la función que se le asigna aquí, es, parcialmente, diferente del concepto legal que opera con eficacia directa en la práctica del derecho. Cuando el Legislador utiliza el término *derecho administrativo* no pretende, obviamente, construir una noción científica, sino delimitar, a efectos concretos, un sector del ordenamiento, con independencia de que coincida o no con la delimitación del derecho administrativo como disciplina científica o académica. Piénsese, simplemente en la explicación del proceso contencioso-administrativo, materialmente parte inequívoca de nuestra disciplina que encuentra, además, en él gran parte de su razón de ser histórica, pero que formalmente puede inscribirse en el campo del derecho procesal como asignatura Y así suele hacerse ya en muchos de los programas de esta materia (junto a los procesos civiles, penales, laborales, constitucionales o internacionales).

67 *Vid.* EINSENMANN, CH.: «Un dogme faux: L´autonomie du droit administratif». En *Perspectivas del Derecho Público en la IIª mitad del Siglo XX,* pp. 419 y ss. BUFFELAN: «L´introubable critere du droit administratif» AAVV, *Etudes du Droit Public*, París, 1964, pp. 179 y ss.RIVERO, J. «Existe-t-il un critere du droit administratif?», *RDP*, 1953, p. 292 y ss.

aceptando la imposibilidad de un concepto *abstracto* sobre el que edificar el sistema jurídico administrativo.

Aceptadas estas precisiones, debe señalarse que se maneja aquí un concepto que sirve para organizar la *disciplina académica* montada sobre el sector del ordenamiento contemplado por aquel sistema científico[68]. Como ha señalado GARRIDO FALLA, se trata, ante todo, de precisar la *perspectiva adecuada para contemplar el derecho administrativo*, bien como el ordenamiento jurídico de la acción administrativa del Estado, o bien como el ordenamiento de la actuación de la Administración en sentido subjetivo[69].

Las discrepancias que siempre han existido en torno a los orígenes de *históricos* de la Administración moderna y el Derecho Administrativo, no pueden ocultar el hecho de que la Revolución Francesa se origina y desarrolla en una organización pública de considerable bagaje institucional y jurídico, aunque fuese de signo bien diferente al hoy conocido. La corriente mayoritaria, que señala a la Revolución Francesa como hito fundamental en la génesis de la Administración Pública moderna y por lo tanto del Derecho Administrativo, ha descubierto los pasos fundamentales del cambio de un tipo de organización pública basada en el poder subjetivo absoluto, del monarca, a una *organización del poder público, hasta entonces desconocida, asentada en una noción objetiva de autoridad*, cambio esencial que viene a ser una de las más importantes manifestaciones de un nuevo concepto del Derecho mismo[70].

Las enormes diferencias entre la organización pública del Antiguo Régimen y la contemporánea administración, resultado de más de doscientos años de acelerado tiempo histórico, no ocultan que, en aquella, se encuentra ya el germen de lo que será la moderna administración, bien que en la forma de simple *organización interpuesta* entre la colectividad y los órganos de la órbita constitucional.

---

68 Esta era la exposición inicial sobre el concepto que aparecía en la primera edición de los *Fundamentos de derecho administrativo* de SANTAMARIA PASTOR, edit. CEURA, Madrid, 1988, p., 53. Aquí se opta más bien por la última de las opciones apuntadas.

69 GARRIDO FALLA, F.: *Tratado de derecho administrativo*, Vl. I, Tecnos, Madrid, 1985 p. 41 y ss.

70 Nuevo concepto obra del «espíritu del siglo» sobre el que teoriza CHEVALIER, J. J.: *Histoire des institutions politiques de la France de 1789 a nos jours*. Dalloz, París, 1952, p. 12 y ss.: *«La noción esencial del siglo XVII francés había sido la del deber, la aceptación de los yugos, lazos y servidumbres de la condición humana, la noción de obediencia cristiana que colocaba la felicidad eterna antes que la felicidad terrenal. El siglo XVIII quiere, por el contrario, arrancar todos los yugos, desligar toda atadura. Era preciso por tanto que el espíritu se alzara en nombre de la razón: Racionalismo en nombre de la naturaleza que se alza contra los prejuicios y la herencia de un pasado absurdo...».*
En igual sentido, situando entre las primeras causa de la Revolución el ideal filosófico, JAURES, J.: *Causas de la Revolución Francesa* Grijalbo, 2.ª ed, Barcelona, 1982 p. 40 y ss. *Vid.* También ESMEIN, A.: *Precís elementaire du l'histoire du droit françaíse de 1789 a 1814*, Recueil Sirey, París, 1911 p. 25 y ss.

En la forma de organización política denominada tradicionalmente Estado Moderno, la existencia de una organización administrativa propia, es un dato constitutivo, que permite individualizar a aquél, y en cuya determinación histórica participa, principalmente, por que se encomienda la gestión, ordenación, y recaudación más eficaz de tributos y medios financieros, la preparación y mantenimiento de los modernos ejércitos permanentes, que, gracias al desarrollo de nuevos medios de combate (la artillería), se desvinculan de los tradicionales medios (aportados, a cambio de poder e influencia, por la nobleza) para objetivarse en una instancia central.

Las distintas formas de organización constitucional del Estado Moderno, (por seguir con el esquema de GIANNINI que venimos manejando[71]) dan lugar a distintos tipos estructurales de Administración Pública, o si se quiere, a distintos tipos de organización administrativa, (en cuanto organización propia, diferenciada de los órganos constitucionales que actúan la titularidad del poder y que se interpone entre la colectividad general y aquellos) según se encuentre sujeta a derecho común, o a un derecho público singular.

En el tipo histórico de «organización pública de derecho común», esta carece de normativa propia, estando regida la cúpula, por principios de orden constitucional, mientras que el resto del aparato actúa sujeto a normas comunes a los agentes públicos y privados[72]. Aunque los agentes públicos dispongan de determinadas potestades coercitivas, el elemento decisivo de la actividad es el *pacto*, el acuerdo entre autoridad y particulares, y, mientras determinadas relaciones orgánicas e intersubjetivas se encuentran reguladas por el derecho constitucional, se niegan, en principio, privilegios derivados de su condición de participe del poder[73] y privilegios jurisdiccionales a la Administración.

---

71 *Vid.* GIANNINI M. S. *Derecho administrativo*, Madrid, 1991 (traducción española a cargo de Luis Ortega).

72 *Vid.* MITCHELL, JDB: «L´ Absence d´un systeme de droit administrative au Royaune Unie, ses causes et ses efets», EDCE, 16, 1964 pa. 211 y ss. Cabe citar siguiendo a este autor, la afirmación de la Crown Proceding Act de 1947 según la cual *La Corona estará sujeta a todas las responsabilidades de un particular mayor de edad y plenamente capaz*, texto que se acompaña de la cláusula *«salvo excepción prevista en el texto»*. El derecho público se presenta así como «una serie de excepciones a la generalidad y universalidad deseable de las reglas de derecho privado».

73 *Vid.* TIXIER; G.: *Le controle judiciaire de l´Administration anglaise,* Daloz, París, 1954, p. 18 y ss.El mismo autor apunta, sin embargo, la existencia de artificios para permitir a la Corona escapar del control judicial: La Cláusula de Enrique VIII, en virtud de la cual puede incluirse en las leyes que todo reglamento adoptado en ejecución de la misma deba ser considerado parte de la ley, o la cláusula de la *conclusive evidence*, que supone la exención de control judicial por presumirse que la aprobación ministerial de determinados expedientes implica que tal expediente reúne todos los requisitos legales. *Vid.*, también, GARRIDO FALLA, F.: *Tratado de derecho administrativo*, 10.ª ed. Tecnos, Madrid, 1987, vol. 1, p. 100.

Las razones de la permanencia histórica de los rasgos básicos de este modelo en el Reino Unido y países de tradición anglosajona, en los que lo decisivo es el dato de que, en general, el agente público no actúa como mandatario de un poder público, ni revestido de las prerrogativas del poder soberano y de los atributos del *imperium*, sin que se aplique a la Administración el concepto continental de *hercschaft*[74], no pueden ser entendidas, sin acudir a los antecedentes históricos, notablemente diferentes de los de los Estados Modernos de organización constitucional del tipo de *normativa de derecho público* (GIANNINI).

Y, entre aquellos datos históricos quizá los más relevantes sean, por una parte, el dato original de que el *common law* (sobre la base de una fusión de los derechos sajón, danés y normando) fue proclamado como ley común a todo el reino, aplicable a todas las personas, oponiéndose así a las disposiciones aplicables a ciertas categorías de personas, sin olvidar que, en Inglaterra, desde la conquista normanda (1066) a la Revolución de 1688, se producen tentativas diversas, pero infructuosas, de erigir una monarquía absoluta.

Bajo la autoridad de BACON, se llega a un punto en el que *se pretende impedir a los tribunales ordinarios el conocimiento de cuestiones relacionadas con la prerrogativa real*, entendiendo esta como un poder o preeminencia del Rey, por encima de todo persona y por enciman de las reglas ordinarias de la *common law*. La Revolución de 1668 hizo fracasar este intento de absolutismo real, mediante el reconocimiento de la independencia de los jueces (*Act of Settlement* de 1701) y de aquel fracaso arranca la repugnancia radical del derecho inglés, en los siglos venideros, frente a las jurisdicciones especiales primero, y después frente al derecho administrativo[75].

Estos hechos históricos, como TIXIER recuerda[76], parecen haber jugado un papel justamente opuesto al que la Ley francesa de 16-24 agosto 1790 desempeñará en la práctica continental: La ausencia de derecho administrativo en Inglaterra hasta el siglo XIX se explica por razones inversas de aquellas que inspiraron a los constituyentes franceses la adopción del principio de separación de autoridades administrativas y judiciales «*...se ha querido prevenir el retorno a los abusos cometidos por la Cámara Estrellada... oponiéndose a la creación de un Tribunal Administrativo dotado de una competencia extensa que hubiera podido amenazar el funcionamiento de los tribunales ordinarios, garantes de la libertad individual y de la propiedad privada*».

En este esquema constitucional, por tanto, no se ha desarrollado la idea de un poder público que, disponiendo de autotutela declarativa y ejecutiva que lo diferencie de los sujetos privados, actúe en el mundo jurídico sujeto

74 *Vid.* CHITI, M.: «*Introduzione*» en el volumen 2.º de AAVV *Il controllo giurisdizionale dell´attivita amministrati in Inghiterra*. Giuffré, Milano, 1993.

75 *Vid.* MITCHELL, JDB.: «L´Absence d´un systeme de droit administrative...» cit., p. 229.

76 *Le controle judiciaire de l´Administration anglaise...* cit. p. 22.

a reglas especiales capaces de desplazar la intervención del juez[77], y cuyos actos deban ser revisados por un orden especial de tribunales que excluyan la competencia del juez ordinario.

Por oposición a este modelo, a la altura del siglo XVIII, dos son las notas esenciales, del tipo de Estado Moderno en el que triunfa la idea de un poder de prerrogativa. Por una parte, se trata de un sistema de *confusión de poderes* (dato también presente en el sistema de *derecho común*, en el que los tribunales del Rey son resultado de una evolución de órganos inicialmente administrativos y los *justice of peace* se ocupan de funciones administrativas, además de judiciales). El aparato público actúa conforme a un derecho público propio, exhorbitante del derecho de los particulares, aunque una parte, más grande o más pequeña, quede remitida al derecho privado. Por otra parte, en el plano constitucional, está operando la regla del absolutismo puro *—quod principi placuit legis habet vigorem—* que sitúa al monarca (y reflejamente, a la organización pública interpuesta en cuanto aparato de la Corona objetivamente entendida) en una peculiar posición frente al derecho. La vinculación a la regla jurídica puede, por tanto, quedar excluida, en cuanto el Rey se considera *solutus a legibus*[78]. Veamos ambas cuestiones con relación a Francia y como pudo allí afirmarse un producto cultural llamado «derecho administrativo».

77 Es clásica la contraposición del régimen administrativo y del *rule of law* que, en este punto, realizó García de Enterría, E.: «La formación histórica del principio de autotutela», en *Moneda y Crédito*, n.º. 128, marzo 1974, después reproducido en las distintas ediciones del *Curso*.
Hemos localizado una Sentencia del Tribunal de Justicia de la UE que, cuando el Reino Unido formaba parte de la UE, da cuenta de la pervivencia, en esa otra tradición jurídica, de la *ausencia de potestades de autotutela* en manos de la administración. Se trata de la STJUE de 2 de septiembre de 2021 (C579/19, ECLI:EU:C:2021:665) De conformidad con el derecho británico aplicable «si el veterinario oficial considera que debe negarse a colocar en una canal un marcado sanitario y el propietario de dicha canal impugna esta conclusión, *el veterinario oficial* debe acudir obligatoriamente a un juez para que este decida si dicha canal cumple o no los requisitos de seguridad alimentaria». Obsérvese la diferente posición jurídica del agente oficial en uno y otro sistema.
La legislación británica (que es examinada por el TJUE también desde el punto de vista de si ofrece una efectiva vía de recurso judicial al afectado) es considerada contraria al derecho europeo: »el Reglamento n.º 882/2004 deben interpretarse en el sentido de que *se oponen a una normativa nacional en virtud de la cual, cuando un* veterinario oficial *se niega a colocar en una canal un marcado sanitario y el propietario de dicha canal no está de acuerdo con dicha decisión,* el veterinario oficial debe acudir a un juez para que este decida sobre el fondo *del asunto y a la vista de los informes de los peritos designados por cada una de las partes si dicha canal cumple o no los requisitos de seguridad alimentaria, sin poder formalmente anular las decisiones del veterinario oficial ni ordenar la supresión de los efectos de dichas decisiones»*.

78 Alli Aranguren, J. C. *Los paradigmas de la legalidad y la justicia en el Derecho Administrativo francés,* UPNA, 2009, p. 72, enumera las fuentes históricas de esta regla del absolutismo: Los aforismos de Ulpiano: *princeps legibus solutus est* (D. 1.3.31) y *quod principi placuit vigorem legis habet* (D. 1.4.1., Inst. 1, 2, 6)111; las Decretales de Inocencio III: *rex superiorem in temporalibus non recognoscat* (X, IV, 17, 13) o el Speculum judiciale de Guillaume Durand: *nam rex princeps est in regno suo ut pote qui in illo in temporalibus non recognoscat.*

2. La Francia de mil setecientos: Consejos, Intendentes, Parlements

La Francia del setecientos es, en gran medida, la Francia de los Parlamentos judiciales, los Intendentes y de las jurisdicciones especiales, pero, sobre todo, es la encarnación práctica de la fórmula política denominada absolutismo, que los teóricos ortodoxos, desde finales del siglo XVI, con Jean BODIN a la cabeza, habían defendido, señalando que si la autoridad suprema estuviera dividida no sería verdaderamente monárquica. El Rey, independiente de todo poder exterior debe, en su reino, ser el único en ejercer la soberanía, con autoridad exclusiva, incompartible e incomunicable, lo cual quiere decir que ningún órgano puede desconocer ignorar o anular su mandato, y por tanto no sufre limitación. Existen otros órganos (Consejo Real, Parlamentos judiciales, Estados Generales y Provinciales, Asambleas de notables o de Ordenes profesionales) pero estos órganos, perdida en algunos casos su influencia histórica «*n´ont aucun pouvoir prope en ce qui concerne la manutention des affaires generales du royanne... on les considere frein volontier a la volonte trop autoritaire du monarque*»[79].

El *misterio* de la monarquía absoluta radica, desde el punto de vista administrativo, en que, como OLIVIER MARTIN recuerda «*el Rey está persuadido y su pueblo generalmente con él, de que existe conformidad entre el bien común y su voluntad real*». Esta identificación (que expresa la subjetivización total del poder público que al mismo tiempo transforma la persona del Rey en órgano del Estado) impide toda consideración de la norma jurídica como cauce y límite del actuar público[80]. En tiempos de Luis XIV, la teoría de la «monarquía de Derecho divino», supone la recepción de las prerrogativas reales directamente de la divinidad[81], sin intermedio del pueblo, evitando así toda duda

79 *Vid.* OLIVIER MARTÍN, F: *Histoire du droit français des origines à la Revolution,* Domat Montchrestein París, 1948 p. 336. Existe una edición fascimil posterior (CNRS, París, 1992) y una edición nueva, también del CNRS, París, 2010. En lo que sigue, seguimos su obra casi literalmente.

80 Como el mismo OLIVIER MARTÍN recuerda el absolutismo no es el simple mandato de una voluntad superior, sino que la situación de interprete supremo del bien común que ocupa el monarca se explica porque «sólo él en la Nación se ha despojado enteramente de su naturaleza de hombre privado para no ser más que una persona al servicio del Estado». Ello permite entender la familiaridad de los sujetos con el Rey, que alcanza niveles insospechados: visita a los palacios incluso con autorización para desfilar delante de la mesa del Rey para verle comer (sic) o el nacimiento público de los infantes de Francia. Como OLIVIER MARTÍN recuerda también, si nada de esto constituía una garantía jurídica, no obstante el Rey, dueño de la persona y bienes de los súbditos, vive y es un hecho, familiarmente con ellos... Para comprender bien la monarquía del Antiguo Régimen es preciso contemplar el juego de sus reglas constitutivas en esta atmósfera de familiaridad y veneración».

81 BOSSUET en *Politique tire de l´Escritue Sainte*, Libro III, Iª proposición lo expondrá así: «*Todo poder procede de Dios... Los príncipes actúan como ministros de Dios para el bien... Por ello el trono real no es el trono de un hombre, sino el trono De Dios mismo*», añadiendo en la IIª proposición*: «La persona del Rey es sagrada y atentar contra ella es sacrilegio».*

sobre si éste puede o no reclamarlo en caso de mal uso por el monarca. La doctrina viene, por tanto, a completar el absolutismo tradicional, destacando la total irresponsabilidad del Rey salvo ante la divinidad y haciendo de difícil defensa (tesis de los monarcómanos) el asesinato del príncipe, el tiranicidio como fórmula de resistencia jurídicamente justificable.

¿Significa todo esto que el rey dispone de un poder ilimitado, arbitrario, o dicho en otras palabras que *la idea de justicia no pertenece al Antiguo Régimen,* ni existía mecanismo alguno de garantía y límite del poder? Si bien es cierto que la idea de derechos individuales intangibles, oponibles al rey, es algo desconocido en el Antiguo Régimen, no menos cierto es que los burgueses de las ciudades encontraron medios para salvaguardar sus libertades, obtenidas mediante cartas medievales.

La limitación del poder del Rey no procedía, sin embargo, de la esencia o materia de sus decisiones, (en la que sólo podía oponérsele *aquella libertad fragmentaria, o bien los frenos voluntarios que un monarca prudente y cristiano establecía a su poder, usando los medios menos absolutos*), sino más bien de la forma en que el poder absoluto (desligado de las normas ordinarias) debía manifestarse, para ser tenido e identificado por tal, por resultar imputado personalmente al rey mismo.

De ahí, por ejemplo, y notablemente, el riguroso ceremonial que acompañaba a la *Lit en justice*, procedimiento extremo al que el Rey hubo de recurrir para imponer su voluntad frente a la cerrada oposición de los parlamentos a conceder el registro de ciertas ordenanzas en determinadas ocasiones. Fuera de estas manifestaciones extraordinarias del poder absoluto, la *exigencia de forma determinada*, se traduce en distintas clases de actos del Rey. Además de otras modalidades, la mayor parte de las Ordenanzas generales del Rey presentan la forma de *lettres patentes*, sujetas a *enregistrement* por las cortes supremas (si bien el Rey disponía de medios —la lit de justice era el último— para lograr aquel registro si era negado, e imponer su aplicación, por los por tribunales). Como tales *lettres pattentes* (destaca OLIVIER MARTIN, que ha estudiado las *leyes del Rey*[82]) incluso conteniendo prescripciones generales, son susceptibles de oposición[83], que *«peut emaner de simples particuliers ou,*

82 OLIVIER MARTIN, F: *Les lois du Roy*, París, 1945.

83 Por otra parte, los Parlamentos disponían de las prerrogativas de *enregistrement* y de *remontrance*, ya aludidas. La formalidad de *enregistrement* tenía inicialmente la misión de asegurar la publicación, conservación y ejecución de las *lettres patentes*, mediante la transcripción sobre un registro especial del Parlamento de París, a petición, bien del particular que hubiera obtenido la *lettre*, bien del Procurador general, según instrucciones del rey.
Con ocasión de aquella formalidad, las cortes supremas dirigieron, inicialmente a invitación del rey, remontrances («reconvenciones»), al mismo sobre las cartas que debían registrar y que consideraran contrarias a los intereses del reino y de la corona. El desarrollo de la institución llevará a la negativa del registro, obligando al rey a ordenar el *enregistrement*, mediante «lettre de juisson» que, caso de ser desoidas, darían lugar al registro forzoso bien mediante un «*porteur d´ ordre*» que lo hace efectuar al escribano, bien mediante «*lit de justice*».

plus pratiquement de groupement intermediaires qui se jugent leses par la loi. L´opposition peut etre porté soit au Conseil du Roi, soit a la cour souveraine qui est chargée de l´enregistrement des lettres. Dans les deux cas, le roi dit toujours le dernier mot, car il seul juge de l´opportunite de la loi».

La oposición podía dar lugar, no obstante, a la modificación por parte del Rey, y en todo caso, podía retardar su aplicación, si bien en principio sólo la costumbre regula tal oposición. La declaración de 24 de febrero de 1673 (que, según OLIVIER MARTIN, al que seguimos con reiteración, se aplicó hasta el fin del Antiguo Régimen) restringió la prerrogativa de *enregistrement*, que queda configurado como una «apelación desde el Rey mal informado al Rey mejor informado».

La noción de «poder legislativo» (y la noción de ley como mandato abstracto e impersonal) como es notorio, no pertenece a esta época, pues el Rey adopta una serie de medidas, de variado ropaje formal, entre las que cabe distinguir las de eficacia concreta y limitada (otorgando un oficio, una carga mediante *lettre de cachet, brevet o lettre de provision*, o confiriendo un don o una gracia mediante *brevet, lettre patente* o *arret du Conseil*) y las que implican un cierto grado de generalidad (que puede faltar, dando lugar a privilegios) y permanencia, bajo la denominación de ordenanzas. La mayor parte de las ordenanzas se refieren, a la administración de la justicia (y aquí se incluyen, señaladamente, la «*Ordennance Civile pour la reformation de la justice*» de 1667, o la Ordenanza Criminal de 1670 y la ordenanza del Comercio de 1673) o a la «policía» (Ordenanza de 1669 sobre aguas y bosques, y Ordenanzas fiscales sobre la talla, y otros tributos).

En el plano de la justicia, el Rey absoluto está sujeto a un primer deber frente a los súbditos, el de dar a todos pronta justicia, aunque ello no implique, en todo caso, ni la administración personal de la misma, ni su administración legal. El Rey puede satisfacer aquél deber, ya acudiendo a la justicia retenida, ya a la justicia delegada, siendo ésta confiada a la organización de sus tribunales. Por ello mismo estos no constituyen un «poder « distinto o independiente del Rey, sino que administran la justicia real «para alivio de su conciencia».

Los tribunales que ejercen jurisdicción delegada son, en primer lugar, y entre los tribunales comunes, los Parlamentos y Cortes supremas, cuyas sentencias no son susceptibles de apelación, aunque estén sujetas, no obstante al amplio poder de casación del Rey y su Consejo. Más que su papel judicial, sensu estricto, es de notar, por una parte, la posibilidad de dictar *arrêts de règlements* que, a diferencia de los dictados en negocios de justicia, tenían carácter normativo, alcance general y valor permanente. Alguno de ellos, se producen con ocasión de un proceso, generalizando los principios establecidos. En este caso, se trata, sobre todo, de asuntos de derecho privado o procesal más importantes, para nuestro objeto, son los *arrêts de règlements* producidos fuera de todo proceso, raramente con referencia a cuestiones de derecho puro, y que generalmente suponen medidas de policía, de mantenimiento de la seguridad y tranquilidad públicas, reglamentación de los mercados etc., realizando una adaptación de la ley a las circunstancias particulares de tiempo y lugar, que implica una verdadera «administración».

Por ello mismo, aunque admisibles por razón de urgencia o necesidad, el rey no dejará de reclamar para sí «la conservación de su Estado», prohibiendo un edicto de 21 de febrero de 1614, renovado posteriormente, que las cortes judiciales tomaran iniciativas en los negocios de Estado, a menos que hubieran sido invitados a ellos por el rey mediante *lettres pattentes*.

La lucha de los Parlamentos judiciales con el poder real[84] conoce su punto álgido en el siglo XVIII, en el que las cortes supremas realizaran una oposición sistemática. Se autorizó nuevamente la *remontrance* previa (Declaración de 15 de septiembre de 1715), y a partir de mediados de siglo, tal oposición es ya política, oponiéndose al registro de las medidas de reforma financieras con el argumento de defender al pueblo contra los excesos de la fiscalidad real, o con la idea de que todas las cortes supremas componen un *Parlament de France*, que, decaídos los Estados Generales, se alza como el defensor de la libertad primitiva de la nación, en cuanto heredero legítimo del gran consejo que acompaña a la monarquía francesa desde su orígenes.

A título de Parlamento de Francia, el Parlamento París se opondrá a *lettres de cachet* considerándolas contrarias a la libertad natural de los ciudadanos que no puede ser restringida sino por un mandato regular de la justicia, afirmando indiciariamente derechos individuales, extraños a la constitución monárquica, e intentando concebir la magistratura como poder independiente, frente al principio de unidad de poder del rey. La llamada reforma MAPEAU, (organizando los Consejos Superiores, y apoyado por medidas de fuerza) embridará momentáneamente, tan formidable poder, que retornaría, en 1774, para, negándose nuevamente a registrar ordenanzas fiscales sin intervención de los Estados Generales, reclamar la convocatoria de estos y dar paso directo a la Revolución[85].

Examinemos finalmente, la Administración del rey, aunque dada la tendencia del Antiguo Régimen a considerar esencial e inescindible la competencia sobre cualquier materia administrativa y la competencia para enjuiciar los

84 En julio de 1787, a las puertas de la Revolución, el Parlamento de París se niega a registrar edictos reales conteniendo nuevos impuestos con el argumento, de que «la nación representada por los Estados Generales tiene únicamente el derecho de otorgar al Rey subsidios», tesis que, si bien no era nueva (OLIVIER MARTÍN, *Histoire...*, cit. p. 579, recuerda que los Estados Generales *habían perdido desde finales del siglo XV la preciosa prerrogativa de consentir el impuesto*) entrañaba un cambio de táctica, puesto que ahora el Parlamento no se considera representante de la Nación. *Vid.* el mismo OLIVIER MARTÍN *opus. cit. loc. cit.*

85 *Vid.*, por todos, VILLIERS, R.: *L´organisations du Parlament de París et des Conseil superieurs d´apres la Reforme Mapeau*. Sirey, París, 1937.

posibles litigios[86], y dado el carácter supremo de los poderes del Monarca, gran parte de los órganos que citaremos disponía de competencias que hoy calificaríamos de judiciales.

El más importante órgano central[87] es, con mucho, el Consejo Real, ante el declive de los Estados Generales. En la evolución de su organización (no obstante ser el Consejo uno e indivisible, en la medida en que no tenía poder propio y sus decisiones eran siempre consideradas como procedentes del Rey mismo) puede distinguirse una diferenciación progresiva entre secciones o Consejos de Gobierno, y Consejos de justicia y Administración[88].

Puede afirmarse que, si el contencioso entre partes se entregaba a una sección del *Conseil d´ Etat privé, finances et direction*, el contencioso entre los particulares y los cuerpos administrativos se residenciaba (según OLIVIER MARTIN) en una sección del Consejo Privado, la Grande Direction des finances, si el rey no reservaba la decisión al Consejo Real de Finanzas. A consecuencia de esta compleja organización, los *arrets* del Consejo no son siempre, ni siquiera frecuentemente, *arrêts* de justicia fallando en lo contencioso, sino decisiones, de orden gubernamental o administrativo, porque los ministros no podían adoptar ellos mismos decisiones en forma y debían recubrirlas con la autoridad del rey en su Consejo.

86 En efecto, esta es una idea fuerza respecto del modo de organizarse y operar el poder público en el Antiguo Régimen. Véase, para el caso francés, lo que señala DARESTE, R: *La justice administrative en France,* 2.ª Ed. Revisada por Pierre Dársete, Librairie de la Societé General des Lois et des arrêts, París, 1989 (1.ª edc. 1862): «No se comprendía que un hombre investido de una porción cualquiera de poder público no tuviera el derecho de hacer un juicio y de publicar un edicto...».

87 Nuevamente, conviene repertirlo, seguimos literalmente a OLIVIER MARTÍN, *Histoire*..., cit. p. 609 y ss.

88 Entre los primeros, presididos por el Rey en persona, el *Conseil d´en Haut* (*Conseil d´Etat en haut*), continuador del *Conseil des affairs*, se compone de cinco o seis miembros con el título de «ministres d´Etat», (cualidad que sólo se adquiría a invitación del Rey, no resultaba de la condición de Secretario de Estado) y se ocupa de los grandes asuntos de la gobernación del Estado. En palabras de SAINT SIMON se presenta como «el único Consejo Supremo frente al cual los otros no son sino consultivos». Siendo esencialmente político, en algunos casos fue llamado a pronunciarse en determinados asuntos contenciosos civiles o administrativos. Junto a él se sitúa, el «*Conseil des depeches*» que era «el consejo para la Administración interior: asuntos judiciales, eclesiásticos, de los municipios, obras públicas, que no se limitaba a administrar, sino que también juzgaba: avocaba causas, casaba sentencias de los parlamentos, aunque muchas veces estos no reconocían tales arrêts del Consejo...».
Por lo que respecta al Consejo actuando como órgano principalmente de justicia y administración, se cita, al «*Conseil d´ Etat prive, finances et direction*», que se dividía en varias secciones y entre ellas, el «Conseil prive» o bien, *Conseil des Partis*, que debía «ejercer la justicia privativa del monarca, constituyendo en el fondo un tribunal llamado a pronunciarse entre dos partes en litigio, sobre las demandas de casación de arrêts del Parlamento, los conflictos de jurisdicción, sobre las demandas de avocación por causa de parentesco o sospecha de parcialidad, y sobre las apelaciones de las sentencias de los intendentes...».

No obstante, esta realidad unitaria, un *arrêt del Conseil* de 6 de mayo de 1777 distingue, entre la «*voie de justice*» y la «*voie d´ Administration*», apuntando con ello una diferencia funcional que, en el plano orgánico ya se había iniciado.

Si la competencia, organización y procedimiento del Consejo reflejaba la confusión de poderes que fue una de las características del Antiguo Régimen, esa misma nota aparece, con idéntica tendencia a la diferenciación entre justicia y administración en el plano funcional, en la otra pieza básica de la antigua monarquía: Los intendentes, órganos monocráticos y comisariales que representan ya otra forma de actuar mucho más gubernativa, expédita y ágil, al margen de los tradicionales consejos[89].

Con el precedente de los «*commissaires départies*», que eran agentes comisariales del Rey para una determinada misión en parte de su territorio, los verdaderos intendentes parecen surgir de una fusión entre estos y los «*intendans de l´ arme*». Luchando con la hostilidad de las cortes supremas, (que adoptan medidas extremas frente ellos) y contando con el respaldo de la autoridad real (que anulará los arrêts de los Parlamentos judiciales contra los intendentes y establecerá el principio capital de que, habiéndoles otorgado el rey mismo su comisión, a él pertenece el control de su actuación) se destacaran los «*intendans de justice, police et finances, commissaire departi pour l´executión des ordres du roi*», cuya primera característica relevante radica en ser autoridades comisariales frente a los oficiales que ocupaban la casi totalidad de los cargos de justicia, finanzas y policía. Estos últimos eran instituidos por el rey, de modo permanente e inamovible, mediante *lettres de provisión*, sujetas a venalidad, registradas por los Parlamentos, sin precisar los poderes o funciones del cargo, que resultaban del derecho objetivo.

Los poderes del intendente resultaban de su propia comisión y se han sistematizado atendiendo a una triple consideración. Como Intendente de justicia, puede juzgar, por delegación especial del rey, en cualquier materia o asunto, si bien para evitar conflictos con los parlamentos, durante el siglo XVIII, apenas se ocupará de ello. Representando la justicia del rey, actuará en casos en que la justicia ordinaria evita intervenir o lo haga negligentemente.

---

89 Sobre estas nuevas autoridades monocráticas y comisariales, es de gran valor la síntesis de García de Enterría, E., en «La organización y sus agentes», publicado tanto en *La Administración española* (del que existen varias ediciones, y del que hemos manejado en este punto la segunda edición, IEP, Madrid, 1964, p. 177 y ss) como el *La Administración pública y el Estado contemporáneo*, IEP, Madrid, 1961.Se afirma allí la diferencia entre las nuevas figuras comisariales y los viejos oficios patrimonializados: *En vez del carácter permanente del oficial, el comisario es esencialmente eventual... no ejerce competencias propias, sino competencias del Rey cuyo simple ejercicio le ha sido delegado... No está la comisión constituida por una ley o un edicto que la haya establecido objetiva y permanentemente, sino que la comisión procede de un mandato específico revocable ad nutum... y en fin, está totalmente separado del territorio donde actúa su competencia...*».

Por otra parte, todas las materias en las que el rey no hubiera establecido jueces especiales se entendían reservadas a su Consejo, y en provincias, a los Intendentes. Así se explica (D´AUBE) el origen de la jurisdicción de los intendentes, a quien correspondía conocer de toda injusticia, falta u opresión que los súbditos del Rey pudieran sufrir, y de toda contravención a las ordenanzas reales teniendo «toda jurisdicción que no estuviese atribuida particularmente a ningún otro tribunal»[90].

El rey confía a los intendentes, sobre todo, reclamaciones en materias administrativas, que serían resueltas, «sin aparato judicial», creando así reglas de procedimiento propias, cuya trascendencia no ha escapado ni a OLIVER MARTÍN ni a GARCÍA DE ENTERRÍA[91]. Como intendente de policía, sus competencias actúan esencialmente en un triple plano: Adoptando decisiones particulares en los distintos ramos que le son confiados (singularmente, en el campo de los trabajos públicos, al que luego nos referiremos, pero también en los ramos de orden público, subsistencias, asuntos religiosos y militares), ejerciendo potestades normativas (bajo la misma denominación de ordenanzas) «en el marco y el espíritu de las leyes del rey», y vigilando la actividad de las comunidades locales.

Por lo que se refiere a los trabajos públicos, en siglo XVI se hizo preciso crear un derecho nuevo para una situación nueva: la propiedad privada en conflicto con el interés público, a consecuencia de los grandes proyectos de obras públicas iniciados en los primeros años de dicho siglo. El Consejo de Estado, al emitir los edictos de adjudicación de cada contrata, fue incluyendo artículos sobre los principales obstáculos, que se transformaron en cláusulas de estilo de ese nuevo derecho positivo[92].

La ejecución de los trabajos públicos se realizaba previa expropiación y pago del justiprecio, señalado por peritos, consignado y pagado judicialmente. Todos los conflictos que se pudieran presentar sobre la ejecución de los trabajos, o liquidación de las indemnizaciones (que comprendían un

---

90 *Vid.* D´ AUBE: *Memoire concernant les intendents departies dans les diferents provinces et generalites du royaunne*» que sólo hemos podido examinar, a través de la amplia cita que de la misma realiza DARESTE, cit. pág, 100 y ss.

91 *Vid.* Para este último, su exposición en «La formación histórica de principio...» cit. Y para OLIVIER MARTÍN, su *Histoire*. cit. p. 572.

92 *Vid.* DÁRESTE, cit. p. 122 y ss. El mismo autor enumera alguno de tales edictos que reproducimos con la intención de matizar el tópico de una actuación administrativa ligada exclusivamente a la obra postrevolucionaria. Entre tales edictos pueden citarse el de 1704 para hacer navegable el Eure, el de 1607 sobre la desecación de marismas, los edictos de concesión de trabajos de distintos canales (Briare, septiembre 1638, Beaucaire y Age, marzo 1644), o el edicto para hacer flotable el Dordogne (marzo 1728), etc.
Sobre este aspecto *vid.*, *in extenso*, FERNANDO PABLO, M.: «El procedimiento expropiatorio: Doscientos años de garantía de la propiedad» en DE DIOS, S. (Ed.) *Historia de la Propiedad. La expropiación*, Universidad de Salamanca, Salamanca 2010, p. 517-539.

amplio espectro de daños, tanto directos como indirectos, incluyendo la simple ocupación de terrenos) son encomendados a la autoridad administrativa del intendente[93]. A éste correspondía, en la práctica, los trabajos de construcción y mantenimiento de edificios públicos, y, por medio de previsiones de los *arrêts* del Consejo que autorizaban gastos, se les atribuyó también la jurisdicción para conocer de los conflictos relativos a la ejecución de estos trabajos.

Los intendentes ejercieron gran parte de las atribuciones relativas al servicio de vías públicas. Un *arrêt* de 1705 prescribía la rectificación, ensanche y construcción de carreteras adjudicando su ejecución a los intendentes cuyas ordenanzas serán *ejecutadas provisionalmente, salvo apelación al Consejo*. Igualmente recayó en los intendentes la intervención en la liquidación de las deudas frente a la administración, lo cual suponía el *derecho de juzgar* casi todos los asuntos contenciosos, en la medida que permitía enjuiciar la legitimidad de los actos de los que procedían las deudas.

La figura del Intendente es quizá la plasmación más exacta de aquella opinión de Hauriou según la cual «El régimen administrativo organizado en todas las monarquías de Europa continental a partir del siglo XVII no se fue creando a fuerza de reglas de derecho, sino a fuerza de organismos administrativos yuxtapuestos a los antiguos Tribunales y dotados de un poder ejecutivo más directo...»[94].

---

93 Aunque no es posible recoger las consideraciones de la *memoria sobre los intendentes* ya citada, de D´Aube, creemos imprescindible traducir algunos párrafos de la misma citados por Dáreste (cit. p. 124 y ss): «Cuando una obra se propone, el Intendente debe examinar la utilidad pública, después la posibilidad de la ejecución del proyecto, buscar la manera de ejecución, dar su opinión y establecer un plan de trabajos que debe aprobar el Rey... Todo esto realizado, la justicia pide que se asegure la ejecución y el págo de las indemnizaciones y que quienes hayan contratado con el Rey fijen un domicilio en la región, que allí residan permanentemente o por representante y que dispongan de fondos para págar a los obreros que empleen y satisfacer las resoluciones de liquidación de indemnizaciones a medida que se producen...».
Nada dice la citada memoria, en este punto, sobre los conflictos que podrían surgir entre el contratista y la administración respecto de la interpretación de la cláusulas contractuales, pero Dáreste (*cit.* p. 125) no dudó en afirmar *«que la competencia del intendente se extendía a todas estas demandas en virtud de las delegaciones contenidas en los edictos de concesión o en los arrêts del Consejo autorizando los trabajos»,* y, si bien inicialmente (edicto de 1607 sobre desecación de marismas) los conflictos relacionados con la ejecución de las obras o trabajos públicos deberían presentarse ante los jueces del lugar o comisarios diputados al efecto, en edictos posteriores desaparece tal cláusula y *toda competencia judicial se atribuye a los intendentes, salvo apelación al Consejo.*

94 Hauriou, M.: Prólogo a la primera edición de *El acto administrativo* de R. Fernández de Velasco, Librería General de Victoriano Suarez, Madrid, 1929.

3. La obra de la Revolución: Legalidad, separación de poderes, y jurisdicción

El principio de legalidad de la acción de los poderes públicos (no se puede exigir obediencia sino «en nombre de la Ley», dice el art. 7 de la Declaración de Derechos del Hombre y del Ciudadano de 1789) supone la ruptura de la subjetivización del poder en la persona sagrada del Rey, cuya posición central será sustituida por la soberanía de la nación, (art. 3) la cual se expresa en la voluntad general a través de las Leyes, (art. 6) y el principio de libertad (que expresa así el art. 2 de la misma Declaración: el fin de toda asociación política es la conservación de los derechos naturales e imprescriptibles del hombre...») queda plenamente afirmado. De la relación entre ambos principios, legalidad/libertad nacen los límites de actuación del poder, el concepto de acto arbitrario si no se respetan aquellos, y la necesidad de formular un mecanismo de control de tales actos, que permita la acción del ejecutivo.

Todas estas ideas se proclaman, al modo de un manifiesto religioso (Tocqueville) con pretensiones de universalidad, y condena expresa de las realidades jurídicas del Antiguo Régimen: Rechazo de los privilegios frente a igualdad ante la Ley, (art. 1: *Les distinction ne peuvent etre fondeès que sur ll´utilite commune*; art. 6: *La loi doit etre la memme pour tous*) condena de la arbitrariedad y desigualdad frente a los impuestos, (arts. 13 y 14: *une contribution commune est indispensable: ell doit etre egalment repartie entre tous les citoiyens*), repudio de la desigualdad ante los cargos públicos (art. 6: *Tous les citoyens etants egaux sont eglmente admisibles a tous dignités... et emplois publics...*) y por supuesto, condena de las detenciones y penas arbitrarias.

El juego del par de conceptos libertad/legalidad, del cual la Declaración de Derechos del Hombre hizo una sistemática aplicación en su articulado, es el tronco sobre el que construirá una de las nuevas ramas jurídicas, el Derecho Administrativo. El principio de legalidad da lugar a una alteración del poder y a un cambio del estatus del *súbdito*, desde una posición abstracta y general de sumisión a un poder que se ejercita subjetiva y personalmente[95],

95 La descripción de la absoluta trascendencia de la adopción del principio de legalidad, tanto para la configuración del poder público, como para la definición de la condición jurídica del ciudadano y la propia esencia del Estado de Derecho, no corresponde a estas notas y ha sido, muchísimas veces reiterada. El punto de encuentro de ambas perspectivas ha sido expresado en estos términos: «El ejercicio del poder regio era incondicionado... la obligación de obediencia de los súbditos no venía determinada, ni medida, ni mediatizada, por ningún precepto legal, sino que dimanaba directamente de la posición general y abstracta de la sumisión hacia el Rey». La relectura, en este punto, tanto de Tocqueville *(El antiguo régimen y... cit.)* como de García de Enterría *(Revolución francesa y administración contemporánea... cit.)* sigue siendo necesaria cada vez que una crisis institucional (como la presente en la España de finales de 2023) amenaza una democracia liberal. Una exposición más detallada, de 2009, con presentación de Tomas Ramon Fernandez Rodriguez y prólogo de Jean-Bernard Auby, es, por ejemplo, la obra de Alli Aranguren, J. C.: *Los paradigmas de la legalidad y la justicia en el Derecho Administrativo francés*. UPNA, 2009.

al reconocimiento de una previa libertad sólo coercible en virtud de ley, y la sujeción a un poder público que igualmente actúe, en cada caso, en virtud de previsión legal.

Así la Constitución de 1791, incluyó en su Título III «*De los Poderes Públicos*» un precepto en virtud del cual el Rey no reina más que por la Ley y sólo en virtud de ella (no por ser Rey) puede exigir obediencia. Lógicamente, para el ciudadano, la ley así entendida es una garantía, de manera que no puede ser acusado ni detenido sino en los casos previstos en la ley (art. 7 de la Declaración de Derechos del Hombre y del Ciudadano de 26 de agosto de 1789), mientras que se considera arbitrario el acto no dictado en virtud de ley y se articulan mecanismos de reacción frente al mismo, que la Declaración citada enuncia: «*Ceux qui expident, executen ou font executer des ordres arbitraires doivent etre punis*» (art. 7).

Pero el principio de legalidad no opera aisladamente. Del principio de separación de poderes va a resultar que, segregadas de la persona del Rey las funciones de legislar, ya no será posible que aquella suprema autoridad pueda resolver contra las prescripciones de la Ley misma. El aparato administrativo va a ser regido por normas no por decisiones de una voluntad en la que se hace radicar la soberanía. La norma de conducta administrativa se sitúa, quizá por primera vez, fuera de la voluntad del aparato y del agente que ejerce poder público[96].

Este esquema lógico del pensamiento original revolucionario, del que resulta el Derecho Administrativo actual, no es, sin embargo, estrictamente cronológico. Por una parte, el antiguo Derecho Público singular de sectores de actividad pública, (parte de la actividad financiera y administración de los bienes, trabajos y vías públicas) continúa momentáneamente actuando, bien porque se perpetúa como formalmente vigente, bien porque sus elementos materiales son vertidos en el molde de la división de poderes y la legalidad por normas posteriores, aunque en ocasiones se altere la jurisdicción competente[97].

96 La polémica sobre el origen prerrevolucionario del Derecho Administrativo, aunque no pueda darse por saldada, puede resumirse en estos términos: La piedra miliar del derecho administrativo se sitúa en la afirmación del principio de separación de poderes a la francesa; las técnicas, algunas categorías y parte de los contenidos, estaban presentes en la praxis final del Antiguo Régimen. *Vid.* VILLAR PALASI, J.: «El fin del Antiguo Régimen y los orígenes del Estado constitucional en España: la aparición del derecho administrativo», en *Posada Herrera y los orígenes del derecho administrativo español: I Seminario de Historia de la Administración (Madrid, 21 al 23 de febrero de 2001)* pp. 17-30.

97 ESMEIN, por ejemplo, indica (siguiendo una corriente importante en la historiografía sobre la Administración en la Revolución) «*Las instituciones de la Revolución que subsisten y se consolidaron retoman de las instituciones similares del Antiguo Régimen una parte de sus elementos*». *Vid. Precis elementaire de l'histoire...* cit. p. 5

Manejando el Derecho pre-revolucionario cuando era posible, aplicando normas nuevas, acudiendo al Derecho Privado (el Código Civil Napoleónico) o bien, cada vez más frecuentemente, a nuevos principios (*arrêts Rostchild y Gloxin*, pero, sobre todo *arrêt BLANCO*, este último del Tribunal de Conflictos) se instaura una nueva rama del Derecho interno, el Derecho Administrativo (por obra de una nueva jurisdicción que habría de surgir de la incompatibilidad entre el entendimiento de la separación de poderes y el principio de legalidad) para regir la organización administrativa interpuesta entre el poder ejecutivo y la comunidad, organización que, al socaire de las responsabilidades y los medios que se le confían, a lo largo del siglo pasado, recibirá expresa consideración de persona jurídica: Ese es el caso, por ejemplo, del Departamento, transformado de simple circunscripción administrativa, en persona moral.

El segundo de los principios en los que trae su causa la actual figura de la Administración Pública, proclamado por la Revolución, es el de la separación de poderes, consagración que se realiza bajo la patente influencia de MONTESQUIEU, en cuyo pensamiento, la práctica constitucional inglesa encarnaba perfectamente la idea de que para garantizar los derechos de los ciudadanos, era preciso atribuir potestades diferenciadas a órganos diferentes, si bien la visión francesa (heterodoxa, se la ha llamado, como es muy conocido, por GARCÍA DE ENTERRÍA) dará lugar a la aparición de una Administración cuyas misiones crecientes reclamaron no sólo la aplicación de reglas especiales de derecho (el naciente el derecho administrativo) sino también al nacimiento de un orden de tribunales, segregados del poder judicial, al que se encomendara la garantía de la nueva legalidad, ante la exención del Poder Ejecutivo frente a la jurisdicción ordinaria.

La primera obra de la Revolución fue también en este en este campo, hacer tabla rasa de la antigua organización judicial, eliminando un decreto de 7 de septiembre de 1790 todos los tribunales de excepción, después de que se hubiera hecho lo mismo con los Capitanes reales, los intendentes y subdelegados, los juzgados y oficiales de gabelas. Finalmente, el viejo Consejo de Estado fue igualmente suprimido. La ordenación del poder judicial, la había predeterminado la Ley 16-24 de agosto de 1790 sobre la organización judicial, estableciendo, como nuevos principios de organización junto con la supresión de la venalidad de los cargos, la constitución de los jueces en agentes del Estado, y la aplicación del principio electivo a los cargos judiciales. La citada ley tiene, como es bien sabido, un especial interés, en lo que se refiere a los orígenes de la jurisdicción contenciosa ya que una vez eliminada la anterior jurisdicción excepcional en materias fiscales y administrativas, la aplicación del principio de separación de poderes en su «versión francesa» (exención frente al poder judicial de los agentes de Ejecutivo y de las tareas administrativas) habría determinado, según la concepción dominante, el nacimiento de la Administración contemporánea y el Derecho Administrativo.

En efecto, la presentación tradicional de esta Ley, hace del texto de la misma —art. 13 singularmente— el acto fundador del Derecho Administrativo moderno y la fuente del sistema contemporáneo de dualidad de jurisdicciones, entendiendo que al prohibir a los jueces inmiscuirse o perturbar de cualquier forma que fuera, las operaciones de los cuerpos administrativos, la ley habría pretendido excluir, sin el menor equívoco, del campo de la competencia de los Tribunales ordinarios, el contencioso administrativo, en nombre de la necesaria independencia de la Administración. Prohibición de conocer los actos administrativos que sería reiterada cinco años más tarde en el Decreto de 16 Fructidor del año III. La jurisdicción administrativa se presenta, así, como el subproducto de la interpretación particular de la separación de poderes, y de aquella jurisdicción propia resultará el derecho administrativo. Esta es la interpretación recibida a través de nombres tan relevantes como LAFERRIER, DUGUIT, HAURIOU, y en España, GARCÍA DE ENTERRÍA.

No puede omitirse aquí, sin embargo, la referencia siquiera a otras exposiciones que formulan un relato histórico diferente[98]. Se parte, en este caso, de que al discutirse tal Ley, se propuso, ante la inadecuación del proceso ordinario, la creación de un tribunal administrativo en cada Departamento para conocer de asuntos relativos a impuestos, expropiación, ejecución de trabajos públicos y vías públicas (nótese, en particular, la muy precisa *concordancia* con la competencia contenciosa de los intendentes, hecho que para nosotros no debe dejarse en un segundo plano), pero el proyecto fue rechazado con el argumento de las inacabables cuestiones de competencias que podrían plantearse. Sólo quedaba optar entre la jurisdicción ordinaria o los propios órganos administrativos. CHABROUD defendió la intervención de los tribunales ordinarios, pero como recuerda DARESTE, «el orden judicial estaba bajo sospecha y lejos de querer ampliar sus competencias, la Asamblea deseaba recortarlas... la Asamblea consideraba al orden judicial como un enemigo...»[99].

98 A propósito del valor constitucional de la tradición francesa en la interpretación del principio de división de poderes (que evoca las ideas de «separación de poderes», imposibilidad de los tribunales ordinarios de inmiscuirse en el funcionamiento de la administración, *juzgar a esta es también administrar*, jurisdicción administrativa propia y separada de los tribunales ordinarios) se desarrolló una polémica en Francia, con base en la decisión del Consejo Constitucional cuyos textos esenciales pueden verse en el n.° 5 (1990) de la *RFDA*, con intervenciones de LONG, VEDEL, CHEVALIER, BURDEAU, RIVERO, MODERNE, DELVOLVE y otros. Véase también, VELLEY: «La constitutionalisation d´un mythe: Justice administrative et separation des pouvoir», *RDP*, 1989, 3.Sobre tal polémica, puede verse, en nuestra doctrina, LOZANO, B. «Fundamento constitucional y reserva competencial de la jurisdicción administrativa en Francia» *RAP*, n.° 126, 1991 y posteriormente en *Nuevas perspectivas del derecho administrativo*, Civitas, Madrid, 1992.

99 *Vid.* DARESTE, cit. p. 155. Debe notarse que tal desconfianza se fundamentaba no sólo por el papel político y administrativo que desempeñaron tales tribunales en el anterior orden (*arrêts de reglements*, *refus de enregistrement*, intervenciones en materia de policía, anulaciones de actos de los intendentes y persecuciones a los mismos. *Vid.* SANDEVOIR,

La intervención de THOURET, en la Asamblea recordando que los grandes hombres odian mostrase simples ciudadanos y que por ello el espíritu de las grandes corporaciones judiciales era un espíritu enemigo de la regeneración, apunta esta misma idea[100]. Por otro lado, siendo electivos los miembros de los Directorios de Departamento, pareció natural atribuirles el conocimiento de lo contencioso, por aplicación del principio electivo de los jueces.

Todo este conjunto de razones, bien circunstanciales, explican la solución ofrecida, que no parece ser así, originariamente, fruto de una previa concepción francesa, como ya se había cuidado de señalar una importante corriente historiográfica (JACQUELIN, ARTHUR, SANDEVOIR, TROPER, CHEVALIER). Este último, tras estudiar las discusiones de la Asamblea Nacional concluye señalando que *el problema del contencioso permanecería por completo al margen* de la Ley 16-24 de agosto de 1790 (antes bien, tal punto fue orillado sin que existiera conciencia alguna de una necesidad congénita de enviar el contencioso a la administración activa). Por el contrario, SANDEVOIR, recuerda que la Ley no hace sino retomar, en los artículos 9 a 13, una posición frecuente en el Antiguo Régimen que procede de la regla de 1527 y fue reiterada en el Edicto de Saint Germain (febrero de 1641): *Prohibición a los tribunales de entremeterse de cualquier manera que fuese en cualquier asunto que no fuera de justicia*[101].

4. Los hijos de Montesquieu. El *acte administratif* (revisión de algunas fuentes)

Una vez aclarado este extremo, el Derecho Administrativo, se presenta, más que como fruto exclusivo de la Revolución Francesa, como un resultado de la suma de las tres grandes experiencias jurídicas de la Europa Occidental. En primer lugar, el Derecho inglés, del cual procede la genuina división de poderes y la idea de superioridad del mandato del Parlamento, quedando

P.: *Le recours*... cit. p. 53.Por su parte ESMEIN (*Precis*... cit. p. 96) señala un dato de interés: Desde que en 1788 se decidió convocar los Estados Generales, los Parlamentos se esforzaron por conseguir que se siguieran las mismas formas que en 1614, *combatiendo formalmente, y en el terreno político, las aspiraciones del tercer estado*. Diríase que esta *enemiga* política es la determinante de la suerte del contencioso.

100 Para las referencias anteriores, *vid.* CHEVALIER J. J.: *Histoire des Institutions*... cit. passim.

101 SANDEVOIR, P.: *Histoire*... El mismo autor examina el antecedente de la Ley de 22 de diciembre de 1790 sobre constitución de las asambleas administrativas, texto que señalaba que las administraciones de distrito y departamento no podrían ser entorpecidas en el ejercicio de la función administrativa por ningún poder judicial, texto precisado después por una Instrucción legislativa de 8 de enero de 1790,que, para el autor, demuestra su tesis de que en la elaboración de la justicia administrativa el principio determinante es el de «juzgar a la administración es administrar», pero tal principio, en su aspecto problemático, ya fue *vivido* en el Antiguo Régimen.

la Administración encuadrada en el Ejecutivo y sujeta plenamente a la Ley. En segundo lugar, el pensamiento jurídico común que destaca la protección jurisdiccional de los Derechos y en particular la titularidad de Derechos fundamentales. Y, en tercer lugar, la estructura estatal del absolutismo ilustrado del que toma la idea de normativa pública especial para regular la actividad de la administración (GIANNINI).

La categoría central, que expresa inicialmente aquella confluencia y marca una ruta histórica de la que nace el derecho administrativo, es quizá la de «*acte administratif*»[102], que se dice, tuvo su origen positivo en las Leyes revolucionarias de 16-24 de agosto de 1790 y 3 de septiembre de 1795 (la primera que utiliza la terminología acto administrativo), pues allí se establecieron materialmente las consecuencias de calificar una actuación administrativa como «acto de administración»: La incompetencia de la jurisdicción ordinaria para «inmiscuirse» o perturbar la acción administrativa, y la imposibilidad de que mediante el ejercicio de acciones ante los tribunales ordinarios, pudiera paralizar la ejecución de lo administrativamente decidido.

Antes de aquellas referencias normativas, la cuestión (a la que por cierto se dio gran trascendencia), fue la de encontrar una *denominación formal* para este nuevo tipo de acto jurídico-público. El Decreto de la Asamblea Nacional de 22 de diciembre de 1789 (publicado como ley mediante *lettre patente* del Rey de enero de 1790), sobre la constitución de Asambleas Primarias y las Asambleas Administrativas, al regular las funciones de los órganos de estas nuevas estructuras, se cuidó de indicar también que «no pueden ser entorpecidos en el ejercicio de sus funciones administrativas por ningún acto del poder judicial». La Instrucción de la Asamblea Nacional de 8 de enero de 1790 que le siguió[103], en el punto relativo a la extensión y naturaleza de los poderes de los cuerpos administrativos (Consejos y Directorios de Departamento y Consejos y Directorios de Distrito) fue clara: «La constitución sería violada si el Poder Judicial pudiera mezclarse en las cosas administrativas y entorpecer de cualquier manera que fuera los cuerpos administrativos en el ejercicio de sus funciones...». Un Decreto posterior de la Asamblea Nacional, de 24 de junio de 1790 (*lettre patente* de 27 de junio) establecerá, más tarde: «Ningún cuerpo administrativo podrá emplear, ni en el título ni en el disposi-

102 Noción en la que, históricamente, confluyen los elementos constitutivos del régimen administrativo: Separación de poderes, legalidad de la acción administrativa y tutela judicial frente a la Administración. *Vid.* GIANNINI, M. S.: *Attivita amministrativa. Atto amministrativo. Contratto della Pubblica Amministrazione*, Giuffrè Milano, 1960, pp. 28 y ss.

103 Instruction de l'Assemblée Nationale sur la formation d'Assemblées représentatives et des corps administratifs de 8 janvier 1790. *Vid. Lois et actes du Gouvernement, T. I (Août 1789 à Septembre 1790).* L´Imprimerie Impériale, París, 1806, p. 52 y ss. Se trata de una reimpresión de la muy conocida *Collections des Loi rendues depuis 1789 jusqu'au 22 du prairial an II,* de J. F. BAUDOIN. Mediante Ley de 14-16 frimaire an II (4-6 diciembre 1793) se implanta, con estatuto público el *Bulletin des Lois*.

tivo de sus deliberaciones, la expresión «*decret*», consagrado a los actos del cuerpo legislativo. Debe emplearse el término *deliberación*»[104].

Un poco después, el Decreto de la Asamblea de 27 de marzo de 1791 indica en su art. 1: «los actos de los Directorios o Consejos de Distrito y de Departamento no podrán ser titulados ni *decret*, ni *ordonnances*, ni *reglement*, ni *proclamations*... Llevarán el nombre de "arrêtés"»[105].

La discusión de este artículo muestra cómo se trataba de encontrar una denominación formal de los actos a que daba lugar el ejercicio de las funciones de aquellos órganos, a fin de que evitar una nomenclatura que pudiera «*hacer creer bajo ningún concepto a los administradores que eran jueces o legisladores*» (así, literalmente la intervención del Diputado REWBELL). El Diputado, DÉMEUNIER, que actúa como relator, acepta este argumento y la propuesta que BARNAVE expone en sesión de 3 de marzo de 1791: «todos los actos de los cuerpos administrativos deben llevar el nombre de *arrêtés*, en esa palabra creo que quedan comprendidos todos los actos de su competencia»[106].

Lo que aparentemente es una pura cuestión terminológica[107], tenía un significado profundo, de aplicación material de la separación de poderes, porque aquella afirmación de la Instrucción de la Asamblea (según la cual «todo acto de los tribunales y cortes de justicia tendente a contrariar o suspender el *movimiento administrativo* siendo inconstitucional, devendrá sin efecto») había sido, entre tanto, llevada a la Ley 16-24 de agosto de 1790 sobre la Organización Judicial[108] (que es la fuente generalmente citada, art. 13), y a la Constitución de 3 de septiembre de 1791.

---

104 *Ibidem*. p. 244. La Constitución francesa del año I (1793), distinguía formalmente, por su contenido entre *Decrets* de la Asamblea (art. 55) y *Lois* (art. 54).

105 *Vid.* MADIVAL, M. J. y LAURENT, M. E: *Archives Parlamentaires. Recueil complete des debats legislatifs. Premiere serie* (1787-1799), Tome XXIII p. 646

106 El portal web vie publique.fr, dependiente de la Direction de l'information légale et administrative, define «arrêté» como «acto emanado de una autoridad administrativa distinta del Presidente de la República o el Primer Ministro» y añade «*acto administrativo unilateral*».

107 La trascendencia de estas «logomaquias», tan propias de la Revolución Francesa, ha sido destacada hace ya tiempo: Sucedió algo parecido en la discusión sobre la denominación de la «Asamblea Nacional» (frente a otras denominaciones como Asamblea del Pueblo) que mantuvo SIEYES, o con el propio concepto de ley, surgido como denominación formal frente a la anterior «decret». Por todos, sobre el lenguaje en la Revolución, GUILHAUMOU, J.: «Langue et discours pendant la Révolution française» en *Mots*, n.°16, mars 1988. Numéro spécial. Langages. Langue de la Révolution française) y, en España, GARCÍA DE ENTERRÍA, E.: *La lengua de los derechos. La formación del derecho público europeo tras la Revolución Francesa*. Alianza Editorial, Madrid, 1994 (existen ediciones posteriores)

108 El 20 de julio de ese mismo año 1790 se discute en la Asamblea, introducido por el *rapporteur du comité de recherches* el asunto relativo a «*la dificulté qui s'est elevée a Soissons entre la municipalité et le billiage, relativement a la fixation du prix du pain a raison de celui du blé*». La municipalidad había acordado una tasa sobre el precio del pan, pero la comuni-

Ha nacido un nuevo tipo de acto jurídico público no vinculado ni al poder legislativo ni al poder judicial; un acto público distinto de las «normas» y de los juicios o resoluciones judiciales (*arrêt, jugement, ordonnances*). Un nuevo término que será sustantivado, en la misma línea de separación de poderes,

---

dad de panaderos recurrió al *bailliage* (órgano judicial tradicional) que anula aquella decisión. Las revueltas que se ocasionan dan lugar a que el Directorio de Distrito restablezca la tasa, en tanto el *bailliage* comienza persecuciones penales.
El *rapporteur* señala: «Vous avez, par vos décrets, accordé aux municipalités et aux administrations la surveillance et l'action pour les intérêts communs, tandis que les tribunaux ne peuvent régler que les intérêts particuliers ; autrement ces fonctions administratives et le pouvoir judiciaire seraient confondus. En se conformant aux principes de la Constitution, le bailliage de Soissons n'aurait point annulé la taxe des officiers municipaux, qui n'avaient fait qu'user des pouvoirs que vous leur avez confiés. La sentence (ie ce tribunal est donc nulle. Vous pensez sans doute de même à l'égard de la procédure criminelle intentée contre les auteurs des troubles. Ce bailliage a occasionné, par sa conduite, les inquiétudes et les agitations du peuple... Tels sont les motifs qui déterminent vos deux comités à vous proposer d'annuler cette sentence et cette procédure»
Interviene Brocheton que defiende la competencia del *bailliage* («la police n'appartient aux municipalités que provisoirement et sauf l'appel aux tribunaux; vous l'avez ainsi décidé. Les boulangers de Soissons, en appelant au bailliage, se sont conformés à cette décision») defendiendo lo que parece el derecho tradicional. En igual sentido interviene Regnaud II («serait dangereux d'annuler la sentence du bailliage de Soissons: ce serait prononcer que les taxes des municipalités ne sont point assujetties à l'appel aux tribunaux, tandis qu'il est, dans les principes, de l'intérêt général, qu'elles y soient soumises»). Moulins De Roquefort señala que existen asuntos extrajudiciales que no son objeto de apelación y añade que después de ser alcalde durante cuatro años siempre había creído que la tasa del pan era inatacable por esta vía.
Contra la competencia de la jurisdicción tradicional intervienen Loys («sur tous les points du ue le bailliage n´etait comptent; si la taxe du pain est un objet d´administration, il est certain que ne pouvait s´en occuper) y Chaboud («Toute cette discussion roule sur une fausse interprétation de vos décrets. Je regarde la sentence du bailliage comme une tracasserie nouvelle... On vous a cité un décret, dont il faut déterminer le véritable sens. Dans le second article de ce décret, la police contentieuse est confiée aux municipalités; dans l'article 6, l'appel des jugements de police est attribué aux bailliages. *Il faut distinguer les actes d'administration des jugements*: la taxe du pain est un acte de police d'administration, et non de police contentieuse; cette taxe n'est point un jugement, et ce n'est que d'un jugement qu'on peut appeler...»).
Finalmente, Robespierre, anticipa la posición de la Asamblea en la Ley de Organización Judicial: «La véritable question que présente cette affaire est celle-ci la taxe du pain est-elle une fonction judiciaire ou une fonction administrative? Les juges doivent appliquer la loi pour juger les différends qui s'élèvent entre les particuliers: hors de l'application de la loi et de la recherche des délits, je ne leur connais plus de fonctions. Tout ce qui tient dans l'ordre public à la sûreté des subsistances, au prix des denrées, appartient essentiellement et appartenait même, dans l'ancien régime, aux corps administratifs. Vos décrets n'ont rien changé à cet égard. *La muncipalité de Soissons, en fixant la taxe du pain, s'est donc renfermée dans ses fonctions, sur lesquelles le pouvoir judiciaire ne devait se permettre aucune entreprise*. D'après vos décrets, les tribunaux ne doivent pas troubler les municipalités dans leurs fonctions, vous avez plusieurs fois fait l'application de ces décrets à des corps judiciaires; la sentence du bailliage de Soissons est donc une atteinte formelle portée à vos décrets...».

por la Ley de 3 de septiembre de 1795 (Ley de 16 de fructidor del año III) prohibiendo a los tribunales *conocer* de los actos de la administración cualquiera que sea su especie.

Pronto se hizo evidente que, definiendo lo que fueran esos «actos de administración», se iba a construir un ámbito de actuación del poder ejecutivo exento de control judicial e inicialmente, sujeto sólo a otras vías de recurso, pero en todo caso, dando lugar a la incompetencia de la jurisdicción ordinaria[109]. Lo entendió así, manejando casi *avant la lettre*, la terminología moderna, la *Cour de Cassation* (civil) haciendo aplicación de aquellas leyes[110]. También lo hizo un *arrêté* del Directorio Ejecutivo de 2 de germinal del año V (22 de marzo de 1797) que, bajo la vigencia de la Constitución Republicana del año III —1791— en aplicación de las leyes de 16-24 de agosto de 1790 y 3 de septiembre de 1795, establece[111]: «...en la clase los asuntos adminis-

---

Sobre este asunto (cuyo relato hemos extraído de *Archives Parlementaires de 1787 a 1860, Premiere Serie, tome XVII, du 9 juillet au 12 aut 1790*, Societe d'imprimerie et librairie administratives et des Chemins de Fer Paul Dupont, París, 1884, pp. 213-214, 504) ha escrito largamente MESTRE, J. L.: «Administration, justice et droit administratif,» *Annales historiques de la Révolution française* 2002/2 (n.° 328), que sitúa la discusión en el contexto de elaboración de la propia 16-24 de agosto de 1790 sobre la Organización Judicial, y advierte que la posición de ROBESPIERRE será finalmente llevada al art. 31 título I de la Ley 19-22 julio 1791 sobre la policía municipal («les réclamations des marchands à l'encontre des mesures de taxation ne seront, en aucun cas, du ressort des tribunaux de district ; elles seront portées devant le directoire de département, qui prononcera sans appel»).
Entre tanto, según el autor citado «la Constituante a donné, de même, compétence aux autorités administratives supérieures pour apprécier la validité des actes administratifs de leurs subordonnées. D'abord, dans l'instruction des 12-20 août 1790 (chapitrel, paragraphe 4). Puis, dans l'article 3 de la loi des 7-14 octobre 1790, lequel dispose que les réclamations d'incompétence à l'égard des corps administratifs ne sont en aucun cas du ressort des tribunaux. Elles seront portées au roi, chef de l'administration générale sous réserve d'un ultime recours au Corps législatif».

109 Tribunal Civil de la Loire Inferior, 13 de noviembre 1796, (23 Brumaire año V) en un recurso de apelación contra una primera sentencia civil que admitió su competencia: «Cdo: Que las Leyes de fructidor del año 3 prohíben a los tribunales conocer de los actos de administración de cualquier especie; que el fletamento de las embarcaciones de F. habiendo sido realizado por cuenta de la República a los administradores de los transportes militares... debe ser considerado un acto de administración... El Tribunal resuelve que ha sido incompetentemente juzgado por la sentencia apelada...». *Bulletin des jugements du Tribunal de Cassation rendus en matière civile, tomo II an. VIII, Cour de Cassation* Imprimerie de la République, París, 1799 p. 12
Un pronunciamiento que utiliza ya la nueva categoría, el *jugement (Cour de Cassation*) de 5 germinal año VIII, casando sentencia del Tribunal Civil del Departamento des Vosges por haber interpretado un «*acte administratif*» (sic). *Vid. Bullletin des jugement du du Tribunal de Cassation en matière civil... cit. tomo II núm. 6* (25 mars 1800) p. 193 y ss.

110 Tribunal de Casación 1 de brumario año VIII (23 octubre 1799).: «en la clase de los asuntos administrativos se incluyen todas las operaciones que se ejecutan por orden del gobierno o sus agentes inmediatos bajo su vigilancia». *Vid. Bulletin des jugements du Tribunal de Cassation rendus en matière civile, cit. tomo II an. VIII*, p. 32.

111 El art. 262 de la Constitución de 1795 decía: «*Le Directoire exécutif dénonce au Tribunal de cassation, par la voie de son commissaire, et sans préjudice du droit des parties intéressées,*

trativos sustraídos al conocimiento de los tribunales judiciales se incluyen todas «*las operaciones que se ejecutan bajo las órdenes del gobierno por sus agentes inmediatos bajo su vigilancia y con los fondos aportados por el tesoro público*».

El pronunciamiento, muy citado en las fuentes posteriores[112], por describir el primer concepto amplio de «actos de la administración», parece ser el origen de la noción doctrinal, que resulta de la voz «*acte administratif*» del *Repertorio de jurisprudencia* MERLIN y desde ahí generalizada[113].

Pero el «*acte administratif*» aparece mencionado antes de 1800 en varias ocasiones, en las fuentes documentales parlamentarias bajo el Directorio (1795-1799)[114]. Los órganos legislativos enfrentados a reclamaciones de ciudadanos contra actos de la administración[115] remiten la decisión al Directo-

---

les actes par lesquels les juges ont excédé leurs pouvoirs». El texto original del *arrêté* en Bulletin des lois de la République Française, n.° 115, 1797-3, con cita directa de la leyes 16-24 agosto de 1790 y la Ley de 16 de fructidor del año III, para reclamar a los Comisarios del Gobierno ante el Tribunal de Casación que denuncien ante ese tribunal como exces du pouvoir judicial, las resoluciones de los tribunales civiles de Las Ardenas y el Marne y requiera que sean casados los pronunciamientos previos de los tribunales civiles, que han condenado a un agente del Gobierno al pago de una letras de cambio giradas por gastos realizados en interés de la República.

112 BREMOND, J.: *Traité théorique et pratique de la compétence administrative. Tome I*. Larose, París, 1894. p. 23; BLOCK M. *Dictionnaire de L'Administration Française*, 2.ª ed, París, 1887, p. 10; CARPENTIER, A. et G. FRÈRE JOUAN DU SAINT: *Répertoire général alphabétique du droit français, Tome 1*, Larose et Forcel, París, 1886, p. 461. Todavía exposiciones recientes sobre el acto recuerdan este pronunciamiento, quizá a través del *Traité de la juris-diction administrative* de LAFERRIERE. Por ejemplo, GARCÍA TREVIJANO, J. A.: *Los actos administrativos*, Civitas, Madrid, 1986, p. 47; MUÑOZ MACHADO,S.: *Tratado de derecho administrativo y derecho público general Tomo XII Actos y Sanciones Administrativas* (2.ª), BOE Madrid, 2017, p. 17.

113 MERLIN Ph. A: *Répertoire universel et raisonné de jurisprudence.* París, Garnery, 4.ª (T. I., 1812) p. 72. *Acte administratif* «es un *arrêté*, una decisión de la autoridad, un hecho de un administrador en relación con sus funciones».
MERLIN fue ministro de Justicia, por segunda vez, entre el 10 de febrero de 1797 y el 3 de septiembre de ese mismo año V del calendario republicano. Actuando como Comisario del Gobierno ante el Tribunal de Casación, firma un requerimiento al Tribunal de Casación contra un pronunciamiento de un juzgado de paz que ha condenados a un administrador de un instituto de beneficencia municipal al pago de ciertas deudas de éste. El escrito ante el Tribunal de Casación reproduce a la letra el *arreté* del Directorio de 2 de germinal del año V antes citado. Parecería que la noción doctrinal formulada por MERLÍN tiene su origen en este pronunciamiento.
Vid. los textos del requerimiento y la sentencia de casación en PAILLIET, J. B.: *Droit Publique française ou histoire des institutions politiques*, Kleffer, París, 1822, pp. 1216 y ss.

114 En esa misma época aparece la expresión «*droit administratif*» en un curso de legislación de T. METIVIER para la Escuela Central de Charente Inférieure y otro de M. REGNAULT DE SAINT-JEAN D'ÁNGELY (1805).

115 El Poder Legislativo (*Conseil des Cinq-Cents y Conseil des Anciens*) contesta: «Considérant que cet arrêté n'est point un acte de législation, mais un acte administratif et qu'il est instant

rio, que actúa como «justicia administrativa». De la exención jurisdiccional en negativo, se comienza a pasar a un ámbito positivo de revisión, en sede del ejecutivo, que dará paso a la nueva justicia administrativa.

El examen de algunas fuentes en nuestra propia tradición conduce a un relato histórico similar en esa conexión inicial entre la terminología y, después, la categoría «acto administrativo», con la separación de poderes y sus consecuencias. Puede citarse, la Instrucción para el gobierno económico político de las provincias (Decreto CCLXIX de 23 de junio de las Cortes de Cádiz que regulaba (art. 18) un recurso gubernativo ante el jefe político contra las providencias dictadas por el Ayuntamiento o por el alcalde: «Si algún vecino se sintiere agraviado por providencias económicas o gubernativas dadas por el Ayuntamiento, o por el alcalde, sobre cualquiera de los objetos que quedan indicados, deberá acudir al Jefe político, quien por sí oyendo a la Diputación provincial cuando lo tuviere por conveniente, resolverá gubernativamente toda duda, sin que por estos recursos se exija derecho alguno».

Por su parte, el Decreto XLV de 3 febrero de 1823 de las Cortes publicado como Ley de 6 de junio de 1823 ya indicaba más claramente: «En los casos en que los alcaldes y ayuntamientos ejecutan las leyes del ramo gubernativo, o desempeñen las atribuciones que les son peculiares, no pueden admitirse recursos judiciales ni en concepto de despojo ni en ningún otro a no ser que los respectivos superiores del mismo ramo a quienes deberán dirigirse las quejas, consideren que han incurrido en excesos para cuya averiguación y castigo pasen los expedientes a los tribunales de justicia»[116].

También muy conocida es la Real Orden de 8 de mayo de 1839 (Gaceta núm. 1664 de 17 de mayo) que dispuso por punto general «que las disposiciones y providencias que dicten los ayuntamientos y en su caso las diputaciones provinciales, en los negocios que pertenecen a sus atribuciones según

---

de faire réparer, s'il y a lieu, l'injustice de ses dispositions par l' autorité compétent (...) La pétition de la citoyenne Bacler, relative à la destitution de sa place de directrice de la poste aux lettres d'Arras, est renvoyée au Directoire exécutif, pour y être par lui statué définitivement...». *Vid. Loi qui renvoie au Directoire exécutif la pétition de la citoyenne Bacler, contre un arrêté par lequel elle a été destituée de la place de directrice de la poste aux lettres d'Arras, du 22 prairial IV — 10-6-1796*) en *Collection Baudouin, Collection général des lois et des actes du corps législatif et du directoire exécutif* Vol 71, *Directoire*, p. 200.
La expresión *acte administratif* se repite en igual sede legislativa, en los volúmenes siguientes (73, 78, 85) de esta importante fuente documental.

116 En la legislación de la época el alcalde acumulaba la condición de autoridad administrativa y de órgano del poder judicial. Las cuestiones de competencia en torno a si las providencias sancionadoras dictadas por aquellos correspondían a su función como juez o como administrador —con posible recurso ante el Jefe Político o Gobernador—, resultaron numerosas. La jurisprudencia (recopilada por Riego y Amat, J.: *Jurisprudencia administrativa. Colección de competencias informadas hasta el día por el Consejo Real*. Imprenta de José Marcili, Alicante, 1847) no ofreció más que la diferencia entre providencias gubernativas y providencias judiciales, en función de si el alcalde actuaba como delegado de la autoridad judicial o dentro del círculo de las competencias gubernativas.

las leyes forman estado y deben llevarse a efecto, sin que los tribunales admitan contra ellas los interdictos posesorios de manutención o restitución»[117] Enseguida, este precepto fue considerado de aplicación general, y expresión de un principio superior, pues se entendió que dicha Real Orden no tendría sentido sino fuera de aplicación a todas las autoridades administrativas[118].

Esta consecuencia, la separación de poderes como exclusión del poder judicial ordinario, venía limitada, como se ve, a la existencia de «*providencia*» o «*acuerdo*» administrativo[119]. En el nivel central se adoptará la terminología

117 El expediente de competencia resuelto por Real Orden Comunicada de 29 de agosto de 1846 (Gaceta núm. 4380, 11 de septiembre, p. 2) resulta llamativo, porque contiene, que sepamos la primera afirmación de la supremacía de la Constitución y presenta la Orden de 8 de mayo de 1839 como expresión de la propia Constitución: «Considerando: Que siendo de la clase de las providencias administrativas el acuerdo del Ayuntamiento... es claro que el juez de partido, admitiendo contra él un interdicto, contravino la expresada Real Orden y *faltó al respeto debido a la independencia establecida entre las autoridades administrativa y judicial por la Constitución*, para lo cual *no pudo apoyarse en ley alguna particular, por que las esta clase, en presencia de aquella, no tienen fuerza en lo que se oponen...*». Cuarenta años antes (anticipándose tres años a *Marbury v. Madison*), el naciente *Conseil d'Etat* del Consulado, había dictado un *avis* (4 nivoso del año VIII, 25 diciembre 1799) en igual sentido: «Le Conseil d'État, délibérant sur le renvoi qui lui avait été fait par les Consuls de la République, d'un arrêté de la section de législation, présentant la question de savoir si les lois des 3 brumaire an III, 19 fructidor an V et 9 frimaire an VI, qui excluent de la participation aux droits politiques et de l'admissibilité aux fonctions publiques, les parents d'émigrés et les ci-devant nobles, ont cessé d'exister par le fait de la Constitution, ou s'il faut une Loi pour les rapporter, est d'avis que les lois dont il s'agit, et toute autre loi dont le texte serait inconciliable avec celui de la Constitution, ont été abrogées par le fait seul de la promulgation de cette Constitution, et qu'il est inutile de s'adresser au législateur pour lui demander cette abrogation. En effet, c'est un principe éternel, qu'une loi nouvelle fait cesser toute loi précédente, ou toute disposition de loi précédente contraire à son texte, principe applicable, à plus forte raison, à la Constitution, qui est la loi fondamentale de l'Etat. Or, les conditions qui déterminent le droit de voler et celui d'être élu aux diverses fonctions publiques sont réglées par l'acte constitutionnel. Il n'est pas permis au législateur d'en retrancher quelques-unes, ni d'en ajouter de nouvelles: son texte est général, impérieux, exclusif. *Donc toute loi ancienne qui contrarierait l'application, a cessé d'exister, du moment où l'acte constitutionnel a* été *promulgué*».*Vid.* J. B. SIREY: *Recueil général des lois et des arrêts en matière civile, criminelle, commerciale et de droit public*.París, 1800, Tomo 1, II parte, *Lois et decisión diverses*, p. 36.

118 Y así se declaró en alguna decisión de competencia, tal como la resuelta con fecha 1 de julio de 1846, (Gaceta núm. 4319 de 12 de julio de 1846, p. 2) conforme a la cual «sin embargo de hablar solo de providencias de ayuntamientos y diputaciones provinciales, se extiende indudablemente por su objeto a las de todas las autoridades administrativas, superiores e inferiores» para terminar afirmando que: «en ningún caso pueden los jueces, sin desconocer la independencia de la administración, juzgar sus actos, no siendo delitos, aunque sean verdaderos abusos».

119 *Vid.* la voz «Providencia administrativa» en el *Repertorio de la jurisprudencia administrativa española* de PANTOJA, Madrid, Revista General de Legislación y Jurisprudencia, Imprenta de la RGLJ, Madrid, 1869, pp. 957 y ss.La equiparación terminológica entre providencia administrativa y acto administrativo, en la Competencia de 28 de julio de 1866, en p. 959: «Así como no pueden dejarse sin efectos las *providencias* de la administración por interdictos judiciales, tampoco pueden estos desvirtuarse por medio de *actos administrativos*».

«*resolución*» (Real Decreto de 30 de noviembre de 1846, Reglamento sobre el modo de proceder del Consejo Real en los asuntos contenciosos).

El llamado posteriormente «acto administrativo», terminología técnico-jurídica superpuesta a estas diversas denominaciones (*providencia, negocio, acuerdo, acto, decisión, resolución*...) aparece, con esta importante carga procesal[120], en alguna temprana decisión de competencia[121], también en las decisiones del Consejo Real actuando como órgano contencioso[122], y es asumido por la Ley sobre jurisdicción en materias de hacienda[123], aunque a veces se cita el reglamento provisional para las reclamaciones económico administrativas de 15 de abril de 1890 como primera norma en utilizar la nueva terminología.

Tanto en la tradición francesa como en la española, las fuentes muestran cómo esta función inicial del acto administrativo fue perfilándose y acotando su campo de cobertura. Primero para excluir la pura acción material, porque se exigió, para poder afectar a las situaciones posesorias de los ciudadanos sin que estos pudieran acudir al juez de derecho común, que aquella acción material administrativa estuviera amparada por un título formal que, como hemos visto, recibió diferentes nombres. En tal sentido la Decisión de com-

120 Para esa caracterización inicial del acto administrativo en España, *Vid.* SANTAMARIA PASTOR, *La nulidad de pleno derecho de los actos administrativos*, IEAL, Madrid (2.ª ed) 1975.

121 La primera que hemos localizado, la resuelta por Real Decreto de 20 de junio de 1849, parece aplicar la noción a una *actuación material*: «Que aquel desagüe fue un acto administrativo, ya se mire como dispuesto por el alcalde de Castellón en uso de la facultad que le atribuye el citado art. 74, párrafo 5 de la ley de 8 de enero de 1845, ya como mera ejecución de lo ordenado por el jefe político... Que por ello el interesado debió acudir ante la administración misma por la vía competente... más nunca apelar a un interdicto restitutorio que rechaza la Real orden citada...».
Una decisión anterior, de 27 de octubre de 1847 (Gaceta de 18 de noviembre) utiliza la expresión acto administrativo, por primera vez para condicionar la posibilidad de recurso contencioso: «Considerando que... no había acto administrativo que diese lugar a la vía contenciosa...».

122 Real Decreto Sentencia 27 julio 1848, citada SANTAMARÍA PASTOR, J. A.: «Sobre el origen y evolución de la reclamación administrativa previa» *RAP,* 77 p. 81 y ss.: «se entabló el pleito *sin que hubiera acto administrativo* que le diera origen...».

123 La Ley de 2 de febrero de 1850, se cita en ocasiones con otra terminología. Su art. 11 habla de la responsabilidad por alcance de los funcionarios públicos «por razón de los *actos administrativos* en que hubieran ejercido como funcionarios públicos».
Alguna norma anterior utilizaba ya la categoría, justamente para atribuir competencia a los tribunales contenciosos: *Vid* el Real Decreto de 10 de junio de 1847 que impone la liquidación de la Real Empresa de Lorca y la creación del Sindicato de Regantes. Tras señalar las competencias del Tribunal de Aguas, se dice (art. 7) que «las cuestiones que resulten del cumplimiento de las ordenanzas o de algún *acto administrativo* serán de competencia del Consejo Provincial''. *Vid.* CASA y MORAL, *Recopilación Legislativa de España*, T. IV., Imprenta de D. Manuel Ramiro, Granada, 1859, p. 205.

petencias del 26 de junio de 1846 (Gaceta núm. 4309 de 2 de julio 1846) señala, reconociendo la competencia jurisdiccional ordinaria:

> Considerando que en el presente caso *no hay providencia alguna del ayuntamiento de la villa* de... de las que, en el citado párrafo segundo, artículo 62 de la ley de 14 de Julio de 1840 se expresan, a que pueda atribuirse como a causa inmediata el despojo que motivó el recurso de Doña... al juez del partido, por lo cual queda aquel reducido a la clase de despojo de particular a particular, justificada la procedencia del interdicto, sin aplicación alguna la mencionada Real Orden de 8 de mayo de 1839»[124].

Esta situación también se producía siempre que la administración actuaba sin dar lugar a la adopción de una verdadera decisión en forma. La decisión de competencias últimamente citada añadía: «se presentó un escrito del Ayuntamiento en el que después de hacer mérito de una sumaria información de testigos recibida por el Ayuntamiento, se presentaba un informe de la misma corporación declarando la posesión anterior de otro vecino...», pero termina afirmando, como queda reseñado, que «no hay providencia alguna» del Ayuntamiento», por lo que la cuestión corresponde a la jurisdicción ordinaria[125].

Una vez arraigada en la jurisprudencia de competencias la idea de que las providencias administrativas no admitían contestación judicial ordinaria a través de interdictos, pronto se admitirá igualmente que tal forma de tutela tampoco corresponde frente a la actuación administrativa de ejecución de providencias, igualmente reconocida como propia y exclusiva de la administración, siempre que actuase dentro de sus competencias[126].

Apartada la pura actuación material del régimen del acto administrativo, posteriormente se segregará (en Francia, es la distinción tradicional entre actos de gestión y actos de poder[127]) la actuación «*iure privato*» de la Admi-

124 Más adelante, es ya doctrina general la de que «Cuando no media acuerdo o *acto administrativo* contra el cual se dirija un interdicto, falta el fundamento que para reclamar el negocio pudiera invocar la Administración apoyado en la RO de 8 de mayo de 1839, toda vez que esta solo prohíbe los interdictos restitutorios en cuanto por su medio se intente dejar sin efecto providencia legalmente administrativa». Competencia de 3 de diciembre de 1856, *Colección Legislativa,* 1956, tomo LXX, num, 13, tomo VI, p. 67.

125 Cuestión de competencias del 25 noviembre 1866, Gaceta del 2 de diciembre: «No existiendo *acto alguno administrativo* que haya podido ser contrariado por el interdicto, no puede tener aplicación la Real Orden de 8 de mayo 1839».

126 Cuestión de competencias de 8 de febrero 1865. Gaceta, 24 de marzo, p. 18.

127 La distinción se encuentra ya en Sirey, J. B. A: *Jurisprudence du Conseil d'Etat, ou Recueil des décisions, arrêts et actes du Conseil d'Etat, sur le contentieux de l'administration, les conflits et les autres matières administratives... avec des tables à chaque volume, classant le tout par ordre des matières*. Publiée par A. Sirey, vol. 1, (Jurisprudencia anterior a 1812) París, sin fecha: «Un arrendamiento de bienes de propiedad privativa *no es un acto*

nistración. Se observará que en ocasiones la administración no actuaba como poder en el ejercicio de funciones y competencias legalmente atribuidas, sino como un sujeto jurídico más, al modo de un sujeto privado. En tal caso, los tribunales ordinarios (a falta de atribución expresa a la nueva jurisdicción contenciosa) recuperaban la plenitud de su jurisdicción, incluso en presencia de actuaciones procedentes de una autoridad administrativa: No existía «acto administrativo», pero sí acto de administración.

La noción inicial tuvo, por tanto, un componente procesal doble: fundamentaba la incompetencia de los tribunales ordinarios y actuaba como presupuesto del nuevo recurso contencioso-administrativo: Todo procedimiento contencioso administrativo supone un acto de la administración que lo ocasione[128].En la medida en que el acto administrativo, ya con esa denominación, expresa parte de los *privilegios jurisdiccionales que fundamentaron la especialidad del ordenamiento jurídico administrativo*[129] no debe restarse importancia a la idea de que *la terminología* implicó también una nueva categoría desarrollada en torno a la determinación del objeto del naciente recurso

administrativo, es un acto de *regie* de bienes. Por ello la cuestión relativa a la validez o no del arrendamiento, debe ser llevada ante los tribunales y no ante la autoridad judicial administrativa».

El establecimiento del *Tribunal des Conflits* en 1848 contribuyó a asentar la diferencia, pero la idea estaba ya presente en el derecho comparado. *Vid.*, por ejemplo, ROMAGNOSI, que publica la primera edición de sus *Instituzioni di diritto amministrativo* en Milán, 1814 (después republicadas bajo el título *Principi fondamentali del diritto amministrativo onde tesserne le istituzioni*, p. 186) y ya trata la distinción entre actos de gestión y actos de autoridad, con cita del propio MERLÍN.

128 Asi, los diversos pronunciamientos anotados por PANTOJA, J. M.: *Repertorio de la jurisprudencia administrativa española*. Biblioteca de la RGLJ, Madrid, 1869, p. 145 voz «vía contenciosa». Entre ellos, la Sentencia de 5 julio 1848 (Colección Legislativa 1848, tomo 44, núm. 16: Tomo IV p. 77: «Para que proceda la vía contenciosa se requieren dos circunstancias especiales, a saber, *el acto administrativo* y el derecho o el interés legítimo preexistente que haya sido vulnerado por una resolución administrativa».

La cuestión del carácter estrictamente revisor de la inicial jurisdicción contenciosa en España es cuestión que fue objeto de una conocida polémica entre A. NIETO, y R. PARADA, en la que terció finalmente SANTAMARÍA PASTOR, J. A.: «Sobre el origen y evolución...», *RAP Revista de Administración Pública,* 77 p. 81, que no podemos resumir aquí.

La adopción de la terminología «acto administrativo» contribuyó a la generalización de la exigencia de vía administrativa previa y al carácter «revisor» de la jurisdicción contenciosa. Obsérvese la utilización en las fuentes de la nueva nomenclatura (acto administrativo).

129 SANTAMARIA PASTOR, J. A.: *Sobre la génesis del derecho administrativo español en el siglo XIX (1812-1845)* IGO. Sevilla 1973. Una visión diferente insiste, con muy buenos argumentos, en que el origen del régimen jurídico acto administrativo *«se inserta en la línea de una determinada concepción del poder político que se inicia en las Monarquías absolutas en la Europa continental»*, enlazando aquel concepto con la consideración del «acto del príncipe», especialmente en cuanto éste gozaba de «*presumtio pro se*», se imponía unilateralmente, e iba acompañado de la «*parata executio*» que le acompañaba. *Vid.* la síntesis de esta opinión en MEILAN GIL, J. L.: «El acto administrativo como categoría jurídica» *Revista de Direito Administrativo & Constitucional,* n.° 38, pp. 13 y ss, con cita, inevitable, de VILLAR PALASÍ, *Apuntes de derecho administrativo*, t. II., 2.ª ed. UNED 1974, p. 201.

contencioso administrativo, en la configuración de la vía administrativa previa, y en la exención jurisdiccional de la administración ante la jurisdicción ordinaria.

Durante el siglo XIX, ni en la normativa sobre el procedimiento administrativo, ni en la legislación sobre la jurisdicción contencioso-administrativa, se utiliza la voz *acto*, sino la tradicional de «providencia» o «resolución». Sin embargo, el Reglamento provisional para las reclamaciones económico-administrativas de 15 de abril de 1890, presenta un punto de fractura pues allí se incorpora la voz «acto» y se da tratamiento positivo al conjunto de cuestiones que, de manera dispersa, se habían ido planteando a propósito de las «providencias» gubernativas, más allá de la exención jurisdiccional[130].

A diferencia de la redacción del anterior reglamento para las reclamaciones económico-administrativas (Real Decreto de 24 de junio de 1885: *«El conocimiento y resolución de los asuntos económico administrativos en cada ramo de la administración de la hacienda pública se sujetará a las instrucciones y reglamentos respectivos»*), la norma de 1890 añade al art. 1 un párrafo conforme al cual, ello sería así: «...hasta que exista un *acto administrativo* que determine responsabilidad o niegue un derecho».

El acto administrativo se presenta como categoría diferente, que expresa el corte conceptual entre la actuación previa y la incidencia concreta en una posición jurídica. La finalización del expediente permite abrir una reclamación, un recurso; recurso cuyo objeto es, precisamente, el acto mismo, en cuanto impone una obligación o limita un derecho.

Esta primera mención legal al «acto administrativo» en nuestro derecho, se presenta como «acto final» (equivalente a *resolución*), como equivalente a *acto definitivo* de un procedimiento gubernativo anterior, asunto este que, dada la dejadez de la regulación y práctica de la vía gubernativa en la época, termina siendo decisivo[131]. El reglamento de las reclamaciones económi-

130 La Ley de Bases de procedimiento para las reclamaciones económico administrativas, de 31 de diciembre 1881 resultó ser un texto fundamental: Por ejemplo, configura una *vía administrativa previa* que terminará generalizandose; su Base 5 prefigura el ámbito posterior de revisión contencioso-administrativo; introduce un tratamiento particular del *recurso de lesividad*, que desapodera, pasados ciertos plazos, al superior jerárquico para modificar actos de órganos inferiores no recurridos, sino es a través de la declaración de lesividad y posterior pleito contencioso a instancias de la propia administración. Sobre esto y cómo a partir de esa norma es posible diferenciar entre acto *firme y acto que causa estado* (y como un acto que no causa estado por proceder de órganos inferiores, alcanza sin embargo firmeza por no haber sido recurrido) *vid.* GARCÍA DE ENTERRÍA, E.: «La configuración del recurso de lesividad», *RAP Revista de Administración Pública*, núm. 15 p. 109 y ss.

131 La transformación de la providencia administrativa en *acto administrativo* no es jurídicamente neutra, si se recuerda el estado de la vía gubernativa tal como lo describe, por ejemplo, ABELLA, F.: *Manual teórico práctico de lo contencioso administrativo y del procedimiento especial en los asuntos de hacienda*. El Consultor, Madrid, 1982, pp. 322 y ss: «respecto del procedimiento gubernativo en general existe el caos...», denunciando, la falta de audiencia

co-administrativas de 3 de septiembre de 1902, clarificando el texto anterior, establecerá un aspecto más del posterior régimen del acto: «aun cuando se promueva reclamación contra un acto administrativo... no se suspenderá la ejecución de este con todas las consecuencias legales».

La Ley de Bases de Procedimiento Administrativo de 19 de octubre de 1889 se mantiene en la terminología tradicional (Base 11: Las *providencias* que pongan término en cualquier instancia a un expediente se notificarán al interesado), y esta llega, con otro sentido, a la Ley sobre el ejercicio de la jurisdicción contenciosa de 13 de septiembre 1888 cuyo art. 1, consagra ya la diferencia entre las resoluciones definitivas y las de trámite, admitiendo también recurso contra estas cuando «*decidan directa o indirectamente el fondo del asunto o hagan imposible su continuación*».

Las menciones que la Ley jurisdiccional realiza a los actos lo son para diferenciar entre actos y disposiciones (art. 3) distinguir entre acto discrecional (que no admite recurso, art. 4, 1.º) y acto reglado, e igualmente para destacar la diferencia entre acto administrativo y acto privado o acto de gestión, (art. 4.2, párrafo segundo: actos en los que la administración «*haya obrado como persona jurídica, o sea, como sujeto de derechos y obligaciones*»)[132].

Una categoría implícita en la Ley, la de *acto político*, insusceptible de recurso contencioso administrativo, aun cuando el mismo procediera conforme a las reglas generales, había sido ya introducida por el Real Decreto de

y vista del expediente, el secretismo, la acumulación de notas, informes, consultas, diligencias o el desconocimiento de los recursos procedentes, para terminar, muchas veces, en *una tramitación sin resolución definitiva,* (una providencia aparentemente resolutoria podía alterarse por otra posterior), a lo que habría de sumarse la posibilidad de que a lo previamente actuado «*se le ponga el visto por toda providencia y se le envía al archivo*».

En esta misma línea emprendida por la norma comentada, el Real Decreto de 23 de agosto de 1924 de Procedimiento Municipal al regular el procedimiento económico administrativo municipal señalará: «se entenderá *causado el acto administrativo* por el acuerdo de la Comisión permanente, el Alcalde o el teniente en quien éste delegue». Lo que parece ser una generalización de la expresión «*acto que causa estado*», (acto susceptible de recurso contencioso) también puede interpretarse en el sentido de que *se entenderá producido el acto a los efectos* de recurso, como hecho diferente de las puras diligencias internas anteriores.

132 Una exposición crítica del sistema de la Ley, en lo que afecta al *acto administrativo* es la conocida obra de GONZÁLEZ CARMONA, A.: *La materia contencioso-administrativa. Teoría. Legislación vigente. Jurisprudencia*. Imprenta de E. Rubiños, Madrid, 1891, p. 29 y ss. Se argumenta allí contra la consideración de los reglamentos como ajenos al recurso contencioso y se desarrolla la posibilidad de que a los reglamentos *no les falta ni una sola de las condiciones exigidas para la revisión en vía contenciosa de los actos de las administraciones públicas,* para concluir que, mientras no se modifique la Ley «*no habrá razón para declarar que las disposiciones reglamentarias de la administración no puedan ser materia contenciosa*».

El autor citado da una primera caracterización del *acto administrativo discrecional* consecuente con esta doctrina: aquel que directa o indirectamente «*no afecta a derechos y obligaciones creados o amparados por las leyes*» (*opus cit*. p. 199 y ss).

29 de julio de 1868 «*resolviendo que los actos del gobierno en circunstancias excepcionales no pueden sujetarse a revisión por la vía contenciosa*»[133].

El principio de separación de poderes aportó a la noción posterior de acto administrativo los siguientes elementos: (i) se trata de una actuación de la Administración Pública, no de otros poderes o de acciones del personal al servicio de la misma no referidos al ejercicio de las funciones propias del oficio o cargo; (ii) el concepto excluye la actuación puramente material, fáctica, para quedar referido únicamente a la actividad *declarativa* (posteriormente se aplicará la doctrina del acto jurídico) (iii) se excluyen de la noción, igualmente, los actos de derecho privado (iv) la noción se configuró como presupuesto de la improcedencia de recursos judiciales ordinarios y como presupuesto de otros recursos ante la naciente justicia administrativa.

La configuración positiva de ésta última determinará, en España, un importante rasgo distintivo en el concepto de acto administrativo: A diferencia de lo que sucedió en Francia, no fue posible la asimilación de los reglamentos (una vez descartada su condición de actos legislativos delegados)[134] a los actos administrativos, por lo que, desde entonces al menos, el derecho español opta por segregar el régimen del acto administrativo y el de las «disposiciones administrativas de carácter general», construyendo dos regímenes diferentes para cada una de estas categorías.

A finales del siglo XIX, por tanto, faltaba una construcción dogmática completa del acto administrativo, aunque se manejaban las categorías que hemos visto aludidas en las fuentes: acto *definitivo* frente a acto *de trámite*, acto *firme* (no susceptible de recurso), acto *que causa estado*, acto reglado frente a *acto discrecional*... Existía la materia jurídica. Faltaba darle forma y sistema.

---

133 Gaceta núm. 218, de 05/08/1868. El Real Decreto niega la procedencia de la vía contenciosa, (conforme al art. 59 de la Ley Orgánica del Consejo de Estado de 17 de agosto de 1870, que, en efecto, permitía al Consejo de Ministros denegar la procedencia de tal vía). Lo relevante de aquella resolución es que *se pronuncia contra el parecer de la mayoría* de la Sección de lo Contencioso del Consejo de Estado, y siguiendo el criterio discrepante de un único miembro, que estimaba que el cese en su oficio de un corredor de comercio, acordado por el Ministerio de Fomento, no daba lugar a recurso contencioso, por que la separación acordada no fue un acto administrativo ejecutado aplicando las leyes o reglamentos del ramo, sino consecuencia de una medida general tomada por el Gobierno según su criterio y bajo su responsabilidad, dado el estado de guerra en que se procedió a tal cese, y el hecho de haber participado el interesado en una sublevación contra el orden público.

134 Desde 1907, el Consejo de Estado francés acepta examinar el fondo de los recursos dirigidos contra *reglamentos de administración pública* (*Conseil d'État*, 6 de diciembre 1907, *Cie. du Nord et autres*). *Vid.* Penin, M.: *Ouverture progressive du prétoire au recours pour excès de pouvoir dans la jurisprudence du Conseil d' Etat*, Sirey, París, 1935.

CAPÍTULO III

LA DOCENCIA DEL DERECHO ADMINISTRATIVO. REGLAS PARA UN OFICIO

1. La enseñanza inicial del derecho administrativo o «el extranjero que acude a la república de las letras». El caso español

El nuevo derecho fue construido, inicialmente, sobre los moldes jurisprudenciales que la nueva jurisdicción iba alumbrando y por ello se ha podido hablar de la «labor pretoriana del Consejo de Estado»[135]. Desde el punto de vista doctrinal, primero hubo de despegarse de adherencias que procedían de la vieja Ciencia de la Policía de los siglos XVII-XVIII, incluso XIX[136], plagada de nociones filosófica, sociales, económicas sociológicas o de aspiraciones políticas de «utilidad y mejora» que procedían de la vieja Cameralística alemana. Esa transformación se produce al acentuarse el contenido de la ciencia económica e incorporarse ésta a las Universidades, y en segundo lugar,

135 Por todos, sobre este punto, WEIL, P.: *Droit Administraif.* Existe una traducción al español que es la que manejo, *Derecho Administrativo*, Civitas, Madrid, 1986, con nota preliminar de Lorenzo Martin Retortillo (en realidad, se trata de una reedición de la obra inicialmente publicada en Taurus, Madrid, 1966). «El Consejo de Estado forjó, actuando en cada caso concreto, las reglas aplicables a la administración y (es así) como se fraguo la existencia de un derecho administrativo autónomo. El Consejo de Estado ha segregado el derecho administrativo como la glándula segrega la hormona. La jurisdicción ha precedido al derecho y sin aquella, éste no habría nacido» (p. 43)

136 Para el caso español, se cita ya en el siglo XIX, como teórico de las Ciencia de la Policía «puro» a V. DE FORONDA, V.: *Cartas sobre Policía* Imprenta de Cano, Madrid, 1801. Se tratan allí de asuntos de sanidad pública (Carta II), víveres y abastos (Carta III) calles y paseo, seguridad... (cartas IV y V), etc. Sobre el sentido de estas doctrinas para el derecho administrativo a mediados del siglo XX, *vid.* JORDANA DE POZAS L.: *«Los cultivadores españoles de la Ciencia de la Policía»,* REVL, 1944 n. 17.

cuando se percibe que el objeto del nuevo saber no debe ser la administración sino el derecho peculiar que aplica tal organización[137].

Acentuando la preocupación por la legalidad de la administración pública y aplicando metodología jurídica[138], (tal como hará, por ejemplo, LABAND para el derecho público del Imperio Alemán[139]), la practica judicial y la legislación se transforman en rama del derecho y una disciplina jurídica «*a se stante*».

Adoptada la perspectiva jurídica, el problema (que es también el del derecho público moderno, como advirtió ORLANDO[140]) era hasta qué punto la ciencia jurídica disponible (el derecho privado) era suficiente. La utilización por parte de la doctrina del derecho privado se realizó mediante dos mecanismos complementarios: Por una parte la reconsideración de instrumentos y categorías de la ciencia del derecho privado a modo de los que después se llamara «supra-conceptos»[141], y por otra, al menos en España, mediante al recepción de la doctrina pandectística del acto, del negocio jurídico y la declaración de voluntad, vía a través de la cual se construye la categoría central de «acto administrativo», con recepción de las doctrinas italiana, francesa y alemana sobre tales conceptos. El «poder» se transforma en «declaración» para poder ser controlado jurídicamente.

También por esta vía de contacto con el derecho privado, el método jurídico que se recibe primariamente es el de la exegesis, si bien los manua-

---

137 Vid, POSADA, A.: *Tratado de derecho administrativo: según las teorías filosóficas y la legislación positiva*, Librería de Victoriano Suárez, Madrid, 1897-1898. La distinción era ya expresa en LAFERRIERE.

138 ORLANDO, V. E., se había mostrado certero al separar el estudio de la administración en cuanto hecho jurídico del estudio de la administración en cuanto «ingeniería social». *Vid. Primo Trattato completo di diritto amministrativo*, VI. 1. Editrice Libraria, Milano, 1901, *Introduzione*.

139 LABAN, P.: *Le droit public de l'Empire Allemand*, París, 1900. *Vid.* sobre la construcción alemana del derecho público, SOSA WAGNER, F.: *Maestros alemanes del derecho público*. Marcial Pons, Madrid, 2002.

140 ORLANDO, V. E.: «Criteri tecnici per la riconstruzione giuridica del diritto púbblico» *Prolusione* al Curso de Derecho Administrativo y Constitucional leída en la Universidad de Palermo, enero 1889. La *prolusione* cuenta con una «Nota dell´ autor de 1925 all´ autore de 1885», (fecha esta última de otra *Prolusione* en la Universidad de Módena, sobre el tema, «Ordine giuridio e ordine político»), donde se da cuenta de la evolución del problema: Si se partía de que un exceso de privatismo era menos dañoso que una carencia total de método jurídico, la nueva dirección había, sin embargo, convertido al derecho público en un adolescente subordinado al derecho privado. La adhesión al modelo pandectístico debia compaginarse con el equilibrio entre teoría y práctica, y la afirmación de que la «soberanía del Estado» da a este derecho un sentido diferente, expresado a través del principio de legalidad.
Vid. SANDULI, A.: *Construire lo Stato. La scienza dell diritto amministrativo en Italia* 1800-1945) Giuffré, Milano, 2009.

141 *Vid.* MARTIN RETORTILLO, S.: *El derecho civil en la génesis del derecho administrativo y sus indtituciones»* . IGO, Sevilla, 1960.

les de derecho público que procedían cuanto menos de las *Leçons de droit public* (que, bajo inspiración germanística, JUNKER había publicado en 1786) no alcanzan ni siquiera a adoptar sistemáticamente este método jurídico. No obstante, el carácter no codificado del derecho administrativo, la abundancia de textos y su distinto origen, hacían ese método tan inadecuado como la aplicación de la glosa al derecho codificado[142].

En Francia, pese a algunos anecdóticos precedentes[143] no será hasta 1829 en que DE GERANDO y MACAREL comiencen su docencia en derecho administrativo. El segundo había publicado ya en 1818 sus *Elément de jurisprudence administrative*[144], (aunque como observará HAURIOU[145], se trata de una jurisprudencia no publicada y desconocida) y existía, junto con los *Principes d'ad-*

142 LAFERRIERE, E.: *Traite de la jurisdition administrative et des recours contentieux*, 2 tieme ed. Tomo premier, Berger-Levrault, París, 1896, p. 12.

143 *Vid.* TOUZEIL-DIVINA M.: *Eléments d'histoire de l'enseignement du droit public; la contribution du doyen Foucart (1799-1860)*, LGDJ Poitiers 2007.
Quizá tales precedentes no fueran tan anecdóticos. Recuerdese que la peculiaridad del naciente derecho administrativo francés radica en que *el juez escribe derecho*, lo cual será excepcional, sino inexistente, en España. Antes de 1820 ya J. M. de LAHAYE, (CORMENIN) había publicado *Du Conseil d´Etat envisage comme Conseil et comme juridition*, París, 1818.
En la Francia de la restauración se solicitó seriamente la supresión de todas las Facultades de Derecho (después de que, tras la creación de la Universidad Imperial, las Escuelas de Derecho de la Revolución cambiaran su nombre por el de Facultades), con el argumento que se pone en boca del Ministro de Justicia: «*Las Escuelas de Derecho son escuelas de perdición y el escándalo que suponen no desaparecerán mas que cuando las Escuelas de Derecho sean cerradas, clausuradas y reemplazadas por la instrucción privada*» *Vid.* CAILLEME, *L´enseignement du droit a Lyon avant.* cit. p. 68.

144 La publicación de la jurisprudencia inicial del *Conseil d´Etat* fue emprendida por MACAREL (quien, además, dedicará una obra un poco posterior a completar sus *Elements*: *Des tribunaux adminstratifs ou introduction a l´ etude de la jurisprudence administrative*, Roret, París, 1828) desde 1820, como una continuación periódica de sus *Elements*. Así, al menos, se presenta en la advertencia del editor al volumen del *Recueil des arrêts du Conseil* del año 1821, donde se reproduce la noticia de *El Moniteur* de 26 de octubre de ese año, dando cuenta de la importancia de la obra.
El otro jurisconsulto que se propuso publicar la jurisprudencia del Consejo de Estado fue SYREY, *Jurisprudence du Conseil d´Etat*, con la inclusión del texto, precedido de una nota sobre los hechos y las alegaciones de las partes. La publicación separó´la jurisprudencia posterior a diciembre de 1814 y la anterior. Esta última en *Jurisprudence du Conseil d´Etat depuis 1806*, cinco volúmenes, París, 1818, que comprenden hasta septiembre 1818.

145 «*La formation du droit administratif depuis l'an VIII*», *Revue générale d'administration* 1892. También accesible en https://acortar.link/8fLz0l
Por lo demás, BOULATIGNIER había escrito ya 1839, en la *Revue étrangère et française* (p. 81), una breve nota titulada: *De l'Origine, des progrès et de l'enseignement du droit administratif en France*. AUCOC le describe como discípulo y colaborador de los primeros maestros de la ciencia del derecho administrativo, Macarel, de Gerando y Cormenin. *Vid.*: AUCOC, L .: *Une páge de l'historie du droit administratif: Boulatigniere*, Libraire Cotillon, París, 1895, y recuerda el papel de este jurista en la École Nationale d´Administration.

ministration publique de BONNIN (1812) alguna otra obra de menor valor[146]. La obra de DE GERANDO (*Institutes du droit administratif*) no aparecerá hasta 1829-30, si bien el autor había inaugurado un curso de derecho público y administrativo en la Facultad de Derecho de París que fue suprimido en 1822. El otro gran autor «germinal» es CORMENIN cuyo *Droit Administratif*, en dos volúmenes, alcanza ya en 1840 la 5.ª edición. En otra obra anterior[147], CORMENIN clasifica las materias y las trata siguiendo un método geométrico, con cierto número de teoremas de donde se deducen consecuencias numerosas, estilo que *causó mucho efecto en sus contemporáneos*.

La enseñanza de este nuevo derecho en Francia[148] se realizó, sobre la base de la naciente jurisprudencia y con apoyo, por una parte, del método exegético (aunque el carácter no codificado del derecho administrativo siempre supuso un obstáculo a este método) expresado en manuales, cursos cuyo contenido se centraba en la lectura de los textos legales y su explicación, o bien acudiendo al método dogmático propio de los Tratados. El primer tipo de estudios serán siempre preferidos por los prácticos, mientras el segundo, que permite captar mejor el pensamiento y la atención del alumno, se centra en el sistema, al desarrollo abstracto del pensamiento jurídico. En todo caso, antes de la aparición de las escuelas clásicas el problema de la organización de las materias dio lugar a dos métodos de exposición: Una, característica de la escuela de Poitiers, presenta la acción administrativa como «restricciones» o límites a la esfera jurídica de los administrados, mientras que, en París, se enuncia únicamente la rúbrica «Materias Administrativas», que deja planear la idea del Estado sobre la vida social[149]. La temática de la ordenación sistemática de las obras y cursos se resolvió acudiendo a un esquema similar al de personas (organización) cosas y acciones (jurisdicción), si bien el derecho de bienes fue alterado, como no podía ser menos, por la acción administrativa.

A finales del siglo XIX, la presentación sistemática de la acción administrativa a base de «derechos de la administración», es condenada por HAURIOU, con el argumento de que sitúa al derecho administrativo en una incómoda vecindad con el derecho privado, inadecuada a la condición de poder público

146 Cita HAURIOU a FLEURIGEON, *Code administratif*, 1.° ed. anterior a 1812, la 2.ª de 1820 («indigesta», en opinión HAURIOU) y un *Cours de législation administrative dans l'ordre correspondant à l'harmonie du corps social* de PORTIEZ DE L'OISE, que presentaba una curiosa ordenación de materias administrativas en función de las varias relaciones que una persona puede establecer con la Administración del nacimiento a la muerte.

147 *Question de droit administratif*, sobre la cual dirá HAURIOU que, con más detalles que la obra de MACAREL sobre la jurisprudencia administrativa, y con un estilo más claro, hace desaparecer la obra de MACAREL. *Vid.* HAURIOU, M.; *De la formation du droit administrative française depuis l'an VIII, Revue générale d'administration 1892.*

148 *Vid.* MALLEIN A. J.: *Consideration sur l´enseignement du droit administrative*, París, 1857.

149 HAURIOU, M.: De *la formation du droit* cit.

de la administración[150]. La trascendencia de la obra de Hauriou radica en que, dando cuenta del derecho de su tiempo, aparta el fundamento del derecho especial de consideraciones privatistas y, a través de la noción de poder público y decisión ejecutoria (al tiempo que el recurso contencioso objetivo, el *exces du pouvoir* se afirmaba como mecanismo del equilibrio poder/garantía) edifica el fundamento de un derecho peculiar, sobre la base de la personalidad jurídica de la administración[151]. La evolución posterior, a través de la generalización de la doctrina *BLANCO*, conducirá a extender el régimen peculiar (un derecho no escrito, que habría de crear el *Conseil d´Etat*) a materias cubiertas por el contencioso de plena jurisdicción (contratos y responsabilidad)[152].

La obra de Laferrière (E.) funda el derecho administrativo posterior y abre la edad de oro del mismo, al tiempo que, en el plano didáctico, desde mediados de siglo XIX el estudio del derecho a través del «curso» y con apoyo en el manual[153], se asienta en los *recuil d´arrets*, una de las grandes fuentes, especialmente desde que los *arrêts* comienzan a ser motivados, en un movimiento propio del derecho francés que culmina en lo que será, desde 1956, *Les grands arrêts de la jurisprudence administrative* (GAJA)[154].

---

150 *Ibidem*. «Conclusión» en el segundo de los dos artículos de la *Revue General d´Administration* 1892 en la que se insertó el citado artículo de Hauriou, de gran trascendencia en su momento por la terminología (poder público, servicio público, acto unilateral...)

151 Tanto la idea de personalidad como la del derecho administrativo como derecho propio de esta clase de personas están apuntadas en el artículo reiteradamente citado.: *«Il s'est produit pour le droit administratif depuis la Révolution, ce qui s'était produit pour le droit commercial, depuis la création des juridictions consulaires au sortir du moyen âge. Les règles, éparses jusque-là et mêlées avec celles de droit civil dans chaque matière, se sont séparées de celles-ci matériellement et ont formé un système. Cela est dû uniquement à l'établissement des tribunaux administratifs. De même que le droit commercial, envisagé comme corps de règles, est sorti des juridictions consulaires, de même le droit administratif moderne est sorti de la juridiction administrative centralisée par le Conseil d'État. Le droit romain et l'ancien droit n'eurent pas de corps de règles administratives, parce qu'ils n'eurent que des juridictions administratives spéciales, isolées, sans lien entre elles, mais ils eurent des règles administratives, et les nôtres, malgré leur groupement à part, ne sont pas plus éloignées du droit commun que n'étaient les leurs...*
Por cierto, la semejanza de las réglas administrativas con las reglas mercantiles en su relación con el derecho comun, y la importancia de la jurisdiccion separada, habia sido destacada por Dareste (*La justice administrative*) como Hauriou se cuida de señalar.

152 Una clarificadora exposición de este punto en, Masucci, A.: «Formación y evolución del derecho administrativo en Francia y Alemania», *RAP*, n. 184, ener.-abril. 2011, p. 9-39.

153 Sobre la sistemática y el valor de las diferentes obras que responden a la práctica docente, *vid.* Lavigne, P.: «Les manuels de droit administratif pour les estudiants des facultes de 1829 a 1922», *Annales d'histoire des Facultes de droit et de la science juridique,* núm. 2, 1985, p. 125.

154 Publicado por primera vez en 1956, pese a la hostilidad de algunos Consejeros; la última edición ha doblado el número páginas pero contiene prácticamente el mismo número de *arrêts*, aplicando la regla de que la inserción de un nuevo *arrêt* debe acompañarse ordinariamente de la retirada de otro.

A lo largo del siglo XIX las expresiones sobre la complejidad, mutación, evolución y cambio del derecho administrativo y su docencia son constantes en la literatura[155] hasta el punto de que se enfatiza su especialización y se remarca su carácter no sistematizable, o su carácter «in-enseñable».

En España[156], si la obra de Dou y Bassols cierra la jurisprudencia y doctrina publicista del Antiguo Régimen[157] la expresión y práctica docente del «derecho administrativo» (recibido como «*extranjero que acude a la república de las letras*»[158]) no se oficializa hasta 1842, en que el Plan de Estudios para la Facultad de Jurisprudencia (Decreto 1 de octubre) incluye esa asignatura. Ese mismo año, Ortiz De Zuñiga publica un manual con idéntico título, que junto a las muy conocidas obras de Olivan, Posada Herrera y Gomez De La Serna[159] forman la doctrina y manualística de la época. En ese momento,

---

Nada parecido conocemos para España en aquella época. *La Colección Legislativa de España*, en sus diferentes épocas y series, sólo conoce, desde 1877, salvo error nuestro, una obra titulada *Colección Legislativa de España. Sentencias del Tribunal Supremo. Sala 3.ª*. El Diccionario *Alcubilla* y otra obra bien conocida, *Jurisprudencia administrativa. Decisiones y Sentencias del Consejo de Estado y del Tribunal Supremo de Justicia*, de *la Revista General de Legislación y Jurisprudencia* (cuyo Tomo I se edita en Madrid, 1870, a la que precedió el *Repertorio de la jurisprudencia administrativa española*, de Pantoja Agudo, J. M., también por la LGLJ, Madrid, 1869 es todo lo que tenemos.

155 *Vid. La mutation du droit administrative dans Europe*, M. Ruffet (editeur) Selier, München, 2007.

156 Aunque no es la primera norma que se refiere a ello,(recuérdese el interés, permanente de los Borbones por introducir el derecho real en las Facultades: la Real Cedula de 12 de julio de 1807 (Plan de Estudios del Marques de Caballero) introduce unos *Elementos de Derecho Real*, para los Estudios de Derecho en la Universidad de Salamanca, determinando como texto las *Instituciones de Derecho real* de Ignacio de Aso y Miguel de Manuel Rodríguez. Pero añade, la norma de que «los maestros compongan en el futuro obras para sus cátedras».
Puede que no sea la última, pero, respondiendo a ese mandato real y citando expresamente la Real Cedula, hemos localizado unas *Instituciones de derecho real y de indias* de Alvarez, J. M., a la sazón, Catedrático de Instituciones de Justiniano en la Universidad de Guatemala, editadas en la Habana, 2.ª reimpresión, 1841. La otra obra que circulaba a comienzos de siglo era la *Ilustración del derecho real de España*, de Juan Sala, que se seguirá publicando hasta 1832.

157 *Instituciones del derecho público general de España, con noticia del particular de Cataluña*, IX volúmenes. Oficina de Benito García, Madrid, 1800-1803. Forma parte del Patrimonio Bibliográfico y puede consultarse on line: https://acortar.link/hT2Ooi
Es conocido cómo en las primeras páginas del Tomo I se cita la obra de Domat (*Les lois civiles dans leur ordre naturelle, le Droit Public et legun delectus*) como guía, aunque termina reconociéndose su inadecuación para el Derecho Público. Desde, al menos 1758 existía una traducción parcial bajo el titulo *Derecho Público escrito en francés por J. Domat*, traducción de J. A. Trespalacios, Imprenta de Benito Cano, Madrid, 1758.

158 Figuerola L.: «La ciencia del derecho en las formas sucesivas de su desenvolvimiento y su estudio». *RGLJ,* vol. 13, n.º 27, 1865 p. 177 y ss.

159 Olivan, A.: *De la Administración Pública con relación a España*, Madrid, 1842. La obra apareció primero en la *Enciclopedia Española del Siglo XIX*, tomo I; Posada Herrera, A.:

aunque de forma fugaz, el derecho administrativo aparece segregado del «derecho político», pero ya en el Plan Pidal (Real Decreto de 17 de septiembre 1845)[160] aparece la mención a una asignatura denominada «derecho político y administrativo» que, en 1847 (Real Decreto 8 de julio), se denominará «Derecho Público[161] y administrativo español». En todo el siglo XIX, prácticamente, la docencia administrativa quedará integrada en un inconcreto derecho político, hecho este que traduce bastante más consecuencias de las que se advierten a primera vista[162].

Lecciones de Administración, Madrid, 1843; GOMEZ DE LA SERNA, P. *Instituciones del derecho administrativo español* Dos tomos, Madrid, 1843.

160 El Plan incluye una completa reordenación de la enseñanza, la formalización de esta como servicio público estatal, la centralización y el control de los libros de textos a través de la Dirección General de Instrucción Pública, que recayó en GIL DE ZARATE, verdadero autor del Plan.
La Exposición de Motivos indica: «Hace pocos años se verificó una notable reforma en los estudios de Jurisprudencia; pero esta reforma, en medio de grandes ventajas, adolecía de algunos defectos que se han procurado remediar ahora. El tiempo de ocho años que se prescribe en la actualidad para la carrera de abogado, y el de diez para el complemento de la académica hasta el grado de doctor, es indudablemente excesivo. Verdad es que dedicándose crecido número de jóvenes a esta facultad, hay derecho para exigirles estudios más extensos y mayor perfección en ellos, con lo cual, al paso que se consigue más completa instrucción, se logra indirectamente disminuir la excesiva afluencia de estudiantes y hacer que muchos se dediquen a otras profesiones en que escasean hombres, aunque de conocida utilidad para el Estado; pero en el plan vigente se exageró este principio y se quiso llegar, desde luego, a sus consecuencias, consumiendo en la carrera inútilmente la parte más preciosa de la vida de los jóvenes, en vez de disminuir el número de escuelas o de aumentar el costo de la enseñanza, que son los únicos medios de conseguirlo. Se ha reducido, pues, a siete años, como anteriormente se verificaba, el estudio de la Jurisprudencia hasta poner al cursante en disposición de ejercer la abogacía.
Otro defecto de que adolecía el mismo arreglo era el de reducir a muy escaso tiempo el estudio del derecho romano, base fundamental y origen de todo el derecho civil en las modernas naciones de Europa. Este defecto notable, contrario al acertado sistema seguido siempre en España, y practicado hoy día, como en otro tiempo, en las más célebres Universidades extranjeras, se ha remediado, dando a esta parte de la ciencia toda la extensión que su importancia requiere».
El Real Decreto de 10 de septiembre de 1852 mantiene (art. 70) el control sobre los materiales didácticos. Por cierto, el art. 109 del citado Real Decreto indicaba: «Los cursos de economía política y de derecho político y administrativo serán estudiados por los juristas con los catedráticos de estas asignaturas en la facultad de filosofía, y según se previene en el art. 95». La referencia se hace a los estudios de la sección de Administración de la Facultad de Filosofía que se componían de un *Derecho político y administrativo*

161 No puede dejar de mencionarse aquí las *Lecciones de Derecho Público Constitucional para las Escuelas de España* de Ramón DE SALAS, que contiene el que es quizá el más meritorio comentario a la Constitución de Cádiz. Sobre él ha publicado GARCÍA COSTA, F. M.: «Lecciones de Derecho Público Constitucional de Ramón Salas y los orígenes de la ciencia española del derecho constitucional», *Empresas Políticas*, n.° 6, 2005, páginas 35-48. La enemistad con Marcelino Menéndez Pelayo parece haber sido un factor importante del «olvido» del autor que fuera Rector de la Universidad de Salamanca (1779).

162 Sobre ello ha llamado la atención GALLEGO ANABITARTE que, reiteradamente ha trabajado estos temas de los orígenes del derecho administrativo español. Son conocidas, sus con-

La categoría central en el nacimiento del derecho administrativo (acto) se desarrolla con lentitud y la expresión sigue aferrada al sentido procesal y funcional, de inspiración francesa. ORTIZ DE ZÚÑIGA en 1843 se refiere a los acuerdos o providencias de la administración dentro de sus competencias, frente a las cuales el poder judicial no tiene facultad para contrariar sus efectos[163]; OLIVAN[164] no lo menciona (aunque sí el *derecho administrativo*) más que como *causa* de litigios administrativos; POSADA HERRERA en sus *Lecciones* no contiene más que alguna referencia aislada a las *providencias*[165] y es, quizá, la *Enciclopedia Arrazola* (1848)[166] la primera obra, con clara inspiración francesa (se cita a DALLOZ Y LAFERRIERE y se declara expresamente así en el prólogo), que incorpora una noción de acto: «*todo acto que procede del poder activo de los funcionarios encargados inmediatamente y con preferen-*

tribuciones en la *Revista de Administración Pública*, hasta su ponencia «Influencias nacionales y foráneas en la creación del derecho administrativo español» en *Posada Herrera y los orígenes del derecho administrativo español INAP*, Madrid, 2001 y su monografía *Formación y enseñanza del derecho público en España (1769-2000: Un ensayo crítico*, Marcial Pons, Madrid, 2003, recensionado por A. NIETO en la *RAP* n.° 161, Mayo/Agosto 2003, p. 545 y ss. El «derecho político» sería una desinencia típicamente española imbuida de filosofía moral e historia, falto de contenido jurídico, que impidió el desarrollo de un derecho constitucional y, en el fondo, de un auténtico derecho público, cuyo hueco cubriría el derecho administrativo una vez que este optó por el estricto método jurídico.
Es, igualmente obligada la cita de NIETO, A.: *Estudios históricos sobre administración y derecho administrativo*. INAP, Madrid, 1986.

163 *Elementos de derecho administrativo,* Imprenta Sanz, Granada 1843, pp. 364 y ss.

164 OLIVAN, *De la Administración Pública con relación a España*, Nueva edición, Madrid, 1843, p. 10.

165 Pero no deja de advertir (*Lecciones de Administración*. Madrid, Establecimiento Tipográfico calle del Sordo número 11, 1843, tomo I, p. 110,) a propósito de las ventas amparadas por la legislación desamortizadora y discrepando de la práctica francesa: «Los *actos administrativos no pueden convertir en administrativa, una cuestión que antes era puramente civil*. Ni la naturaleza de la acción administrativa, ni la conveniencia pública, pueden justificar el que se prive a un ciudadano de la garantía que le ofrecen los tribunales para la defensa de sus derechos civiles...». Sobre ello, SANTAMARIA PASTOR, J. A.: «Sobre el origen y evolución de la reclamación administrativa previa» *RAP, Revista de Administración Pública,* núm. 77, p. 81 y ss.

166 *Enciclopedia española de derecho y administración o Nuevo teatro universal de la legislación de España e Indias.* por L. ARRAZOLA, Rius y Rossel, Madrid, 1808, T. I. La voz «actos administrativos» en pp. 440 y ss.
Existe, no obstante, una obra anterior, *Del Consejo Real como elemento del Gobierno constitucional,* de probable autoría de Cristóbal Bordiú y Góngora, Madrid, 1846, que fue glosada por NIETO, A., bajo ese mismo título, en la *RAP, Revista de Administración Pública* n.° 84, p. 537 y ss. Se contiene allí una muy apretada construcción, con fundamentos constitucionales, de los *actos administrativos civiles* (es decir, privados, cuya competencia corresponde a los tribunales civiles) y los actos administrativos *públicos*, que a su vez admiten la división entre actos de imperio (discrecionales), que no admiten otro recurso que el jerárquico, y *actos de jurisdicción*, cuya impugnación debe realizarse ante los Consejos Provinciales o el Consejo Real cuando afecten a un derecho. *Vid. opus cit*. p. 25 y ss. La obra está hoy disponible en la Biblioteca Digital Hispana, de la Biblioteca Nacional.

cia de la ejecución de una actuación. También lo será todo acto de corporación administrativa encargada por la ley para acordar decidir y ejecutar por sí misma funciones especiales».

A esta descripción se añade un elemento ya nuevo, pues la noción se aplica (de conformidad con el derecho vigente aplicable a los Municipios) únicamente a los actos *ejecutivos*, separado de las *deliberaciones*. Igualmente, desde la perspectiva de la procedencia o no del recurso contencioso, se excluyen de la noción los *actos de mero imperio o de mando* (como son «los reglamentos instrucciones o disposiciones generales»), así como los que proceden del poder *arbitrario y discrecional:* La improcedencia del recurso contencioso frente a providencias administrativas se ha transformado en *criterio delimitador* del acto.

La segunda edición del COLMEIRO[167] contiene ya una descripción del acto como objeto del recurso contencioso administrativo, en la aquél se presenta como resultado de la administración subjetiva (poder) y en conexión con las competencias de cada autoridad administrativa. Con relación a los Ministros se afirma lo que será doctrina común por largo tiempo: «el ministro, considerado como agente administrativo, decide soberanamente sin sujeción a otra autoridad alguna en los asuntos de simple gestión, de potestad reglamentaria, de poder discrecional, y en las medidas de orden público o seguridad común; en suma, de todas cuantas disposiciones dictare dentro de los límites de la *administración pura*, no queda a los interesados otro recurso que acudir nuevamente al ministro mejor informado. Mas si de sus varias disposiciones, en vez de intereses lastimados, resultase *algún derecho* ofendido, debe el agraviado pedir la revocación del acto, y si su queja no fuere escuchada, desde entonces empieza un juicio contradictorio entre el particular y el ministro, este pierde su carácter de agente, se reviste de la cualidad de juez, y ya cae el negocio bajo la jurisdicción contencioso-administrativa».

Por ello, «no dan origen a lo contencioso-administrativo los actos de puro mando que *proceden del poder discrecional de la administración*, ordenando por vía de regla general porque no lastiman derechos particulares, sino en todo caso los intereses públicos», ni «los actos de la administración que arreglan un interés colectivo porque tampoco crean derechos»[168].

---

167 COLMEIRO, examina, ante todo, los requisitos que debe cumplir el acto para dar acceso a la jurisdicción. *Vid Derecho Administrativo español*, t. 2. Ángel Calleja editor, Madrid, 1850, p. 223. Se cita la sentencia del Consejo Real de 30 de junio de 1847 que, en efecto, había reconocido que determinados *intereses legítimos* eran también objeto de tutela por la jurisdicción contenciosa. Se trata de la conocida sentencia (Gaceta, n.º. 4798, de 5 de noviembre) mencionada por GARCÍA DE ENTERRÍA («La configuración...» *cit*. 1 nota 1) para subrayar que quizá el sistema inicial de justicia administrativa «retenida», en España, presentaba aspectos en los que supera al sistema perfectamente jurisdiccional de 1888.

168 COLMEIRO, *Tratado... cit*. T. II p. 304. Sin embargo, se añade que los actos del poder discrecional pueden ser impugnados en la medida en que estuviesen viciados de incompetencia o exceso de poder porque entonces la administración actúa vulnerando derechos dignos de respeto y violando las formas protectoras de un interés legítimo.

Otra obra muy conocida el *Diccionario Alcubilla*[169], precisa el trasfondo procesal de la categoría, pues, tras definir la noción de acto («resoluciones mandatos y acuerdos de las autoridades y corporaciones en materia de sus atribuciones») y separarla de las medidas generales que tiene por objeto la ejecución de las leyes (actos de gobierno), describe el acto en función de lo requerido para la admisibilidad del recurso contencioso.

El *Tratado* de A. POSADA[170], incluyó un capítulo completo dedicado al acto administrativo, comenzando con la remisión al *Alcubilla*, y definiendo, por su parte, el acto como las *decisiones de las personas administrativas en el ejercicio concreto de sus funciones, siempre que obren dentro de las prescripciones legales y en materia de su respectiva competencia*. En sentido más estricto, los actos administrativos, en el derecho positivo, serían *los actos de la Administración en los que procede por vía de autoridad en virtud de su facultad imperativa*, caracterizándose por estar sometidos en su producción positiva a reglas especiales del procedimiento, por tener un carácter jurídico privilegiado, que impide que sean objeto de un procedimiento judicial ordinario, y por ser a su vez, objeto de recursos legales especiales para obtener la reparación del derecho que puede haber vulnerado.

Por su parte, SANTAMARIA DE PAREDES[171] trata el acto administrativo particularmente como resultado del procedimiento gubernativo y presupuesto del recurso contencioso-administrativo, lo que le permite hablar de esta clase de actos como «resolución *definitiva* de la administración (*decreto, orden, decisión, providencia*) sobre materia administrativa, en virtud de sus facultades regladas, que afecte a un derecho administrativo, particular y preexistente».

En cualquier caso, las primeras construcciones doctrinales aparecen pegadas a la influencia francesa (se cita a BONNIN, DE GERANDO, CORMENIN) y singularmente, a los *Elementos* de MACAREL y, después, a un autor español fundacional (COLMEIRO[172]) cuya obra dominará la doctrina hasta 1880, en que

169 MARTINEZ ALCUBILLA, M.: *Diccionario de Administración*, Tomo 1. El Consultor, Madrid, 1858.

170 POSADA, A.: *Tratado de derecho administrativo según las teorías filosóficas y la legislación positiva,* Tomo I, Librería de Victoriano Juarez, Madrid, 1897, pp. 230 y ss. A falta de elaboración dogmática la exposición de POSADA da cuenta, por completo, de las funciones que el derecho positivo otorgaba a la categoría.

171 SANTAMARIA DE PAREDES, V.: *Curso de Derecho Administrativo*. Establecimiento tipográfico de Ricardo Fé, Madrid, 1885, p. 822 y ss. Previamente, el autor ha examinado las *potestades de la administración* y allí, junto con la potestad reglamentaria se examina, la *potestad imperativa o de mando*, de la que resultan los actos administrativos, y la diferencia entre potestad de mando *reglada y discrecional.*

172 *Elementos de derecho político y administrativo de España.* Librería de D. Ángel Calleja, Madrid, 1858. La primera edición advierte en nota de su autor, que se trata «de un breve compendio de las obras «De la Constitución y del gobierno de los reinos de castilla y león» y «Derecho administrativo español», publicadas por el mismo autor. En efecto el *Derecho Administrativo Español* había aparecido en dos tomos, en 1850 y se publicó simultáneamente en Madrid, Santiago y Lima.

se imponen el *Derecho Político* y el *Derecho Administrativo* de SANTAMARIA DE PAREDES[173]. Más adelante, los materiales de estudio serán ya los de Adolfo POSADA y, posteriormente, los de la época de los Tratados: GASCON y MARIN (*Tratado de derecho administrativo*, 1.ª ed. 1917) ROYO VILLANOVA, S. (*Elementos de Derecho administrativo* t. 1 Valladolid, 1910, tomo 2, Valladolid, 1955), GARCÍA OVIEDO (*Derecho Administrativo*, tomo 1, Madrid, 1955, 2.° tomo, EISA, 1962).

Ya plenamente implantado el Plan de Estudios de 1953, se incorporarán el *Tratado* de TREVIJANO FOX (VI. 1, 1964), y más adelante, dominando el último tercio del siglo XX, el *Tratado de Derecho Administrativo* de GARRIDO FALLA (1960), los *Apuntes de derecho administrativo*, parte general de VILLAR PALASI (1973-1977) y el muy influyente *Curso de Derecho Administrativo* (VI. 1, 1.ªed. 1974) de GARCÍA DE ENTERRÍA y FERNANDEZ RODRIGUEZ.

Quizá sólo la enorme altura de estas últimas obras haya permitido mantener el nivel de la docencia del derecho administrativo a lo largo de la segunda mitad del siglo XX. Recuérdese que ya A. POSADA[174] se dolía, desde su espíritu krausista y desde la ideología de la Institución Libre de Enseñanza, del nivel y metodología de los estudios de derecho en general y del derecho administrativo en particular, sin que debamos pensar que, en algún momento, hasta mediados del siglo XX, cambiaron sustancialmente las cosas. El modo de docencia utilizado era el *dictado de apuntes*, completados con el manual, con exámenes orales o escritos sobre los contenidos teóricos aludidos en las clases magistrales. Eventualmente, el programa se completaba con *clases prácticas*[175]. Un modelo que sólo la Institución Libre de Enseñanza, trató de modificar introduciendo seminarios y actividades prácticas de composición escrita en los alumnos al modo de la universidad alemana[176].

---

173 *Curso de Derecho Político según la Filosofía política moderna, la Historia general de España y la legislación vigente.* Valencia, 1880-81.; *Curso de Derecho administrativo según sus principios generales y la legislación actual de España* Madrid, Tip. de Fernando Fé, 1885.

174 A. POSADA escribió, críticamente en varias ocasiones sobre la docencia jurídica. En primer lugar, se recuerda *La enseñanza del derecho*, Universidad de Oviedo, 1884 (Discurso de inauguración del curso 1884-1885) y después, entre otros, *La enseñanza del derecho en la Universidad. Estado actual de la misma en España y proyectos de reforma,* 1889. Sobre ésta última edición (muy deteriorada en su original), *vid.* MARTINEZ NEIRA, M.: «La cuestión pedagógica. Adolfo posada y la enseñanza del derecho». Aulas y Saberes, VI. 2. 2003, p. 161. Se da cuenta allí, de los diferentes «seminarios» que impulsó POSADA, o la Academia de Práctica Jurídica que igualmente trato de desarrollar, de sus propuestas de renovación basadas en el modelo alemán de docencia y cualificación... y de su fracaso.

175 En los años 1977/1981 tales clases prácticas ni si quiera se formalizaban ni aparecían en los programas o en los horarios del curso. Al menos no en la generalidad de los casos.

176 Sobre la docencia del derecho a lo largo del siglo XX, *vid.* MORA, A. (Ed.): *La enseñanza del derecho en el siglo XX, Homenaje a Mariano Peset*. Instituto Antonio de Nebrija, Dykinson, Madrid, 2004. La aportación de la Institución Libre de Enseñanza, en CAVANILLAS MÚGICA, S. «La enseñanza del derecho según la Institución Libre de Enseñanza», *Revista de Educación y Derecho*, núm. 11, octubre 2015. Recuerda este último, con acierto, que la peda-

Giner De Los Rios identificaba hasta seis modalidades diferentes de lección tradicional (dictada o no con el texto delante, exposición no comunicada por escrito, trabajo de exposición de los alumnos, etc.) reconociendo que el primero era ampliamente dominante, mientras A. Posada en su recordada crítica a la universidad de su tiempo (cuyo acierto permaneció vigente prácticamente hasta el presente) describió una docencia de carácter *convencional, memorístico, absolutamente pasiva respecto de los intereses de los alumnos* a los que en modo alguno se intentaba formar en un pensamiento determinado, sino instruir en un *dogma acabado*, expresado o no en el manual del profesor; conocimiento que el alumno debía estar en condiciones de repetir en pruebas de conjunto (exámenes) de las que dependía totalmente la superación de los estudios y la cualificación oficial.

No puede olvidarse, con todo, el movimiento renovador de los años sesenta en torno a las Asambleas de Profesores de las Facultades de Derecho[177] que reivindican el «*respeto a la dignidad humana, de la libertad de todos los ciudadanos y grupos sociales intermedios puestos al servicio del bien común y de la realización de la justicia, así en el plano de las relaciones privadas como en el de las públicas*» como fundamento de la docencia jurídica, al tiempo que proponen una institucionalización del «*practicum*» y reclaman la introducción del seminario como práctica ordinaria de docencia.

Tras muchos ensayos y reformas orgánicas, la resolución de la Dirección General de Universidades e Investigación de 23 julio 1974 establece, a partir del curso 1974-75, el plan de estudio aprobado por decreto de 11 agosto 1953 en todas las Facultades de derecho a excepción de las de Sevilla y Valencia, aunque algunas Facultades regresaran a los planes propios aprobados a comienzos de los años 70 (Autónomas de Madrid y Barcelona).

---

gogía universitaria española nació en las facultades de derecho, vinculada a la renovación de métodos propugnada por personalidades como Giner de los Ríos, Azcarate, Dorado Montero, Adolfo Posada y el Grupo de Oviedo, o Jiménez de Asúa.

177 La «Universidad Nueva», establecida por la Ley 29 de julio de 1943, fue cuestionada en toda su retórica, por un movimiento cuyo desarrollo se reproduce en Martinez Neira M.: «La facultad de derecho en los años sesenta», *Cuadernos del Instituto Antonio de Nebrija*, núm. 80, 2005, y concluye con el documento *Conclusiones de la I Asamblea de profesores de facultades de derecho. Barcelona, 4, 5 y 6 de mayo de 1964*, Barcelona 1964. El documento final reproduce, entre otras, la preocupación por la docencia jurídica, reclamando la programación de las prácticas y la introducción de la figura de seminarios permanentes. La Asamblea de Barcelona contó con la participación de los algunos nombres que quiero recordar: Manuel Albaladejo García, Manuel Diez de Velasco, Juan Antonio Carrillo Salcedo, Guillermo García Valdecasas, Antonio Mesa-Moles Segura, José Ortego Costales, Marino Barbero Santos, Pablo Beltrán de Heredia, Aurelio Menéndez Menéndez, José Ortiz Díaz, Jaime García Añoveros, Sebastián Martín Retortillo y tantos otros. Por Salamanca asistieron, José Delgado Pinto, Diego Espín Cánovas, Pablo Fuenteseca Díaz, Esteban Madruga Jiménez, José Martínez Gijón, y Juan Domínguez Berrueta.

2. La docencia actual del derecho administrativo: ¿Importa Bolonia? De competencias y conocimientos: Programación y «syllabus»

Existen dos diferentes modelos de Educación Superior, sin abandonar Europa. Por una parte, la Universidad del norte, incluyendo el Reino Unido, tiende a ser selectiva, restrictiva en el acceso, porque al lado de la Universidad existen instituciones de educación que ofrecen alternativas a la formación de este nivel. Con la singularidad de Francia (país en el que aparece también ese dato, aunque quizá con menor intensidad en cuanto a la formación jurídica) el modelo del sur se muestra fundamentalmente «abierto» y su problema ha sido, durante mucho tiempo, hacer frente al flujo creciente de alumnos. La oposición entre el norte y el sur se expresa después tanto en el plano material como en el pedagógico en lo que afecta a la enseñanza jurídica[178].

Si para la universidad británica la enseñanza jurídica entraña, sobre todo, una alta cualificación muy profesionalizada, (con enseñanzas muy centradas en lo estrictamente jurídico[179], y con el método propio del *common law*, el estudio de casos[180]), la docencia del derecho representa en España, Francia, o Italia una formación de base muy general. «*Faire son droit*» (hacer derecho) no significa, para buena parte de los alumnos de nuestras facultades, necesariamente una orientación hacia alguna profesión jurídica[181]. En consecuencia, los programas han sido tradicionalmente menos «técnicos», y se dedica una parte importante al mundo del derecho en su entorno cultural, o a sec-

---

178 Esta oposición norte/sur era y es muy sentida en la doctrina francesa. MARTINEZ MARIN, A. (*La enseñanza del derecho administrativo. Un método de participación organizada*. Universidad de Murcia, 1990) recuerda, por ejemplo, la cita de PEYREFIT, A.: *Le mal française*, Plon, París, 1976, contraponiendo la universidad del norte, innovadora, frente a la del sur, más dada a la repetición y dogmatismo.

179 Por ello no es necesario un currículo de especialización y materias optativas tales como el derecho del medio ambiente o el derecho del desarrollo rural pueden omitirse. *Vid.* Sobre ello, también para lo que sigue en el texto, FLORY, M.: «Modeles d´enseignement du droit en Europe: Bilan et perspectives», en *Revue d'histoire des Facultes du Droit*, n.° 13, 1992, pp. 193 y ss. Se trata de un número monográfico dedicado a la Enseñanza del Derecho en Europa.

180 Sobre el empleo sistemático de este método, sus virtudes, defectos, y reconsideración actual, *vid.* TOLLER, F. M.: «Orígenes históricos de la educación jurídica con el método del caso», *Anuario da Facultatade de Dereito da Universidade da Coruña*, núm. 9, 2005; TOMAS FORNER, M.: «El estudio de casos como método de enseñanza» Universidad de Barcelona, Diposit Digital.

181 El caso de Alemania es, en cuanto a estudios jurídicos, un modelo atípico, por la duración de los estudios, la pedagogía y por el sistema de control de los conocimientos. En lo pedagógico, aunque existe el curso magistral, es menos importante que el seminario paralelamente organizado, que representa la parte activa del curso.

tores singulares. La pedagogía se centra en la clase magistral, manuales y cursos predefinidos, con controles de rendimiento y exámenes finales. Tales circunstancias han dado como resultado un elevado número de abandonos.

El balance que se hacía, no hace mucho, no era muy favorable a las «universidades del sur»[182]:

> «Les systemes mediterranees ne peuvent continuer a se deteriorer; chaque fois qu´un etudiant, apres tres ans va poursuivre une maitrise au nord, il lui foudra faire un grand effort pour sádapter: pasage du cour magistral au seminaire, adaptation a la pedagogiie du tutorat, pasage du polycopie au syllabus, abandon de la recitation de cours pour passer aux etudes de cas...»[183].

E incluso se advertía, ahora con total acierto:

> «Que les pays du sud de l´Europe y prennent garde!. Il ne faudrait pas qu´aapres quelques tentatives, les universites du nord finissent par renonnoncer a envoyer leur etudiants dans les universites mediterraneens... alors s´instaurerait une sorte de frontiere entre le developpement et le sous-developpement; nos juristes se trouveraient tres desfavorises...».

Estas palabras están escritas antes de que el Espacio Europeo de Educación Superior, con todas sus críticas, fuese conscientemente impulsado por diferentes Estados (recuérdese que la UE no tiene estrictamente competencias en materia de Educación) a través de las acciones pactadas en las Declaraciones de Bolonia (1999) y los documentos que la siguieron. En lo que aquí importa, se trata de reformas que afectan a la estructura homogénea de las

---

182 Sin necesidad de reproducir aquí las críticas generalizadas que ha recibido la Universidad española («fábrica de tarados» se la ha llamado), y su falta de relevancia internacional (que son tópicos reproducidos periódicamente), importa, por el contrario, señalar su relevancia social: ¿De dónde han salido la inmensa mayoría de los médicos y enfermeras de nuestro sistema nacional de salud? ¿de dónde los arquitectos e ingenieros que han atendido nuestras necesidades técnicas en materia de edificación y obras públicas? ¿de dónde nuestros farmacéuticos, veterinarios y especialistas que forman parte del sistema de salud pública?, nuestros jueces, maestros, abogados, notarios, registradores, ¿proceden de otros sistemas universitarios?
Que la Universidad española es cara, nadie lo duda. Que el alumno no costea la enseñanza tampoco. Pero ese modelo también lo hemos construido en la sanidad, por ejemplo. La relevancia social de la Universidad Española (lo que ésta ha aportado al conjunto de nuestro modo de vida) es indudable, aunque sea, en efecto, necesario agudizar su internacionalización, especialización y mejorar su posición en los *rankings* al uso.
En cualquier caso, conviene retener que, hace casi una década, a la altura de 2014, España, con 77.000 documentos publicados mantenía, con un 3,2 %, la décima posición en el ranking mundial de la producción científica y había incrementado casi un punto el porcentaje de publicaciones altamente citadas (de excelencia), pasando del 12,9 % en el 2013 al 13,7 %.

183 Floyry, cit. p. 200. En lo que conozco, los problemas de adaptación que señala el autor han sido afrontados generalmente con éxito por nuestros becarios ERASMUS.

titulaciones (grado/posgrado) y un sistema legible de cómputo y transferencia de unidades de formación (créditos ECTS). La definición de estas unidades, centrada en las horas de trabajo del alumno (pese a que la convergencia recayó, salvo alguna excepción, en el reconocimiento de titulaciones y no de conocimientos), conllevó la búsqueda de nuevas metodologías docentes allí donde, como en España, dominaba de forma casi excluyente, la clase magistral.

Bolonia no alteró el modelo de Universidad latina que nos es propio[184], aunque permanentemente hayamos sufrido, y no bien asimilado, influencias del modelo alemán o anglosajón. En particular, en el campo jurídico, (pero el dato es generalizable a otros campos) existe una insoportable presión sobre las Facultades porque no cuenta nuestro sistema con *otras* instituciones de Enseñanza Superior que ofrezcan alternativas (por ejemplo, todas las ingenierías tradicionales, más las nuevas «invenciones» que se han extendido en España, pasan necesariamente por la Facultad respectiva).

Adicionalmente, para el campo del Derecho, el título «genérico» (ahora *Grado*), por sí mismo, habilita para muy poco desarrollo profesional *al menos en el campo de las profesiones jurídicas.* El papel de la Facultad queda disminuido, en lugar de reafirmado, frente otras instituciones (Escuela Judicial, Instituto Nacional de Administración Pública o Escuelas de Administración autonómicas)[185].

Pero el EEES supuso, también en el campo de la docencia jurídica, la búsqueda de nuevos instrumentos docentes que evaluaran la dedicación del alumno (evaluación continua) y acción positiva del alumno (el autoaprendizaje) a través de la práctica en la adquisición de conocimientos y el desarrollo de destrezas y competencias[186]. Y, en este contexto, ¿qué decir de la docencia jurídico-administrativa, que no sea una queja sobre la forma en que la disciplina ha quedado tratada en los planes de estudio? En primer lugar, es fácil desde el Libro Blanco sobre el Grado en Derecho, rastrear

---

184 Tampoco parece haber sido la intención de la Ley 2/2023 del Sistema Universitario. Sobre ésta, *vid.* Rivero, R, (Dir) *La reforma universitaria de 2023. Comentarios a la Ley Orgánica 2/2023 de 22 de marzo del Sistema Universitario*. Aranzadi, 2023.

185 *Vid.* Palao Taboada, J.: «La enseñanza del derecho en la Universidad: Presente y Futuro», *Anuario de la Facultad de Derecho de la Universidad Autónoma de Madrid*, 6, 2002.

186 Sobre el proceso de Bolonia y su futuro, *vid. Bologna Process Revisited: the Future of the European Higher Education Area*, que es el documento de la Conferencia de Ministros reunida en 2015 en Yerevan,
Por otra parte, el marco del EEES se completa con el Marco Europeo de Cualificaciones (EQF) para el aprendizaje permanente. De interés, en la medida en que se definen ocho niveles de referencia en términos de resultados de aprendizaje. Decidir en qué nivel deben situarse nuestros graduados en derecho, en cuanto conocimientos, destrezas y competencias, es así el primer paso para una planificación de la docencia jurídica.
Sobre el Marco Europeo, *vid.* https://acortar.link/IXJZZG

literatura que insiste en las nuevas orientaciones sobre organización y prácticas docentes[187].

De los diferentes modelos comparados post-Bolonia, el Modelo Suizo, parece el más completo. Los estudios básicos de tres años culminan, una vez aprobados los exámenes, con el título de bachiller en derecho. El mismo que permite efectuar un cuarto año de estudios para obtener la maestría en derecho, la misma que es considerada equivalente de la anterior licencia de derecho. El contenido de las materias fundamentales de ha reducido, considerando que lo esencial no es la transmisión de conocimientos a los estudiantes, sino más bien el de formarlos en la metodología de la interpretación y aplicación del derecho positivo.

Con este objeto, se ha impuesto la enseñanza activa mediante la formación de pequeños grupos de estudiantes (no más de 40 en Friburgo), a cargo tanto del mismo profesor como de lectores. En el cuarto año, se imparte enseñanza en derecho fiscal, derecho social, derecho internacional público y europeo, así como materias electivas. Sin embargo, el núcleo central está constituido por cuatro cursos intensivos, que el estudiante debe escoger entre los que se proponen anualmente y que tratan de diversas materias. Cada uno dura cinco semanas continuadas, participan no más de 40 estudiantes y no menos de 10, y están constituidos por exposiciones a cargo del profesor o de especialistas invitados, trabajo en equipos (cuando es factible por el número de participantes) y trabajo individual (preparación para el trabajo colectivo). Asímismo, se ha previsto un curso sobre «competencias sociales», dedicado a la retórica, comunicación y dirección de debates, ejercicios de oratoria judicial, actitud personal, trabajo en equipo, etc. Con el objeto de ejercitar a los estudiantes en la redacción, se prevé que, durante sus estudios, realicen un trabajo de seminario propedéutico (como un pre-seminario alemán), dos trabajos de seminario y un trabajo de memoria (a elaborarse durante quince días y sobre un tema atribuido por el profesor de la materia en la que el estudiante ha escogido hacerlo).

El punto de partida es bien conocido: España cuenta con casi el doble de las Facultades de Derecho que Alemania, con una tendencia, ahora, a la disminución del número de alumnos, sólo compensada con una problemática práctica de «dobles grados», que amenazan a lo que me atrevo a llamar

187 Por todos, en la ya numerosa bibliografía que relata necesidades, experiencias, y planteamientos de principios, Enoch, A. y Turull Rubirat, M.: *La enseñanza del derecho en Europa y América*, Octaedro, Barcelona, 2014; Martinez Marin, A.: *La enseñanza del derecho administrativo*, *opus. cit*.
Existe también, sin salir del ámbito iberoamericano, alguna publicación periódica especializada: *Revista de Educación y Derecho*. Universidad de Barcelona (http://revistes.ub.edu/index.php/RED); *Pedagogía y Derecho* (Universidad de Chile), más la siempre citada *Revista de Docencia Universitaria*, editada por la Red estatal de Docencia Universitaria; *Docencia y* Derecho (Universidad de Córdoba, https://acortar.link/xyblx7)

docencia *pura* del derecho[188]. Los nuevos Grados, pese a la alteración formal del número de *cursos*, en más o en menos, reproducen el tradicional Plan de Estudios de 1953/1965, incorporando, como no podía ser menos, el derecho europeo. Las metodologías docentes se han alterado buscando, es cierto, una mayor implicación activa del alumno. Pero los problemas sobre la extensión de los estudios, número de alumnos, valor de las cualificaciones obtenidas, y la mecánica del «curso» *a la francesa* no han sido modificados.

La mecánica docente de la que se partía era la propia de la universidad napoleónica: Transmisión de información en *clase magistral, memorización de contenidos teóricos, pruebas escritas u orales de comprobación y calificación* del «curso»[189].De las más serenas reflexiones sobre la enseñanza centrada en el alumno o el autoaprendizaje (aunque a veces incorporen metodologías un tanto llamativas[190] que pueden *degenerar* en lo circense), puede concluirse:

Primero, debemos modificar nuestra forma de «planificar» la docencia, cambiando el «programa» (mera indicación de temas a explicar y contenidos a memorizar) por un documento próximo al «*syllabus*»[191] que indique las tareas que ha de desarrollar el alumno: Textos legales a contemplar, temas a leer por uno u otro manual, o revista especializada, jurisprudencia que debe preparar...[192]. No hay por qué separar el *syllabus* de los materiales o «manual»

188 Soy de la opinión, en efecto, de que las proliferaciones de las dobles titulaciones terminaran por hacer absolutamente necesario que las Facultades de Derecho formen juristas... ¡¡¡especializados en derecho!!!

189 Por todos, sobre la crítica a esta docencia tradicional, me remito a PALAO TABOADA, J.: «La enseñanza... cit.; TAGLIAVIA LOPEZ, A.: «Reflexiones acerca de la enseñanza del derecho en España», *Saberes, Revista de Estudios jurídicos económicos y sociales*, vol. 2. 2004. De este último tomamos las referencias generales que siguen, (más allá de los tópicos que ha impuesto el proceso de Bolonia), sobre *en qué debe consistir la renovación docente*.

190 No estoy, por ejemplo, contra la utilización del cine como instrumento docente, o las técnicas del *role-playing* (*vid.*, por ejemplo, SANCHEZ ARCILLA, J. y MADRID CRUZ, M.: «Una propuesta de nuevas estrategias para la enseñanza del derecho» *e print*. Complutense, 2009. Las respuestas que ofrecen los alumnos son muy ilustrativas, por la carga de trabajo que conlleva hacer de esta técnica algo útil). Me refiero a las prácticas docentes que tratan de *divertir* al alumno o presentar como «ameno» un contenido. Esta circunstancia depende, sobre todo, del grado de *motivación* del alumno y no de la técnica docente empleada.

191 Me siento obligado a señalar en qué sentido utilizo esa palabra, pues en ocasiones se la hace sinónimo a nuestros «Programas». Aquí la utilizo, siguiendo a TAGLIVIA (*cit.*) en el mismo sentido en que se maneja en ciertos Master, bien concebidos y muy seriamente desarrollados: Enumeración sistemática y cronológica de tareas (lecturas, resúmenes, preparación de comentarios) que el alumno debe realizar a lo largo del curso.

192 En los materiales docentes que junto a un grupo de colegas de la Facultad de la Universidad de Salamanca venimos editando, desde hace años, bajo el título de «Cuadernos de Derecho Administrativo» (I. *Fundamentos*; II *Garantías jurídico-administrativas*, III *Bienes Públicos y Urbanismo...*, Ratio Legis, Salamanca, varias ediciones) se incorpora por cada capítulo una selección de textos legales a consultar, jurisprudencia que debe consultarse,

que se proporcione al alumno, pero resulta trascendente que el desarrollo de aquél contemple actividad, desarrollo, por parte del alumno: No incorporar los textos al manual (ni componer «Materiales para...»), parece absolutamente necesario: El *syllabus*, y el material de apoyo (llámese *Manual, «Curso», o Materiales*) es, ante todo, una enunciación de tareas, no un *remedio* para la pereza del alumno.

En segundo lugar, una reflexión, de nuevo (*vid. supra*, I. La enseñanza del derecho) sobre qué debe ser objeto de enseñanza en el ámbito del derecho administrativo y cómo[193] debe enseñarse. El libro Blanco del Grado en Derecho[194] destaca un conjunto de competencias genéricas o trasversales que incluyen, entre las instrumentales, competencias cognoscitivas (comprender y manejar textos), lingüísticas (comunicación oral y escrita) y aplicativas (discusión y resolución de problemas). Y entre las que llama «sistemáticas», las competencias de aprendizaje autónomo, adaptación y creatividad.

A todas ellas responde, por una parte, la adecuada utilización del syllabus, y la metodología ABP, por la que se opta, mientras, por otra parte, las competencias genéricas cognoscitivas se esperan sean desarrolladas a través de los materiales o manual (pues, en efecto, parece que esa es la *sede materiae* para que el alumno adquiera la competencia lingüística mínima de hacerse con el «lenguaje» propio de la disciplina).

Con relación a las competencias «específicas» (saber, hacer y saber hacer) decíamos en un punto anterior que se trata de enseñar un modelo del sistema[195], que organiza el sector jurídico-administrativo de nuestro ordenamiento. Ello obliga a destacar ahora los elementos, relaciones y procesos del modelo.

Las *relaciones* entre estos elementos que el alumno debe construir en su modelo mental del sistema administrativo son fáciles de intuir, pero difíciles de explicar. La relación general, más útil para la docencia, es la *inclusión*: La legalidad incluye toda peculiaridad de régimen jurídico-administrativo, y a ella debe dirigirse el intérprete en relación al alcance de la otra pieza fundamental, la autotutela administrativa. A su vez, el régimen jurídico de parte de la acción administrativa «acto» se *incluye* en la posición peculiar de autotu-

---

artículos doctrinales o partes de manuales que deben leerse... Lo verdaderamente difícil es alterar los hábitos del alumno y conseguir que ese material haya sido trabajado antes de la clase «teórica» o lección magistral del curso ordinario...

193 Ya hemos recordado la reflexion del profesor SOSA WAGNER en su leccion de despedida y su llamada a que nuestros alumnos lean a los clásicos. *Vid.*

194 *Vid.* ANECA, *Libro Blanco del Grado*... cit. p. 140 y ss.

195 Si se permite acudir a la analogía «mecánica» se trataría aquí de enumerar las piezas que el alumno debe «componer» idealmente. Otra analogía morfológica: Se trata de enumerar los «órganos» que debe conocer, su funcionamiento y relación con otros...

tela. El régimen jurídico de la forma de acción «reglamento» se incluye en el principio de legalidad (pero *se limita* por la reserva de ley incluida en la propia legalidad).

Junto a esta relación evidente, la limitación entre unas y otras piezas, es también perceptible: la legalidad formal limita la autotutela (*vía de hecho* al margen de procedimiento legalmente establecido), y esta «limita» la pieza de control *judicial* (a posteriori), y la garantía patrimonial *limita* el régimen jurídico del acto (exigencia de título previo) mientras la configuración de la potestad expropiatoria, es limitada procedimentalmente.

Finalmente, las competencias específicas («hacer y saber hacer») implican *«hacer funcionar al modelo»*, esto es (con todas sus limitaciones) conocer lo que (*supra*) hemos llamado *procesos*. Digamos ya que el modelo que el alumno debería construir debe ser capaz de funcionar en dos modos: Entrada (encontrar la solución de un supuesto de hecho ante la pregunta *quid iuris?: Del casus al sistema)* o modo contexto, es decir, saber reproducir *hacia atrás*, desde una solución dada, por ejemplo en el texto de una sentencia, la argumentación que la sostiene en derecho: elementos y relaciones que la han sustentado.

El ensayo de uno y otro modo de funcionamiento del modelo (y al tiempo, la propia elaboración del mismo por parte del alumno), pueden ser abordados a través de la metodología del Aprendizaje Basado en Problemas.

3. Un programa para la acción: el ABP como método

3.1. Cinco razones para la acción y ninguna es de Bolonia

No corresponde ahora ensayar una teoría del proceso de aprendizaje (en todo caso, recuérdese lo ya dicho sobre el modelo de KOLB en nota anterior), sino señalar que tiende a identificarse con las corrientes constructivistas que han dominado la docencia en todos los niveles durante la segunda mitad del pasado siglo. La docencia universitaria, singularmente de materias jurídicas, no es un proceso de «instrucción» o «vertido» de unos conocimientos de un sujeto a otro, sino más bien, la transmisión de los procedimientos que han permitido elaborar los saberes de una comunidad científica. Conviene acentuar hoy el proceso a través del cual un sujeto se hace con los saberes de su entorno, porque es en ese proceso donde se generan los medios para formular nuevos conocimientos en un campo del saber; nuevos conocimientos necesarios frente a un entorno aceleradamente cambiante.

En tal proceso es imprescindible lograr un equilibrio entre las habilidades (¿«competencias»?) que se adquieren (que implican poco conocimiento, poca información específica o poco estructurada) y el puro conocimiento (que atesora gran cantidad de información, muy elaborada, e incluso con alto grado de abstracción). No hay ninguna razón para que tal equilibrio no deba buscarse también en la docencia de materias jurídicas. Máxime si, como sucede en España, la formación jurídica pertenece, prácticamente en su conjunto, a la Universidad.

Por otra parte, es el alumno el responsable de lograr tal equilibrio. No hay forma alguna de llegar al mismo sin el aprendizaje autodirigido, (experimentar y desarrollar sus habilidades y adquirir la información que, estructurada conforme a la metodología de un saber, constituye los conocimientos), pues es el sujeto el que debe auto-incorporarse a las convenciones y prácticas de una ciencia. Solo se adquiere conocimiento significativo haciendo que el proceso de adquisición sea, personal, «experiencial», en el sujeto mismo.

Existen, al menos, cinco razones que deberían impulsarnos a la acción.

Primera: Insatisfacción. No satisface la forma en la que se imparte hoy la docencia jurídica. Con notables excepciones, debidas a la calidad de algunos maestros, difícilmente repetibles y generalizables, la docencia jurídica en las Facultades de Derecho es sólo un requisito sin el cual no es posible comenzar el verdadero aprendizaje del ordenamiento jurídico y su puesta en acción.

Segunda: Posibilidad. Es posible actuar, sin perder lo mejor de aquél tradicional método, y mejorar algún déficit de formación de nuestros alumnos. Se trata de renovar la forma en la que intentamos trasmitir no tanto el ordenamiento y su práctica, cuanto los métodos subyacentes al análisis, construcción y presentación de soluciones «jurídicas», esto es, susceptibles de ser compartidas por la comunidad dogmática del conjunto de operadores jurídicos.

Tercera: Necesidad. En el derecho administrativo, esto es especialmente necesario y deseable, por ser éste, en el caso español, un derecho de fuerte componente «profesoral». Fácilmente, por tanto, la docencia del mismo se ve percibida cómo simple conocimiento «teorético» sin aplicación práctica. Es necesario romper la distancia que los modos tradicionales de docencia jurídica interponen entre el alumno y la realidad.

Cuarta: Trascendencia. Bolonia no importa. La Declaración de Bolonia y la amalgama de ideas que la han seguido en España, no es, con mucho, ni lo más importante, ni lo más trascendente. Importa la renovación de la docencia del derecho administrativo en cuanto tal. Sin ella, la rama misma del conocimiento jurídico amenaza con transformarse en un fósil, al que los alumnos no saben dar vida, los opositores odian, los funcionarios aplican mecánicamente y los jueces, fiscales y personal del Poder Judicial, desprecian. Importa, rescatar el derecho administrativo como derecho para la acción.

Quinta: Partes de un oficio. Al reflexionar sobre la docencia universitaria debe destacarse la experiencia y conocimientos de quienes son partes del oficio de docentes —universitarios— y administrativistas. La Universidad es el mejor ámbito para construir una mentalidad, unos conocimientos y habilidades de jurista actual, arraigado en la tradición propia y conocedor del mundo jurídico político en el que desarrollará su actividad. Es necesario que nuestros alumnos se perciban, cuanto antes, a sí mismos, como partes de esa misma comunidad jurídica en la que son, también ellos, partes de un oficio: El de jurista.

3.2. El ABP como método: Una experiencia

De las distintas metodologías que podrían utilizarse para tal objetivo[196], la recepción en España del Aprendizaje Basado en Problemas en el campo del derecho (aunque no es su solar original) nos parece la tendencia más útil de las detectadas en los primeros años del siglo XXI. Aunque antes, habrá que fundamentar las razones para cambiar una docencia fundamentalmente instructiva.

El *Problem Based Learning*, comenzó a aplicarse, como es ampliamente conocido, en el área médica, por la Universidad de MacMaster (Canadá), aunque con la nomenclatura inicial de «Razonamiento hipotético-deductivo». Posteriormente, ya formando parte de un currículo completo, la metodología fue seguida por las Universidades de Hawaii, Sherbrooke y Hardware. En España ha sido difundida, a través de la obra de Barrows, H.[197] aunque ha contribuido notablemente a su difusión la literatura iberoamericana en castellano, y especialmente la actividad de L. Branda, desde la docencia médica que impulsó inicialmente la metodología[198]. La misma ha sido aplicada a la docencia de materias jurídicas, por otro gran difusor, Antoni Font Ribas, Catedrático derecho Mercantil, en la Universidad de Barcelona. El mismo profesor ha desarrollado una muy intensa labor de formación en diferentes Universidades (Navarra, País Vasco, Alicante[199], Murcia, Zaragoza... también Salamanca)[200]. Es ya, por tanto, una metodología asentada que tiene muy poco de improvisación.

196 Por todos, véase el reciente volumen titulado *74 experiencias docentes en el grado en derecho*, coordinado por Turull Rubinat y Alberti Rovira, Octaedro Barcelona, 2017. Una presentación menos particularista distinguiría entre métodos activo/participativos, métodos instructivos y métodos casuísticos.

197 Singularmente a través de su aportación en el volumen colectivo (Wilkerson L Gijselaers W. H. eds) *Bringing Problem-based Learnig to Higher education: Theory and practice*, San Francisco, Jossey-Bass Publishers, 1996.

198 *Vid.* Hoy, por todos, Escribano, A. y Del Valle, A. (codrs) *El aprendizaje Basado en Problemas. Una propuesta metodológica en Educación Superior*, Narcea Ediciones, 2008.

199 En particular, fue muy útil para la difusión de esta metodología docente en el área jurídica su presencia en IUSINNOVA, Almería, 13-14 mayo 2010.

200 Sobre su aplicación en diferentes Universidades españolas, véase, Universidades que aplican ABP en la información del Grupo GI-IDES coordinado inicialmente por Branda y Font Rivas. Finalmente, *vid.* El número monográfico de la *Revista de Docencia Universitaria*

¿Qué ofrece, esta metodología y cuáles son sus presupuestos y práctica? En todas estas experiencias someramente aludidas se ha comprobado que el sujeto del aprendizaje percibe inmediatamente la pura y dura realidad (el enfermo, el texto oficial de una ley o de una sentencia) y tal percepción directa resulta ser el elemento desencadenante no sólo del «interés» (motivación) sino también de las actitudes (necesidad de comprender) y de la autoconciencia de los conocimientos que han de asimilarse para interpretar primero, y manejar después tal realidad. Y, si esto sucede en el discente, el docente termina por aprender a reconocer en sus alumnos, no los sujetos pasivos de un proceso instructivo, no tanto lo que son ahora, (con sus carencias formativas y aptitudes apenas desplegadas) cuanto lo que llegarán a ser médicos, y enfermeros capaces... o competentes abogados y letrados de altos cuerpos del Estado, funcionarios, jueces y juristas capaces.

Los presupuestos de la aplicación del ABP al campo jurídico[201] requieren que el docente formule, en primer lugar, un conjunto de problemas (*escenarios*) que respondan a la realidad. En segundo lugar, que sepa presentarlos a los alumnos como simple «terreno» de trabajo en el que han de ensayar, colaborativamente, una serie de pasos que les hagan conscientes de sus necesidades de aprendizaje, y posteriormente, a fin de conseguir los objetivos propuestos como necesarios, la adquisición de tales conocimientos.

Resulta decisivo aprender a distinguir «los casos» prácticos (que, tradicionalmente implican solo una aplicación a un supuesto de hecho de conocimientos teóricos ya adquiridos y que, por tanto, supone un método que se mantiene en el campo de la pura «aplicación» del derecho: La búsqueda de una «solución») de los escenarios-problema en el ABP. Igualmente, trascendente resulta, para la aplicación de esta metodología, distinguir la formulación de objetivos respecto del hallazgo de la «solución» correcta del caso.

Un escenario-problema no es un caso práctico, sino una situación real problemática descrita a fin de que, tras su lectura, el alumno pueda ser cons-

---

(RED-U), vol. 9 núm. 1, 2011, Monográfico: Aprendizaje Basado en Problemas. Para el caso de la Universidad de Salamanca, el repositorio documental Gredos ofrece hasta 1400 entradas. En particular, para el derecho, se reseñan experiencias en el campo del derecho procesal y administrativo.

201 Evitamos, conscientemente, una enunciación teórica de la metodología ABP, que damos por conocida (y, en todo caso, fácilmente accesible: *Vid.*, por todos, el documento presentado por A. Font Rivas y el grupo de innovación docente Ikastea en IUSINNOVA, Almería, 13-14 mayo 2010, https://acortar.link/6AgO4c. Preferimos presentar alguna dificultad detectada en la experiencia que el grupo GIDDA ha desarrollado en la Facultad de Derecho de la Universidad de Salamanca, desde el curso 2008/2009, en las asignaturas Derecho Administrativo I (Licenciatura) y Fundamentos de Derecho Administrativo y Garantías Jurídico-Administrativas del Grado en Derecho. Por ello, omitimos la exposición de la mecánica colaborativa con que usualmente suele aplicarse el ABP (reunión periódica de pequeños grupos, tutorización de estos, auto revisión por los componentes del papel de cada integrante... etc.)

ciente de las *necesidades de adquisición de información*. Muchas veces bastará simplemente acceder a la misma, pero en la mayor parte de los casos, el propio alumno descubrirá que, además de información, necesita *conocimiento* que la estructure. Esa debe ser la finalidad de lo que, expresamente, debe formularse como objetivo, y no la simple elaboración de una «respuesta correcta» a una situación de hecho que, convenientemente elaborada en forma de «caso práctico» se suministra al alumno.

En la experiencia que hemos desarrollado en la Facultad de Derecho de la Universidad de Salamanca, éste ha sido un punto especialmente problemático, pues no es fácil cambiar los hábitos del docente (que muchas veces no es consciente de que él sí, pero el alumno no sabe captar los aspectos jurídicamente relevantes de la realidad). No se trata, por tanto, de que ésta pase previamente por el filtro elaborador del conocimiento del profesor, que, al formular el caso, práctico (casi inconscientemente) *está aplicando a la realidad sus propios conocimientos, destacando los aspectos relevantes*. Por el contrario, el escenario-problema debe formularse en términos que el alumno deba ensayar, él mismo, la formación de competencias para *captar la relevancia-irrelevancia de determinadas facetas* de la realidad... «Nada gratis» implica, en la exposición del escenario-problema, que el docente acierte a no seleccionar en su exposición lo decisivo jurídicamente.

Este otro de los presupuestos del ABP («nada gratis» por el profesor) supone que la información unidireccional[202] profesor-alumno debe limitarse cuanto sea posible. En todo caso, cuando se facilite, debe realizarse en términos hipotéticos, altamente problemáticos, evitando proposiciones fácilmente demostrables, argumentos «de autoridad», datos concretos u opiniones que supongan introducir elementos de la resolución del escenario-problema.

Ni que decir tiene que la formación tradicional del docente universitario es aquí un hábito que conviene controlar: Tenemos la tendencia a despejar cualquier obstáculo (se nos evalúa mediante *item* específico en las encuestas anuales: «*El profesor aclara convenientemente las dudas formuladas*») sustituyendo nuestro enunciado por aquél que el alumno debe elaborar y exponer (y olvidamos que en eso consiste el aprendizaje del alumno).

Finalmente, la formulación de los objetivos en cada escenario-problema es, igualmente, un tema delicado. En términos generales, los objetivos, siempre expresamente formulados, han de permitir, por una parte, la «problematización» del escenario-realidad. Por otra parte, han de dirigir la atención no

202 Se comprende que ello no implica un profesor «ausente». Por el contrario, el profesor sigue presente, aunque su papel cambia. Eventualmente, allí donde se ha ensayado una docencia mixta ABP-Docencia convencional *instructiva*, (al menos en la experiencia que viene siendo objeto de esta exposición), se ha observado una revalorización de la intervención del profesor, cuya clase magistral es tomada como un punto inicial, bien para comenzar la resolución del escenario-problema, bien para reordenar el ámbito y problemas jurídicos sobre los que se trabajará.

tanto a los conceptos teóricos, cuanto a los resultados (en términos de procesos y conocimientos). Finalmente, han de permitir la evaluación correcta, pues es el cumplimiento de los objetivos (y no sólo el proceso, aunque para el alumno éste sea el *iter* realmente formativo) lo que garantiza los resultados del aprendizaje. Por ello, conviene que los objetivos se formulen en el nivel más alto de competencia exigible.

Ahorraré el relato detallado de una experiencia de ABP de una asignatura (Fundamentos de Derecho Administrativo) ya bajo el ambiente de adaptación al EEES justo en el tiempo en se intentó, *in extremis* dejar la docencia jurídica al margen del proceso de Bolonia[203]. Tal objetivo no fue posible y con estas mimbres había que labrar desde 2010. A los inconvenientes iniciales, se unió, en la Facultad de Derecho de la Universidad de Salamanca un Plan de Estudios Grado en Derecho que consistió, simplemente, en «comprimir» cinco años, en cuatro. No se retocaron prácticamente asignaturas (algo se consiguió: Introducir el Derecho Europeo (que, obviamente, no era contemplado en el Plan de Estudios de 1953) y se trató de acomodar los tiempos programados. Adicionalmente, hubo que alterar la secuencia de las mismas. El resultado fue que el derecho administrativo se adelantó al primer año, sin que el alumno hubiera cursado completamente el derecho constitucional y la historia del derecho.

Nació así una materia (que llamamos «Fundamentos de derecho administrativo») en la cual el alumno debía completar las bases de su formación jurídico-pública iniciándose en el derecho administrativo, a través del examen de la peculiar posición jurídica de la administración en un régimen de derecho administrativo, y algunas instituciones claves de tan peculiar régimen jurídico (potestad reglamentaria y acto administrativo), además de las necesarias descripciones de la organización de las administraciones públicas.

La dificultad se incrementaba si se tiene en cuenta que esto debe realizarse en un «semestre» (de cuatro meses, que en realidad son tres) y con una programación semanal que ha de atender (exigencias de Bolonia) la segregación «teoría/práctica, como si tal cosa fuera posible en el campo del derecho administrativo (recuérdese el devenir histórico de esta rama jurídica).

La experiencia comenzó instruyendo a los alumnos en la nueva metodología: No resultó fácil. Pero tras varios «escenarios-problemas» de muestra, en los que

203 El Manifiesto «Saquemos los estudios de Derecho del proceso de Bolonia» de 2009 aunque llegó demasiado tarde, fue firmado por lo más granado de la docencia jurídica española: García de Enterría, Fernandez Rodriguez, Diaz Picazo, Atienza, etc. La percepción de entonces, no muy desacertada en los riesgos que implicaba el proceso, era la de «*se trata de continuar en la infantilización del estudiante universitario mediante simples manuales, "deberes" semanales sencillos, y controles periódicos de examen, como en la enseñanza secundaria. Todo ello ha de llevarnos al convencimiento de que el proceso de Bolonia tal y como está siendo proyectado sobre los estudios de Derecho, supondrá con toda probabilidad una degradación de la formación del jurista*».

se comprendió que la tarea propuesta era, ni más ni menos, que la de identificar un campo de problemas jurídico-administrativos, documentarse sobre los mismos y formular un encuadramiento de las diferentes vías de solución que ofrecería esta rama jurídica, la metodología fue aceptada y practicada sin problemas. Este fue, por ejemplo, el primer escenario problema de muestra:

> «Una crisis sanitaria, resultado de la introducción en España de tomates tratados con un insecticida cancerígeno provoca hospitalizaciones masivas y gran alarma social. Hay que reaccionar, hacer algo... De inmediato, se trata de localizar, gracias a los controles aduaneros, las partidas de que se trata, y de seguir su ulterior comercialización; se alerta a los afectados, los Ayuntamientos comienzan las inspecciones, El Ministerio de Sanidad establece procedimientos para su recogida, se obliga a ciertas grandes superficies a cesar la comercialización de todos los productos hortofrutícolas que hubieran podido estar en contacto con los productos cancerígenos... se reúne el Congreso para debatir la actuación pública después de varias muertes... Finalmente, porque se aprecian indicios de delito la Audiencia Nacional inicia un pleito penal contra los importadores...
>
> Pasados varios años, a fin de compensar a los damnificados, se dicta una Ley reconociendo ciertas pensiones...».

A este enunciado seguían la propuesta de los objetivos que los alumnos debían lograr: Diferenciación de los diversos Entes Públicos Territoriales que integran el Reino de España, su organización, sus medios de acción, las consecuencias de tales acciones...

Sobre el modo en que se formula el escenario recae gran parte del éxito de la metodología. Puede decirse, en términos generales, que «el escenario (problema) debe recoger una situación real de suficiente complejidad para motivar al alumno, pero de posible entendimiento y comprensión; ha de suponer un reto para el alumno y la posibilidad de «probarse» y, al mismo tiempo, ser lo bastante amplio para que permita la formulación de preguntas sobre la complejidad total y sobre aspectos singulares descritos en el enunciado. Otros aspectos destacados del Escenario-problema: Debe estar relacionado con los contenidos del programa, provocar discusión sobre diferentes hipótesis y permitir que los alumnos tomen «decisiones» (elecciones explicativas).

Como era previsible, se han encontrado obstáculos tanto por parte del profesorado implicado como por parte del alumnado. Por una parte, la filosofía ABP no es fácil de asimilar cuando el alumno está habituado a otros modos de docencia-aprendizaje que hacen de la intervención previa del profesor su eje y fundamento. Al situarse en la necesidad de asumir un rol en el que el profesor «desaparece», la desorientación inicial puede ser total, especialmente si a ello se une la pre-decisión del profesor de no suministrar nada «gratis» y la preocupación del docente por saber «qué es lo que quiere el profesor».

Por parte de los docentes, la realización práctica del ABP ha encontrado no sólo problemas materiales (la dificultad de organizar pequeños grupos en un aula que físicamente no se presta a ello), personales (la necesidad de «tutorizar» a un número demasiado amplio de pequeños grupos de alumno) e incluso «actitudinales», pues, también aquí, los hábitos adquiridos han sido el peor enemigo. Ya se ha apuntado que no es fácil distinguir «problema» de «caso práctico», ni tutoría ABP, de la «resolución de dudas»; ni es fácil, tampoco, adaptarse a las nuevas perspectivas en la evaluación de la consecución de los objetivos.

Salvadas estas dificultades iniciales, nuestra experiencia en los últimos cursos, permite destacar que los resultados obtenidos a través del ABP mejoran sustancialmente las competencias en documentación jurídico-administrativa, y el manejo de fuentes legales, jurisprudenciales y doctrinales; mejora igualmente el hábito de argumentación jurídica, tanto de forma oral como escrita.

De manera particular, el método ABP refuerza *la autoconfianza* en la propia capacidad de aprendizaje y la autonomía del criterio jurídico del alumno, las dos facetas en que se expresa la madurez de su formación. Desde este punto de vista, consideramos que la metodología puede calificarse de eficaz. Eficaz en cuanto el alumno comprende que se le trata como miembro (en formación) de una comunidad científica y que se le pide no que aprenda derecho administrativo, sino que se forme en los medios y procedimientos que practica tal comunidad. En este sentido, el mejor resultado del APB es que el alumno comienza a sentirse valorado no en cuanto es ahora, sino en cuanto puede llegar a ser. El docente, a su vez, aprende a ver en sus alumnos al magistrado que algunos serán, al letrado, al técnico de administración local, al futuro notario o registrador de la propiedad.

CAPÍTULO IV

¿INVESTIGAMOS LOS JURISTAS? ¿QUÉ INVESTIGAMOS? RECORDANDO EVIDENCIAS EN DOS CAMPOS

1. Nuestro objeto de conocimiento condiciona nuestra investigación

Dando por supuesto que investigar es simplemente buscar intencionadamente alguna certeza sobre algo que no se conoce, investigar con éxito será descubrir, alumbrar conocimiento nuevo sobre algo. Ese objeto de indagación condiciona lo que puede preguntarse, el tipo de certezas que racionalmente puede intentar construirse o buscarse con relación al mismo; por tanto, el objeto sobre el que se pregunta al investigar delimita el conocimiento nuevo que puede adquirirse. Significa esto que no es racional, (ni es investigar) indagar sobre «a que huele el teorema de Pitágoras» ni sobre «cuál es el peso que corresponde a la acción reivindicatoria en el derecho español». Si así lo hacemos, estamos preguntando sobre propiedades o características de un objeto que no sólo no tiene, sino que no puede tener por estar «construido» en diferente nivel de existencia.

Por ello mismo, la delimitación del conocimiento posible, resultado de las propiedades del objeto, condiciona también los medios que pueden emplearse: Utilizar esa maravilla que es el LHC (Gran Colisionador de Hadrones), o el cálculo diferencial, para conocer algo sobre la propiedad privada en la Constitución Española, no es posible.

Consciente o inconscientemente, la primera etapa del conocimiento racional, como apunto HARTMAN, es la captar, advertir el carácter del objeto, es decir si éste tiene una existencia real o ideal. Ello nos sitúa en un orden determinado de cuestiones que podemos investigar. El Derecho se sitúa entre los entes culturales, es decir aquellos objetos en los que ha intervenido la voluntad, la acción y la creencia humanas. La expresión de RADBRUCH «*Cultura es todo lo que el hombre ha puesto entre el polvo y las estrellas*», en su bella síntesis, expresa lo peculiar de la lengua, las herramientas, las cocina, las artes, el folclore, la religión... o la organización social y jurídica como realidades, y al tiempo, como objetos de conocimiento peculiares.

Si se pretende un conocimiento sobre el derecho, no debieran utilizar los métodos de las ciencias formales (que establecen mediante el método deductivo la verdad en las relaciones abstractas de ideas o entes ideales) ni los propios de las ciencias fácticas puras, que buscan aportar conocimiento sobre la realidad a través de la depuración de la coherencia entre los hechos y la representación mental de los mismo. Existe, sin embargo, un conjunto de saberes (conocimientos) peculiares sobre los hechos no naturales (culturales) que pueden ser designados como «ciencias» si se tiene un concepto no restringido de la misma. Las ciencias formales nos dicen porque tiene que ser cómo son los entes ideales que estudia. Las ciencias sólo factuales nos explican cómo son las cosas. Las ciencias culturales quieren comprender el significado y consecuencias de lo que el hombre hace: Remiten a una pregunta sobre cómo se crean, actúan, funcionan, y se interpretan (se dotan de significado) las entidades culturales.

La reflexión metodológica sobre el objeto de conocimiento tiene por finalidad, en palabras de Bobbio, primariamente, la de «hacer más consciente a cada uno en su propio campo, de los límites del propio territorio, y del derecho a existir de otros terrenos lejanos o vecinos»[204], pero la diferencia y peculiaridad de las ciencias de la cultura (ciencias del espíritu en la hermenéutica diltheyniana) radica, no solo en los objetos, también en los contenidos de los saberes y en los métodos. La mutabilidad y atenuada objetividad del derecho (o del fragmento objetivo del mismo que tomamos como objeto de una especialización), su dependencia histórica y temporal, hacen imposible una construcción de una ciencia jurídica al modo en que se han construido la física o la química (paradigmas del conocimiento científico durante mucho tiempo) y justificaron la celebérrima conferencia de J. V. Kirchmann[205]. Pero la epistemología jurídica, abandonado el *iusnaturalismo metafísico* puro, supo construir conocimientos sobre el derecho dado (positivo) que son validados por una comunidad científica en todo similar a otras comunidades así calificadas[206]. Queda, además, la evidencia histórica de que otros saberes

---

204 Bobbio, N.: *Teoría general de la política*, Trota, Madrid, 2003. *Vid.*, también Ferrajoli, L.: «Doce cuestiones en torno a *Principia Iuiris*», *Eunomia. Revista en Cultura de la legalidad*, n.° 1, 2011, p. 6.

205 Un fragmento muy conocido: *La tierra sigue girando alrededor del Sol, como hace mil años; los árboles crecen y los animales viven como en tiempo de Plinio. Por tanto, aunque el descubrimiento de las leyes de su naturaleza y su poder haya requerido largos esfuerzos, tales leyes son, por lo menos, tan verdaderas para la actualidad como para los tiempos pasados, y seguirán siéndolo para siempre*.
La intervención original se pronunció en la Academia Jurídica Berlinesa (*Juristische Gesellschaft zu Berlin*) bajo el título *Wertlosigkeit der Jurisprudenz als Wissenschaft*, (literal: La falta de valor de la jurisprudencia como ciencia).

206 Esta es una de las ideas esenciales que destacó el desgraciadamente fallecido (2000) en pleno inicio de su madurez, Albert Calsamiglia.: *Introducción a la Ciencia Jurídica.* Ariel, 1990. Siendo esto así, lo cierto es que en nada cambiaria lo que hemos hecho y lo que hacemos los juristas el que se le reconozca o no estatus de verdadero saber científico a

(las ciencias biológicas descriptivas, entre las ciencias naturales, la economía entre las sociales) tampoco han sido entendidos siempre como científicos, al menos en el sentido más restringido de «ciencia»[207].

Lo cierto es que ese fenómeno cultural, histórico y espacialmente limitado que llamamos en occidente «derecho», se presenta como creación humana, artificial, como invención en el sentido que a tal expresión da FOUCAULT[208], comentando a NIETZSCHE, de quien toma la oposición entre «invento» (*erfindung*) y origen (*ursprung*): Como el conocimiento mismo, el derecho fue «inventado», forma parte de la historia de la verdad inventada (y de hecho FOUCAULT pretende «presentar algunos esbozos de esta historia a partir de las prácticas judiciales que dieron nacimiento a los modelos de verdad»)[209]. Pero no puede olvidarse, ante esta constatación, los datos que ofrecen, las neurociencias (con alguna certeza experimental y observacional), acerca de cómo nuestra especie fue dotada, por la evolución, en un alto grado, de neuronas espejo que han sido correlacionadas con la empatía, esto es, la posibilidad misma de situarse «en lugar de otro»: La base última del lenguaje y la sociabilidad.

---

nuestro quehacer. *Vid.* este argumento en RAIGOSA, L.: Una contribución al problema de la cientificidad del derecho. *Isonomia, Revista de Teoría y Filosofía del Derecho,* núm. 1, octubre 1994.

Ello es cierto, pero sólo en la medida en que respetemos unos mínimos comunes al conocimiento científico que suelen integrarse en la nota de racionalidad: Sistematicidad, facticidad, comunicabilidad (simbolismo y terminología propia admitida). Más difícilmente nos resultará aplicables las notas de *predectibilidad*, *verificabilidad*, *demostrabilidad*. *Vid.* BUNGE, M.: *La ciencia, su método y su filosofía*. Ediciones Siglo XX, Buenos Aires, 1984. Por ello algún tipo de conocimiento jurídico (la jurisprudencia dogmática) tiende a calificarse más bien de «técnica».

207 Simplemente, con FERRATER MORA, J.: *Diccionario de filosofía* (Ariel, Barcelona 1994 p. 545): «conocimiento que aspira a formular, mediante lenguajes rigurosos y apropiados, en lo posible con el auxilio del lenguaje matemático*, leyes por medio de las cuales se rigen los fenómenos*. Estas leyes son de diversos órdenes. Todas tienen varios elementos en común: ser capaces de describir series de fenómenos, ser comprobables por medio de la observación de los hechos y ser capaces de predecir acontecimientos futuros».

208 FOUCAULT, M.: *La verdad y las formas jurídicas*. GEDISA, Barcelona, 2005, p. 8. Un poco antes indica el propósito de aquella primera de las cinco conferencias pronunciadas en Río de Janeiro, entre los días 21 y 25 de mayo de 1973:. «Me propongo mostrar a ustedes cómo es que *las prácticas sociales pueden llegar a engendrar dominios de saber que no sólo hacen que aparezcan nuevos objetos, conceptos y técnicas*, sino que hacen nacer además formas totalmente nuevas de sujetos y objetos de conocimiento». El comentario comienza afirmando que «existen en Nietzsche ciertos elementos que ponen a nuestra disposición un modelo para un análisis histórico de lo que yo denominaría la política de la verdad».

209 *Vid.*, sobre ello, CALVO GONZALEZ, J. *Direito curvo*. Porto Alegre, 2013, donde se añade a la connotación del derecho como invención, la consideración de su aspecto narrativo, ficticio, pero que se presenta como «original», «natural», capaz de crear verdades necesarias.

Sobre ese dato natural (que es, al tiempo, el reconocimiento del genio aristotélico que describió al *zoon politikon*[210]) se construye culturalmente una realidad que se objetiva (se expresa externamente) de manera necesaria. El derecho se ofrece, así, como lenguaje, como expresión lingüística a través de aquella nota que KANT identificó como esencial[211] para el derecho (el otro

210 ARISTOTELES: *Política*, Libro I (cito por la edición de Alianza Editorial, Madrid, 2005, que salvo error, procede de la traducción de GARCÍA GUAL, C. y PEREZ GIMÉNEZ, A. de 1977): *«hemos dicho, al hablar de la administración doméstica y de la autoridad del señor, que el hombre es por naturaleza sociable, con lo cual quiero decir que los hombres, aparte de la necesidad de auxilio mutuo, desean invenciblemente la vida social. Esto no impide que cada uno de ellos la busque movido por su utilidad particular y por el deseo de encontrar en ella la parte individual de bienestar que pueda corresponderle. Este es, ciertamente, el fin de todos en general y de cada uno en particular; pero se unen, sin embargo, aunque sea únicamente por el solo placer de vivir; y este amor a la vida es, sin duda, una de las perfecciones de la humanidad. Y aun cuando no se encuentre en ella otra cosa que la seguridad de la vida, se apetece la asociación política, a menos que la suma de males que ella cause llegue a hacerla verdaderamente intolerable. Ved, en efecto, hasta qué punto sufren la miseria la mayor parte de los hombres por el simple amor de la vida; la naturaleza parece haber puesto en esto un goce y una dulzura inexplicables»*.

Suele citarse, sin embargo, este otro texto al que el propio autor se remite: *«Así el Estado procede siempre de la naturaleza, lo mismo que las primeras asociaciones, cuyo fin último es aquél; porque la naturaleza de una cosa es precisamente su fin, y lo que es cada uno de los seres cuando ha alcanzado su completo desenvolvimiento se dice que es su naturaleza propia, ya se trate de un hombre, de un caballo o de una familia. Puede añadirse que este destino y este fin de los seres es para los mismos el primero de los bienes, y bastarse a sí mismos es, a la vez, un fin y una felicidad. De donde se concluye evidentemente que el Estado es un hecho natural, que el hombre es un ser naturalmente sociable, y que el que vive fuera de la sociedad por organización y no por efecto del azar es, ciertamente, o un ser degradado, o un ser superior a la especie humana; y a él pueden aplicarse aquellas palabras de Homero:* Sin familia, sin leyes, sin hogar...

El hombre que fuese por naturaleza tal como lo pinta el poeta, sólo respiraría guerra, porque sería incapaz de unirse con nadie, como sucede a las aves de rapiña».

211 *Vid.*, por ejemplo, en la edición en castellano, con traducción de J. ABELLA y presentación DE TRUYOL y SERRA, A.: «*Sobre la paz perpetua*«, Tecnos, 6.ª ed., Madrid, 1998.Las ideas sobre esta condición de la publicidad del derecho como constitutiva de la fuerza de obligar y del derecho mismo, en el Apéndice segundo,: «*Un principio que no puedo mantener en alta voz sin que al mismo tiempo se arruine mi propósito, un principio que debería mantenerse en secreto para poder prosperar (...) solo sirve para conocer lo que no es justo*» La *fórmula trascendental* se enuncia así: *Son injustas todas las acciones que se refieran al derecho de otros hombres cuyos principios no soporten ser publicados*», p. 62. El Tribunal Constitucional Federal Alemán afirmará posteriormente: «aquello que no sea publicado no es Derecho» (*BVerfGE*, 7, 330, 337). *Vid.*, sobre ello, OLIVER LALANA, A. D.: «El derecho secreto y la fórmula de Raddbruch. ¿Es la publicidad un criterio definitorio del derecho?» *Anuario de Filosofía del Derecho* 19, 2002, p. 401 y ss.

No es lugar aquí para insistir en la trascendencia que la publicidad formal, escrita, del derecho ha tenido en la historia de la civilización. Por todos, las referencias a KRAMER S. N.: *La civilización empieza en Sumer*. Alianza Editorial, Madrid, 2010 (la primera edición es mucho anterior: *History Begins at Sumer: Thirty-Nine «Firsts» in Recorded History*, 1956) que recoge testimonios legislativos (con cita, entre otros del Código de Ur-Nammu) y judiciales anteriores al siempre citado Código de Hammurabi y que se presentan, en efecto, imperativo, la otra regla constitutiva, o si se quiere, más literalmente, la fórmula trascendental, al menos del derecho público): la publicidad.

Esa realidad se dota de otras características (entre ellas, notablemente, la imperatividad[212], la coercitividad) y puede hoy ser descrita, en su conjunto, como una como entidad u objeto que ofrece una triple consistencia o vertiente: Como mandato (norma), como realidad social ordenada (sustrato fáctico) y como valor reconocido que incorpora[213]. Acentuando alguna de estas vertientes, el derecho se presenta a diferentes aproximaciones racionales. Al jurista puro le interesa aproximarse a ese objeto, destacando significativamente su papel normativo (la dogmática como ciencia del derecho), y gana interés la construcción de un marco epistemológico en el que sustentar lo que hacemos los juristas, como saber hacer útil[214].

Entre los diferentes métodos, determinados por el pensamiento filosófico dominante en cada momento, la distinción entre explicación y comprensión[215], aunque se remonta a LEIBNIZ, ha sido uno de los puntos centrales de la filosofía hermenéutica, que ha prestado algún papel en el entendimiento de la metodología y del quehacer de los juristas, aún dentro de sus limita-

---

vinculados al origen mismo de la civilización conocida. Las leyes de la antigüedad clásica y la obra de los cuasi míticos Licurgo de Esparta, Solón, Diocles de Siracusa o Zaleuco de Locri, —el primer Legislador en suelo itálico— responden a igual exigencia de publicidad del derecho.

212 BOBBIO, N.: *Teoría general del derecho.* Debate, Madrid, 1991, traducción de E. Rozo Acuña, p. 111: Las proposiciones jurídicas pertenecen siempre al campo de los enunciados prescriptivos de una u otra índole.

213 Esta «tridimensionalidad del derecho» ha sido, como se sabe, teorizada por REALE, M.: *Teoría Tridimensional del Derecho: una visión integral del Derecho,* Tecnos, Madrid, 199 y es muy útil, cuanto menos, para describir el enfoque del estudio posible del derecho: dogmático, (normativismo) sociológico (o realismo jurídico cuanto se toma el hecho, la práctica jurídica como «derecho») o filosófico (enfoque iusnaturalista del derecho dado: no sólo las normas cuentan).

214 GADAMER, H.-G., a quien volveremos después, lo explica de pasada en *El inicio de la filosofía occidental* (Paidos, Barcelona 1995), después de criticar la insuficiencia del concepto de método entendido como garantía de objetividad-verdad, cuando se aplica a las ciencias del espíritu: En el ámbito de estas, el método no es principalmente una herramienta de objetivación y dominio del objeto, sino un interés en el trato con las cosas de las que nos ocupamos: No adoptamos «un punto de vista neutral por mucho que nos esforcemos en pro de la objetividad y arriesguemos los propios prejuicios». Ni siquiera el papel del observador en la física quántica es similar: Aunque aquí el sujeto observador medidor no es mero observante objetivante, eso es algo totalmente distinto *del hallarse en el curso de una tradición, estar condicionado a los demás y sus puntos de vista.*

215 La escisión entre *Erkláren* y *Verstehen*, muy conocida, fue formulada expresamente, como es sabido, por DILTHEY, para segregar los métodos de las ciencias naturales (explicación), de los de las ciencias del espíritu (comprensión), aunque hunde sus raíces en la historia de las ideas, pues no es mas que una respuesta la cuestión de si la construcción teórica es la misma clase de discurso en las ciencias sociales que en las ciencias de la naturaleza.

ciones. Los juristas no explicamos, sino que comprendemos, especialmente porque somos conscientes de la finitud de nuestro conocimiento y su ubicación en una tradición, un tiempo, un espacio y una colectividad dada («historicidad de la comprensión»).

H-G GADAMER, RICOUER y BETTI[216] (más pegado este a las exigencias de la jurisprudencia como saber y destacando el papel de la técnica frente a la prudencia jurídica[217]) han presentado la ciencia del derecho como un saber-hacer interpretativo, comprensivo (que atribuye un significado a un lenguaje) cuya fundamentación no radica ya en la aplicación de una verdad descubierta previamente[218]. Pero, como la pura subjetividad de la comprensión no puede prestar ninguna función objetiva, la comprensión debe ser comunicable, (el *intérprete*, ejecuta la partitura en el mundo real y no reproduce únicamente la música en su interior) y es en este momento cuando las exigencias de racionalidad pueden presentarse como «científicas». Ahora, la racionalidad de la lógica, de la experiencia, pero también de los métodos y convenciones asumidas por la comunidad dogmática, aproximan la interpretación no sólo a la hermenéutica (que toma así el adjetivo de jurídica) sino también a la presentación de ese «saber hacer» como técnica mediante la argumentación.

216 BETTI, E.: *Teoría generale della interpretazione*, 2. ed . rev, a cargo de G. CRIFO, Milano, Giuffrè Editore, 1990.RICOEUR P., *Le conflict des interpretations. Essai d'hermeneutique,* Seuil, París 1969; ID, *Du Texte á 1'action. Essai d'hermeneutigue,* Seuil, París 1986. La obra esencial aquí de GADAMER es, como se sabe, es *Verdad y método. Fundamentos de una hermenéutica filosófica,* Sígueme, Salamanca 1977 y 1992.

217 *Vid.* PICONTO NOVALES, T.: «Teoría general de la interpretación y hermenéutica jurídica: Betti y Gaddamer» *Anuario de Filosofía del Derecho* IX 1992, p. 223 y ss.

218 La tentadora metáfora de la comunidad jurídica interpretando (*ejecutanto*) una partitura musical borrosa, de notación desvaída, con fragmentos incompletos (el derecho positivo) y sin embargo capaz de reproducir la belleza estética (valor), oculta, no obstante, la distinta posición del «auditorio» en uno y otro caso: Los *oyentes* del derecho son también partes *ejecutantes* y la audición no busca el goce estético sino un mínimo de justicia reconocida por el grupo. Con todo, la metáfora es admisible en cuanto reproduce el papel del jurista dogmático frente al derecho: *Comprender* (dar significado a un objeto (normativo) y *reproducir* el valor que encierra.
Más próxima nos resulta la metáfora del *drama teatral* que históricamente representan las primeras formas procesales (*rituarias*). Es conocido el texto de SUMNER MAINE, (*El derecho antiguo, II*,.Tipografía de A. Alonso, Madrid, 1893, p. 102 y ss) glosando la descripción de Gayo sobre la *legis actio sacramenti* (*Instituciones*, 4. 16): *«Es innegable la opinión de que es un drama el origen de la justicia. Dos hombres armados disputan sobre un objeto. El Pretor, vir pietatis gravis, pasa por azar e interviene en la disputa. Los hombres le exponen el asunto y le eligen arbitro sobre la base de que el condenado pierda además del objeto, una cantidad aportada...».*
Una descripción más amplia de otras formas «teatrales», rituarias, de procesos primitivos en LETELIER, V.: *Génesis del derecho*, Editorial Jurídica de Chile, 1967, p. 352 y ss.

La aproximación al derecho como práctica argumentativa[219] y el desarrollo, desde la teoría general, de *el derecho como argumentación*[220] se presenta, en ocasiones como una cuarta dimensión (al lado del iusnaturalismo, el normativismo y el realismo jurídico) del fenómeno jurídico, pero también puede presentarse, creemos, como consecuencia de toda hermenéutica. Baste aquí recordar que la construcción de la comprensión no remite a estructuras de conocimiento puramente subjetivo, y sólo tiene significado (utilidad) en cuanto parte de una comunidad que desempeña similares funciones que otras comunidades científicas. El respeto a la lógica formal, a la técnica jurídica imperante (los conceptos, construidos por generalización de casos singulares, analogía, diferenciación y abstracción de elementos comunes: La dogmática sistemática) y la teoría de la argumentación forman un triple filtro, una triple barrera al subjetivismo[221] que contribuyen decisivamente a la utilidad de nuestro saber hacer práctico.

---

219 Como se sabe Dworkin, R., polemizando con su maestro H. L. Hart, en una serie de ensayos que se recogerán en *Los derechos en serio*, (diferentes ediciones en español, por ejemplo la de Ariel, Barcelona, 1984; existe otra posterior, en la misma editorial, de 2012) no solo defendió el papel de los principios morales en la práctica jurídica, sino que reafirmó la concepción del derecho como práctica argumentativa.
En un sentido algo distinto, aquí se presenta la argumentación como requisito de la compresión del derecho, frente a la «explicación» de las ciencias fuertes.

220 Título este, como se sabe, de un muy citado libro de Atienza, M., Ariel, Barcelona 2006. El mismo autor ha publicado diferentes trabajos desde esta concepción (además de su monografía anterior: *Las razones del Derecho. Teorías de la argumentación jurídica,* Centro de Estudios Constitucionales, Madrid, 1991). Puede verse, por ejemplo, con igual título que la monografía inicialmente citada, y señalando que el derecho en su conjunto no puede ser sólo argumentación, «El derecho como argumentación», en *Isegoría, n.° 21* (1999),: «*El punto de partida consiste en considerar al Derecho como una técnica para la solución de determinados problemas prácticos. Se trata, por tanto, de una visión pragmática, dinámica y, en cierto modo, instrumental del Derecho, pero que no contempla el Derecho como un instrumento que pueda ser utilizado para cualquier fin, sino, para decirlo con cierta solemnidad, como un instrumento de la razón práctica*». Por seguir con nuestra metáfora musical, el objeto cultural que representa el derecho no es pura improvisación por más «inspirada» que resulte.
La «argumentabilidad» del derecho como práctica y los estudios de teoría de la argumentación constituyen un fructífero campo donde es necesario recordar, como mínimo, las aproximaciones de Viehweg, T: *Tópica y jurisprudencia,* Taurus, Madrid, 1964 (clásico trabajo, siempre citado en España) Perelman, Ch., y Olbrecht-Tvtca, L.: *La nueva retórica. Tratado de la argumentación,* Gredos, Madrid, 1989, Alexy, R.: *Teoría de la argumentación jurídica,* Centro de Estudios Constitucionales, Madrid, 1989 y, desde la decisiva perspectiva procesal, Taruffo, M. *La motivación de la sentencia civil* Trota, Madrid, 2011 (la primera edición italiana es de 1975), que hace una inteligente utilización de la diferencia entre *contexto de descubrimiento* (comprensión subjetiva) y *contexto de justificación* donde se expresa la objetividad de la comprensión.

221 En la polémica epistolar entre T. R. Fernadez Rodriguez y A. Nieto *Del derecho y del revés, Diálogo epistolar sobre leyes, abogados y jueces*, Ariel, 1.ª ed., Madrid, 1998, 5.ª reimp. 2008, el primer autor se ratifica en que esos tres «filtros» (así calificados) contribuyen a apartar toda subjetividad y localizar una sola solución admisible para la mayor parte de los casos.

Porque, finalmente, ese producto (cultural, inventado, público, sobre el que se realiza un entendimiento de comprensión —interpretación y significado— y objetivación por la argumentación dirigida) que es el derecho y su práctica (su «ejecución» ante un auditorio), cumple una función de control social que, hasta le fecha, se ha mostrado imprescindible. Ello sitúa a los hombres del derecho en una situación diferente: Se les exige que, en nombre del derecho, (a través de aquel proceso hermenéutico de comprensión/objetivación) ofrezcan una solución a los conflictos sociales. Lo que hace un poco diferente nuestros conocimientos y es una de las causas iniciales de la prevención o desconfianza del público por nuestra tarea, es que, en muchos casos, no podremos acudir a una tabla de soluciones ya alumbradas, pre-establecidas. Como decía De Buen[222], cuando se encuentra con un problema no solucionable con un algoritmo, (es decir, si se trata de un verdadero «problema»), ni siquiera un matemático acude a la «tabla de las soluciones» y, sonriente, nos la suministra, sino que acude a sus métodos, reglas y conceptos y quizá nos «demuestre» una única solución.

El nivel de objetividad de nuestros conocimientos es menor, porque también es menor la nitidez de nuestro objeto, de manera que la solución toma un carácter «constructivista» «narrativo», casi «ficticio» o artificial. El *veredictum,* (nuestra solución al problema)[223], consiste en una coherencia racional, narrativa, argumentativa entre hechos y enunciados[224]: No cualquier relato,

---

222 *«Los resultados de todos los problemas matemáticos no están formulados de tal modo que nos baste con buscar en una tabla... la matemática no aparece como un conjunto elaborado de soluciones, sino como un conjunto de reglas para resolver los problemas posibles...»*. De Buen D.: *Las normas jurídicas y la función judicial*, que constituyó su Tesis Doctoral, después publicada en la *Revista General de Legislación y Jurisprudencia* y reeditada por Thomson Reuters en 2009 en edición no venal.

223 Y como «the sohw must go on» (art. 1-7 Código civil español: *Los Jueces y Tribunales tienen el deber inexcusable de resolver en todo caso los asuntos de que conozcan* ; art. 11-3 Ley Orgánica del Poder Judicial española: *Los Juzgados y Tribunales, de conformidad con el principio de tutela efectiva consagrado en el artículo 24 de la Constitución, deberán resolver siempre sobre las pretensiones que se les formularan*; art. 89- 4 de la Ley 30/92 de Procedimiento Administrativo Común: *En ningún caso podrá la Administración abstenerse de resolver so pretexto de silencio, oscuridad o insuficiencia de los preceptos legales aplicables*. ; art. 4 Código civil francés: *El juez que rehúse juzgar, bajo pretexto de silencio, oscuridad o insuficiencia de la ley, podrá ser perseguido como culpable de denegación de justicia*), como la ejecución de la partitura ha de continuar, la interpretación termina siendo creativa.
Y nuestro «saber-hacer» se aproxima, externamente, al «arte»: *Ars bonis et aequi* (Juvencio Celso) son las palabras de Ulpiano con las que comienza el Digesto (Digesto 1.1.1, pr-1. Utilizamos la traducción de Ildefonso García del Corral, 1.ª Barcelona 1889). *Ars Iuris Salmanticensis,*(*AIS*) es el nombre de la nueva revista de la Facultad de Derecho de la Universidad de Salamanca.

224 Vid Calvo Gonzalez, J.: *Direito curvo*, que se inscribe dentro de su teoría narrativista del derecho. Una recensión de Daniel García López a esta obra en la *Revista de Investigación e Innovación educativa*, (Universidad de Málaga) n. 9, enero 2014.

sino solo aquel que opera dentro de los parámetros admisibles por la comunidad científica jurídica en la que operamos, será admisible.

Como no puede evitarse una alusión al papel de la lógica en esa comunidad científica, deberíamos no abandonar nunca la perspectiva de la existencia de dos formas básicas de relacionarnos con el mundo, las historias y los números, aunque no deje de ser revelador que utilicemos la misma palabra (contar) para referirnos a una y otra[225]: Las historias presuponen un punto de vista (o varios) pero no un panorama impersonal, sin sujeto, como las meras estadísticas. La lógica jurídica es, la mayor parte de las veces, una lógica *intensional* alejada de la pura lógica formal, matemática, extensional[226] y como tal, «tiende a implicarnos con otros, nos induce a influir y ser influidos, a presuponer un contexto social activo... la lógica *intensional* es *implicativa*... nos enreda» nos implica, en fin, en un acervo común[227].

2. Pero nos planteamos nuevos problemas y ofrecemos respuestas

Si lo juristas resolvemos problemas (directamente unos, indirectamente —en la medida en que esclarecemos la partitura— el resto de quienes nos dedicamos al estudio dogmático del derecho) ¿puede decirse que también investigamos?.

---

225 PAULOS, J. A.: Érase una vez un número, Kootthapali e Pub rase, 1998. El titulo ingles original es bastante más sugerente: *Once Upon a Number.The Hidden Mathematical Logic Stories*, Basic Books, 1999.

226 Aunque los estudios de lógica presenten suficiente información sobre esta distinción (por ejemplo, ALCHOURRON, C. y BULYGIN, E .: *Análisis lógico y derecho* CEPC, Madrid, 1991, que recoge un anterior estudio titulado *Normative System* en *Library of Exact Philosophy*, Springer-Verlag, 1971), preferimos manejar aquí la visión de un matemático, doctor en lógica y experto en estadística (J. A., PAULOS) conocido por su tarea de divulgación matemática y preocupado singularmente por establecer un puente entre *contar* historias y contar números, entre la lógica intensional (tan propia del derecho) y la lógica matemático-formal, dotada de plena extensividad (los objetos y conjuntos están determinados por su extensión, su partes, de manera que podemos sustituirlas aunque nos refiramos a ellas de forma distintas (intercambiabilidad). Pero las entidades equivalentes en la lógica extensional no siempre serán intercambiables en la lógica intensional. Entre estas dos lógicas *hay un bache que no podemos pasar por alto*, dadas las condiciones de la lógica intensional en las que cuenta el contexto, el implícito acuerdo y la concurrencia de pensamientos (la comunidad de conocimiento jurídico en nuestro caso). La lógica jurídica puede no ser reducible al mero argumento lógico formal, porque la substitución de términos extensionalmente equivalentes no conserva la verdad, la compresibilidad, del enunciado de nuestras *narraciones* o textos: ¿La prohibición de entrar en un local con animales incluye la prohibición de que un invidente pueda disfrutar de un servicio acompañado de su perro lazarillo? ¿podemos, en cualquier caso, en cualquier contexto, sustituir «animales» (extensionalidad) por «perro»?

227 PAULOS, J. A.: cit. p. 175. Subrayamos sólo alguna de las ideas que sugiere una consideración matemático-formal de las diferencias de la lógica intensional frente a otras lógicas.

La etimología del verbo (investigar) y del sustantivo (investigación) da una aproximación sobre si puede ser designado así el quehacer de los juristas, el quehacer, al menos, de ciertos estudiosos del derecho (sin necesidad de reproducir, ni siquiera lo fundamental, de la discusión sobre el estatus y posibilidad de una verdadera ciencia del derecho o el estatus epistemológico de la jurisprudencia dogmática).

Del latín *investigare*, el término se relaciona inmediatamente con *vestigium* que significa «huella de» o incluso «resto que prueba algo». *Vestigare* (hallar, inquirir, indagar, seguir vestigios) apunta, por tanto, a la actividad de hallar, indagar, seguir, vestigios o huellas. Investigación jurídico-administrativa no es más que esa misma actividad relativa a un sector objetivado y delimitado de la realidad jurídica. Claro que nuestros estudios, como el del resto de materias jurídicas, pueden tomar primariamente una de las dimensiones que ofrece el derecho y acentuar tal o cual perspectiva, (la normativa, la axiológica o la realista) pero mientras dirijamos la atención al derecho realmente existente (tomando el aspecto «publicado» del derecho como vestigio, huella, indicio) y preguntando por su sentido, haremos investigación jurídica. Con diferentes finalidades, cierto[228], (indagar para conocer y sistematizar mediante la abstracción conceptual, o indagar por una solución a un problema (conflicto real o potencial-singular) pero con igual misión. La distinción de roles (teoría/práctica) en la dogmática jurídico-administrativa, en modo alguno ha supuesto, ni en Francia ni en España, escisión de la continuidad. Allí, porque el desarrollo histórico del derecho administrativo vino de la mano de la jurisprudencia del *Conseil d'Etat* y entre nosotros, por la muy afortunada coincidencia de maestros-prácticos que han dotado a la disciplina, en su sistema teórico y en su aplicación, de una fuerte carga «profesoral», sistemática y conceptual.

¿Qué investigamos los juristas dogmáticos? Con algún matiz importante, puede contestarse que *la construcción y el funcionamiento de un modelo*. De un determinado tipo de modelo por que, dada las propiedades del objeto cultural al que nos enfrentamos, y dado que no pretendemos explicar, sino comprender, (utilizando lógicas en las que la *intensividad* desplaza en gran medida a la *extensionalidad*) los elementos que implican utilizar los pasos de la metodología científica (observación hipótesis/teoría experiencia nueva observación) para llegar al modelo[229] toman también sentido particular.

---

228 La investigación teórica, conceptual, sistematizadora, (que se dirige a clarificar *la partitura* del derecho dado) no sitúa al administrativista «teórico» en la misma tarea de quien debe proporcionar la *pauta* para la ejecución de un compás o de un pasaje singular, que en aquella se presenta deslavazo, borroso, de notación incompleta. Tampoco en la posición de quien debe *ejecutar* el pasaje para solucionar un conflicto: Aquí importa la solución (y este es el sentido de la prohibición de un pronunciamiento de *non liquet*), allí, importa el concepto, el sistema, *la armonía*, la unidad: El modelo, en fin.

229 En una explicación convencional, en efecto, el modelo, concebido al modo científico usual, no consiste más que en sustituir el carácter iterativo del ciclo (bucle) observación-categorización-hipótesis-teoría-experiencia y nueva observación, por otro más simple de observación-*modelización*-acción.

La comprensión implica que la observación (etapa inicial del modelo científico) se realice mediante la inserción y clasificación del derecho estudiado en una red conceptual histórica (las categorías de la tradición jurídica propia), mientras que las hipótesis y las teorías resultantes se someten a la experiencia, (la potencia explicativa/aplicativa del modelo frente a los datos de la práctica jurídica actual) que da lugar a nueva observación y nueva hipótesis, en un ciclo de carácter iterativo. En el caso del derecho, la simplificación del bucle resultante, a través de la modelización, implica también que el nuestro debe tratar de reunir las cualidades del modelo científico: (i) Coherencia con las observaciones anteriores y previsibilidad de las futuras (dar cuenta del funcionamiento futuro del sistema modelado, en circunstancias diferentes de las contempladas), (ii)generalización parcial dentro de un rango de condiciones iniciales, así como (iii)la posibilidad de mejorarse al confrontarse con la realidad (ductilidad).

Partiendo del carácter auto-enlazado de la cadena observación-acción, la mejora del modelo jurídico es siempre posible, al servicio de la eficacia con vistas a la acción. Y es en este punto dónde la investigación jurídica toma sentido, a condición de que *no centremos nuestro esfuerzo en acentuar la coherencia hacia el pasado, sino que trabajemos en la previsibilidad de mejorar el modelo, acentuar la generalidad y la ductilidad del mismo.* La investigación jurídica, así concebida, puede contribuir (y no poco) a la innovación, si es capaz de reconstruir el modelo, ajustarlo a nuevos datos, y anticipar soluciones posibles.

Aunque con las reticencias propias de la contraposición de nuestro objeto y modo de conocimiento (en particular, la intensividad de nuestra lógica, que «nos enreda» en un contexto de comunicación) y los propios de las ciencias estrictas[230] es posible es también la innovación en la investigación jurídica. Por ello mismo conviene tener presente las prevenciones que son ya comunes en el campo de la teoría del conocimiento y la psicología social: La prevenciones frente a los posibles «errores» a los que pueden llevarnos, por una parte, los sesgos cognitivos (por ejemplo, el sesgo de confirmación: selección de la información disponible que corrobora nuestra hipótesis) o el sesgo de anclaje o sesgo de novedad (otorgar peso excesivo a los datos inicialmente recibidos) y de conocimiento, y por otro lado, los sesgos de escuela, (o el propio ideológico) de nuestra investigación. Es importante conocer tales sesgos[231] y saber

230 Por ejemplo, en el Blog ya citado *No se trata de hacer leer* (A. Boix) al dar cuenta del reciente Congreso sobre «Sesgos de la Investigación Jurídica» (magnífica iniciativa concretada en Valencia, noviembre de 2014, por obra de Boix Palop y Domenech Pascual), el autor deja entrever las cautelas propias de nuestra «investigación». *Vid.* en el citado Blog *Call for papers* para el I Congreso sobre sesgos de la investigación jurídica, 11 de septiembre de 2014. En otro post *De cuando hacemos mala investigación jurídica... y de la autorregulación para evitarlo,* Boix expone alguna conclusión del Congreso. En particular resulta de gran interés su llamada a adoptar algún tipo de «código» o norma semejante a las *Vereinigung der Deutschen Staatslehrer, VDStrl* de la Asociación de Profesores de Derecho Público alemana.

231 Muñoz Aranguren, A: «La influencia de los sesgos cognitivos en las decisiones jurisdiccionales. El factor humano. Una aproximación» *In Dret*, 2/2011.

que nuestra innovación jurídica está fuertemente condicionada y que, en consecuencia, la construcción del modelo o la explicación del mismo pueden verse «sesgadas». Y si se trata de construir un modelo que cumpla las expectativas que al producto cultural «derecho» se le piden, tales sesgos deben limarse en el contacto y la comunicación entre los miembros de la comunidad jurídica.

En particular, tratándose de «innovación jurídica», bien haríamos en percatarnos del posible sesgo de novedad (lo último no es, necesariamente, lo más decisivo) y confiar, por el contrario, en el carácter profundamente histórico del derecho y en el valor de nuestras respectivas tradiciones jurídicas, cuyo conocimiento supone ya una importante cautela frente al mismo. E igualmente debiéramos estar suficientemente apercibidos del sesgo «factor de impacto»[232] y de que, al margen del «índice», las contribuciones al conocimiento de una rama del saber siguen siendo clasificables en «sustanciales», «genéricas», «analíticas», «no resolutivas» y «descriptivas». Si queremos innovar en el campo jurídico, deberíamos huir de publicaciones que puedan ser calificadas en cualquiera de los dos rangos finales.

Y, finalmente, ¿para qué investigar en derecho? ¿para qué innovar?. La investigación jurídica de la innovación ajena es, únicamente, hacer derecho, pero puede contribuir de forma decisiva al desarrollo práctico de lo nuevo. Por otra parte, la investigación jurídica capaz de cambiar (innovar) el derecho puede contribuir al desarrollo de la innovación en otros campos. Ese es el doble juego de la investigación jurídica innovadora. En las dos vertientes, la investigación jurídica cumple un primer e insustituible papel: Proporcionar un mínimo de seguridad jurídica especialmente necesario, paradójicamente, ante la «legalización del derecho»[233], porque, en efecto:

> «Es, ineludible una legislación que proteja los incentivos fiscales y desarrolle medidas de financiación que anime a las empresas a derivar parte de sus recursos, tan difíciles de obtener y mantener en momentos como los actuales, en políticas internas de comienzo o continuación de la innovación. Pero debemos ser cons-

232 Sesgo que se amortigua mediante otros indicadores métricos *vid.* Cañedo Andalia, R. y Cruz Font, J.: «Nuevos indicadores métricos para la evaluación de las publicaciones seriadas científicas y académicas» ACIMED vol. 23 núm. 1, ene.-mar. 2012.
Muy críticamente, sobre este «estilo de pensamiento», Fernandez Rios, L. y Rodriguez Diaz, J.: «The «impact factor style of thinking»: A new theoretical framework» en *International Journal of Clinical and Health Psychology* (2014) 14, 154–160. En efecto, el estilo de pensamiento *índice de impacto* puede presentar poderosos sesgos contra-científicos. Los autores terminan por ello afirmando: «En definitiva, la política académica del índice de impacto tiene abusos. Es por esto que se ha efectuado la *Declaración de San Francisco* conocida como con las siglas DORA (*Declaration on Research Assessment* (http://am.ascb.org/dora/), para recomendar *no* utilizarla».

233 El argumento es del maestro García de Enterría. Lo ha recordado, recientemente, Velarde Valiente, A.: «Innovación y seguridad jurídica».
http://blog.abengoa.es/2013/09/25/innovaci%C3 %B3n-y-seguridad-jur%C3 %ADdica/, en línea 26 de marzo 2015. De allí se extra la cita que sigue.

> cientes de que todo ello sería inútil para el fin último que se pretende alcanzar si no existen unas cuerdas sólidas que envuelvan el cuadrilátero en el cual se debaten, y muchas veces al mismo tiempo, púgiles en todos los pesos. Al árbitro en este ring, no se lo pueden dar cataratas de normas que rayan, cuando no caen directamente, en el casuismo más flagrante, sino sólidos principios a los que asirse en sus constantes decisiones, que exigen rapidez y justicia. El combate no se puede parar, so pena de desconcertar a todos los participantes (aspirantes apostantes —gremio volátil si lo hay— y público) al ver al atribulado árbitro despojado constantemente de parte de la "granizada legislativa", en palabras de García de Enterría, que le fue inicialmente suministrada, y serle sustituida por otra igualmente profusa y casuística que resuelva en sentido contrario. Nada hay más contrario a los principios del casuismo. Es precisamente el maestro Enterría quien señala como auténtica tara para la seguridad jurídica lo que él llama en tono paradójico, "la legalización del derecho", y es que, en efecto, alud tras alud de normas, de todas las administraciones, produce un efecto perverso: "de garante de la libertad y la seguridad, la norma escrita hoy se convierte en una amenaza para las mismas"».

Seguridad jurídica que contribuirá, con certeza, a disminuir costes de transacción (por aludir a otro modelo) y acelera el ciclo capital-conocimiento-rendimiento.

Pero, en segundo lugar, la innovación y la investigación jurídica no se han situado nunca al servicio exclusivo del rendimiento económico, y tampoco puede orientarse hoy en ese único paradigma. Son otras las finalidades que la innovación jurídica debe añadir. Por ejemplo, la defensa de los valores que están en la raíz de la democracia liberal (dignidad de la persona, libertad y derechos fundamentales) o el valor del «modelo social europeo»[234] (que ahora implica evitar la exclusión y por tanto, construir jurídicamente modelos que hagan posibles la inclusión en los cambio introducidos por la innovación.

Posibilitar la innovación en otros campos y, al tiempo, servir a esos otros objetivos aludidos, juridificando, según un orden recibido de valores, las nuevas realidades, plantea un dilema siempre presente ante la novedad. Dilema que puede simplificarse en la polémica sobre si debe optarse, ante la innovación, por una reacción de los poderes públicos, especialmente normativos, estableciendo limitaciones, trabas, obstáculos al libre afianzamiento de las innovaciones, (con fundamento en aquél otro conjunto de consideraciones) o, por el contrario, es preferible dejar que los agentes implicados encuentren, en el respeto a tales valores y principios, «auto-restricciones» al empleo indiscriminado de la innovación alumbrada. Es, como se ve, el dilema entre

234 Aun admitiendo que existen, al menos, cuatro variantes del mismo: El continental conservador, el anglosajón-liberal, el nórdico y el mediterráneo. En cualquier caso, el sistema de protección y bienestar social parece una de las señas de Europa Occidental. *Vid.* Bilbao Ubillos, J: *El modelo social europeo: elementos constitutivos y viabilidad en un contexto adverso*. Eurobask, 2014.

la «regulación» y la «autorregulación» que admite infinitas variantes (la co-regulación, o la auto-regulación regulada, por ejemplo[235]).

Sobre esta alternativa la investigación jurídica innovadora debería pronunciarse en cada caso, por una parte, atendiendo al grado en que se comprometen aquellos valores, y por otra, a la necesidad de proporcionar seguridad jurídica. Los principios de necesidad y proporcionalidad y su instrumentación a través de la técnica de las «razones imperiosas de interés general» (con su tipificación jurisprudencial y legal[236]) son únicamente una primera guía.

En el fondo, en la decisión entre regular limitando y dejar que las aplicaciones de la innovación se desarrollen libremente, siempre quedará el peso que se quiera otorgar a la tradición jurídica propia y la apreciación del grado en que se comprometen, sin intervención pública, elementos que la hacen reconocible como valiosa.

3. El ejemplo del *soft law* administrativo

3.1. El derecho blando y las fuentes en el derecho administrativo español

Si de buscar un término propio se trata, creo que el termino derecho blando (derecho débil), será suficiente para identificar la problemática que encierra aquella otra palabra ajena que se ha popularizado[237]. Con ese campo semántico de identifican un conjunto de manifestaciones con intención regulatoria que, no respondiendo al estricto sistema de producción normativa, ni al sistema de ejecución formal del derecho objetivo, no resultan estrictamente vinculantes en sentido jurídico, pero producen efectos prácticos de alguna clase de relevancia jurídica, en el ámbito de la regulación jurídica de conductas[238].

---

235 Sobre esta temática, las páginas de ESTEVEZ PARDO, J.: *Autorregulación: Genesis y efectos*, Aranzadi 2002 siguen siendo extraordinariamente útiles.

236 Como simple recordatorio de esta temática, téngase en cuenta, como descripción, el marco genérico que proporciona hoy, en España, la Ley 20/2013 de Garantía de la Unidad de Mercado, pese a su difícilmente justificable estructura y contenido.

237 Cumplida en el título la identificación genérica del asunto de esta nota con el anglicismo que dio originen a la categoría, me siento obligado a aclarar que no lo utilizaré, porque me parece que así resulta exigible en la que quiere ser la «universidad del español», art. 2 f de los Estatutos de la Universidad de Salamanca.
La temática desarrollada ha sido objeto ya de algún tratamiento específico: *vid.* D. JOUVE: «Le contrôle juridictionnel du droit souple en Espagne» en *La justiciabilité du droit souple*, 2017, que comienza advirtiendo de que no existen en el derecho español, pronunciamientos de principio similares a los producidos en Francia a partir de 2016.

238 El desarrollo de la categoría en el Derecho Internacional Público ha sido ya reiteradamente expuesto, desde sus inicios en la exposición de Lord MACNAIR y la contribución posterior de DUPUY. No puede ignorarse que la expresión nace «*en el marco de la lectura y práctica*

Aunque resulta imposible escapar a la antinomia que expresa el concepto (si se parte de una concepción binaria del fenómeno jurídico —una regla de conducta o es derecho o no lo es—), y aunque sea posible también una concepción «gradualista» (lo jurídico se desarrolla entre el valor, la programación no vinculante, el principio jurídico, la estricta norma y la obligación jurídica) que permitiría dar alguna explicación a la utilización jurídica de materiales que no consideramos principios, normas, o actos vinculantes, lo decisivo es definir el campo del derecho estricto[239].

---

del Derecho anglosajón sobre los instrumentos de origen internacional (Duran Rojo. L: «Apuntes sobre el fenómeno del *soft law* en relación a los sistemas jurídicos»,). Aunque la obra de Macnair, A. que generalmente se cita («The Functions and Differing Legal Character of Treaties: British Practice and Opinions», *British Year Book of International Law*, 11 100, 1930) no pretendía sino examinar los diferentes tipos de reglas internacionales y fue la abstracción y consiguiente dificultad aplicativa de algunos contenidos, cara a la resolución de situaciones concretas, lo que le llevó a utilizar el término, su aportación es generalmente descrita como la oposición entre la *lege ferenda* declarativa y el estricto derecho positivo vinculante (*lege data*).

La práctica internacional introduce de forma decidida, instrumentos no estrictamente vinculantes: La misma Declaración Universal de Derechos Humanos nació así; el Acta Final de la Conferencia de Helsinki, pese e a contener compromisos para los Estados firmantes, no es un tratado ni tiene naturaleza jurídica vinculante.

La contribución de Dupuy, R. J. («Droit déclaratoire et droit programmatoire: de la coutume sauvage à la "soft law"», Société française pour le droit international Toulouse:1975,) dio cuenta del fenómeno y su problemática en la actividad de las organizaciones internacionales. La posterior intervención de P. Weil, en los años 80 del siglo XX (¿«Towards relative normativity in international law?, en *The American Journal of International Law* Vol. 77, No. 3 (Jul., 1983), pp. 413-442 y antes en «Ver une normativite relative en droit internationel?» *Revue Internationel du Droit Internationel Public*, LXXXVI, 1982, p. 5 y ss) toma ya en consideración la cuestión del derecho interno del Estado frente a estas manifestaciones de acuerdos y resoluciones, no estrictamente obligatorios, de organizaciones internacionales.

La extensión a diferentes campos del derecho internacional, (derecho fiscal, derecho laboral, derecho del medio ambiente), su incorporación por el derecho europeo y la «recepción» de esa praxis en los derechos de los Estados, son ya parte de otro fenómeno que tiene que ver ahora con las nuevas formas de normatividad (las regulaciones técnicas, las normas de origen privado, la autorregulación, la co-rregulación) y la incorporación del *soft law* de actores no estatales. Vid, sobre todo ello, desde el derecho internacional: Mazuelos Bellido, A.: «Soft Law: ¿Mucho ruido y pocas nueces?», *Revista Electrónica de estudios internacionales* núm. 8 (2004).

239 Suele, en este punto, adoptarse una perspectiva de principio que consideramos errónea: Se parte muchas veces de calificar, sin más, con el nuevo termino, manifestaciones jurídicas que así quedan en la nebulosa del nuevo derecho blando, en lugar de partir de las categorías (y consiguientes regímenes jurídicos) ya asentadas, examinar sus características y tratar, en su caso, de incluir en ellas tales manifestaciones «nuevas». Un *acto administrativo* puede, reconstruyendo la categoría dogmática, si fuera necesario, cubrir alguna de esas manifestaciones de derecho blando, con alguna ventaja de seguridad jurídica sobre su inclusión *a priori* en el difuso término recién llegado. Alguna de las manifestaciones a las que se aplica hoy el anglicismo pueden también ser examinados a la luz de las modificaciones que ha sufrido el ejercicio de la potestad reglamentaria cuando se atribuye, por exigencias del derecho europeo, a Autoridades Nacionales de Regulación. Por ejemplo, la Circular 10/21 de 20 de diciembre de la Comisión Nacional de Mercados

El derecho español[240] aporta a ese derecho estricto, las siguientes categorías, que son otros tantos regímenes jurídicos: La Constitución, la Ley, la norma reglamentaria y los principios, en cuanto a las fuentes; acto administrativo y resolución judicial, con relación a los actos jurídicos-públicos, a los cuales deben sumarse otros actos jurídicos de otros poderes públicos sometidos a régimen particular. Queda al margen de este estudio, por tanto, todo lo relativo al fenómeno, también actual, pero diferente, de la autorregulación y la co-rregulación[241].

Con relación a la Constitución, desde hace bastante tiempo hemos asumido que debe tratarse, en toda su extensión, como norma fundamental, directamente aplicable en más o en menos, con independencia de la precisión o particularización del mandato que contenga el precepto[242]. La directiva de «interpretación conforme a la Constitución» es una regla de estricto derecho y no hay nada de derecho blando en la misma, salvo quizá el mandato implícito de optimización de los valores que enuncia. La necesidad de interpretar los derechos fundamentales de conformidad con ciertos instrumentos

---

y Competencia, responde así a un particular poder reglamentario configurado por el art. 14-11 de la Ley 24/2013 del sector eléctrico: «La retribución del operador del mercado se establecerá de acuerdo con la metodología que determine el Gobierno, *salvo aquellos aspectos retributivos cuya aprobación se atribuya al regulador nacional* de conformidad con las normas de derecho comunitario europeo...».

En otra ocasión he recordado, por otra parte, que «el legislador nacional no puede restringir al ámbito de apreciación otorgado a las autoridades nacionales de regulación por el derecho europeo». *Vid.* Fernando Pablo, Repositorio Gredos USAL https://acortar.link/GEVtC4.

240 Sobre el derecho blando en campo del derecho administrativo español contamos con inmejorables contribuciones. *Vid.* Sarmiento, D.: «La autoridad del Derecho y la naturaleza del soft law» *Cuadernos de Derecho Público,* núm. 28 (mayo-agosto 2006): «Bajo el término *soft law* se engloban los actos o instrumentos jurídicos sin carácter obligatorio, pero incardinados, de una forma u otra, en el sistema de fuentes. El Derecho público ha sido testigo en los últimos años de una afluencia muy notable de *soft law*, con unos efectos jurídicos que no resultan del todo claros». Instrucciones, Planes, Circulares, Normas Técnicas, Cartas de Servicios, Códigos de Buen Gobierno, Acuerdos, Convenios, y un largo etcétera de instrumentos sin regulación propia que causan importantes dificultades al intérprete del Derecho... *el soft law desempeña la función de un principio general del Derecho, como mandato de optimización* que requiere del intérprete una maximización de sus contenidos». Del mismo autor, *El soft law administrativo. Thomson civitas,* Cizur Menor, Navarra 2008.*Vid.* también Martinez Garrido, S.: *Soft law en el derecho administrativo: Especial análisis de su impacto en el derecho internacional medioambiental.*
Tesis Doctoral, Universidad Autónoma de Barcelona, 2020.

241 *Vid.* por todos, Comité Económico Social Europeo: *Dictamen del Comité Económico y Social Europeo sobre el tema «Autorregulación y corregulación en el marco legislativo de la Unión Europea.* 2015/C 291/05. DOUE, 4.9.2015.

242 Por todos, el estudio original de García de Enterría, E.: *La Constitución como norma y el Tribunal Constitucional*, Civitas, Madrid, 1982 (2.ª), que fue calificado por Sainz Moreno, F. como «aportación decisiva para el enraizamiento de la Constitución en el orden jurídico español», en la recensión publicada en la *Revista Española de Derecho Constitucional,* núm. 8, septiembre-diciembre 1982.

de Derecho Internacional que resulta del art. 10-2 de la CE («Las normas relativas a los derechos fundamentales y a las libertades que la Constitución reconoce se interpretarán de conformidad con la Declaración Universal de Derechos Humanos[243] y los tratados y acuerdos internacionales sobre las mismas materias ratificados por España») puede implicar un mandato constitucional de recepción del derecho blando generado a nivel internacional[244] o bien una obligación internacional del Reino de España, según el contexto de derecho internacional de que se trate. Los actos de puro derecho blando procedentes de organizaciones internacionales en las que participa el Reino de España, quizá por su proximidad al contenido de esta norma constitucional, han terminado siendo aplicados, por los tribunales españoles[245].

En otras ocasiones, ya de manera más habitual, es el Legislador nacional el que se siente «obligado» a introducir el derecho duro necesario para dar cumplimiento a acuerdos internacionales no estrictamente vinculantes: La llamada en España, «ley del clima» (Ley 7/21 de 21 de mayo) responde en parte a la decisión de Conferencia de las Partes (COP-21) de la Convención Marco de las Naciones Unidas sobre Cambio Climático (Acuerdo de París)[246]: Se trata de un instrumento de derecho que incorpora un altísimo componente de derecho blando, pero esto no es obstáculo para que nuestra Ley del clima, por más que sus contenidos parezcan «programáticos», (*vid.* el art. 2) deba ser tratada como simple derecho estricto.

---

243 Sería uno de los casos de derecho blando en el que se da «una fuerza moral extrema hasta el punto de ser consideradas de facto como instrumentos de carácter parcial o semi-vinculante y en no pocas ocasiones, prácticamente vinculantes» (SANCHEZ CACERES, L. F.: «El sistema de Hard-Law y Soft-Law en relación con la defensa de los derechos fundamentales, la igualdad y la no discriminación» *CEFD Número 39 Publicación actas Congreso Internacional 70 Aniversario Declaración Universal de Derechos Humanos* (2019)).

244 Al menos cuando se trata de derecho blando relacionado con verdaderos derechos fundamentales: El TS, en materia de derecho laboral afirma (puesto que el derecho a trabajo no forma parte del núcleo duro de los derechos fundamentales según la CE) «Las recomendaciones efectuadas por la normativa internacional (OIT) y europea instando a las legislaciones nacionales a posibilitar que las personas perceptoras de la pensión de jubilación puedan continuar una actividad profesional, *son meras recomendaciones o invitaciones que no permiten eludir la normativa vigente* en la actualidad, STS Sala de lo Social Sentencia núm. 846/2021 ECLI:ES:TS:2021:3204.

245 En particular, por ejemplo, las STS de 27 de octubre de 2008 y de 31 de mayo de 2017. En ésta última el TS anula el Acuerdo del Consejo de Ministros que, siguiendo las directrices de derecho blando del Consejo de Europa (*Directrices del Comité de Ministros sobre la selección de candidatos para el puesto de juez en el TEDH)* limitó la edad máxima de los candidatos a juez nacional del Tribunal Europeo de Derecho Humanos. *Vid.* CANCIO FERNANDEZ, R.: *Constitucionalidad y soft law. Comentario a la sentencia, Sala 3, del Tribunal Supremo de 3 de 31 de mayo 2017., Teoría y Realidad Constitucional*, núm. 41, 2018.

246 Ratificado por España y publicado en el «Boletín Oficial del Estado» el 2 de febrero de 2017.

Y es que, en efecto, con relación a la Ley y normas con rango de ley, dado el concepto estrictamente formal que usamos en España (es ley todo lo que se ha promulgado bajo forma de ley o bajo la forma de una norma a la que se le reconozca tal rango), no vemos la posibilidad de que algunos de su contenido puedan considerarse «*derecho blando*», no vinculante. En algún caso se ha intentado, con relación a una especifica ley[247], ampliamente «programática», enumerar los contenidos de «derecho blando» que en ella se aprecian. Pero se trata de dos cuestiones bien diferentes: Del grado de precisión de los mandatos y obligaciones que contiene el enunciado normativo de la Ley, por una parte, y de su caracterización como «no estricto derecho» o derecho blando, por otra. Aunque sea cierto que proliferan hoy en España muchas leyes «manifiesto», puramente indicativas o programáticas que nada o muy poco regulan (no ordenan, no prohíben), no se gana mucho con incluir estos contenidos (de estricto derecho) en el concepto de derecho blando. Al operador jurídico corresponde extraer las consecuencias jurídicamente *vinculantes* del contenido de una ley.

Nadie negará que tales preceptos genéricos, programáticos, *principiales* si se quiere, siguen siendo derecho aplicable (con un grado mayor de dificultad, es cierto) por jueces y magistrados como parte del sistema de fuentes[248]. La afirmación no desconoce ni la existencia de diferentes tipos de preceptos en las leyes (normas de prohibición y sanción, normas de definición, normas de acción, normas de habilitación y de programación), ni la existencia de un cierto proceso de degradación de la ley, transformada en ocasiones en simple

247 Se trata de la Ley Orgánica 3/2007 de 22 de marzo, para la Igualdad efectiva de hombres y mujeres. El Consejo de Estado, interviniendo en relación al Anteproyecto (Dictamen 803/2006) señaló: *algunos artículos tienen un marcado carácter programático, no crean derechos ni obligaciones para los particulares ni para la Administración y su incumplimiento no genera consecuencias previsibles, sin que por su ubicación o por su contenido puedan reputarse principios, fines o valores que, con frecuencia, conforman la «parte expositiva» de las normas, donde es usual esa clase de expresiones más generales. Por eso, la factura técnica del Anteproyecto mejoraría si algunas de sus proclamaciones programáticas se trasladasen a su exposición de motivos*. *Vid.* nota siguiente.

248 Hay, sin embargo, una parte del contenido promulgado de las normas con rango de Ley (Las Exposiciones de Motivos o lo preámbulos) que han sido ya caracterizados por el TC como *carentes de valor normativo* Por todas, STC 90/2009 de 20 de abril y 36/1981, de 12 de noviembre. Tales contenidos (que quizá admitan, ahora sí, la calificación de derecho blando) sirven, dice el TC, «*como criterio interpretativo de las disposiciones normativas a las que acompañan para la búsqueda de la voluntad del legislador*».
No obstante, en la medida en que la Exposición de Motivos de la LO 7/2021 contiene una descalificación crítica —casi un mitin de propaganda— contra un partido político que identifica nominalmente, en la peor tradición de mecanismos de propaganda de la Alemania nacionalsocialista o la España franquista (véase, para el caso de España la Exposición de Motivos de la Ley 1/1940 de represión de la masonería y el comunismo), el partido afectado intentó el recurso ante el TC. El Alto Tribunal responde, (Auto TC 95/2021) inadmitiendo el recurso con el argumento de que «*los preámbulos de las leyes al carecer de valor normativo no pueden ser objeto un recurso de inconstitucionalidad*».

aparato «declarativo» de intenciones, finalidades y deseos más propios de un programa político que de un texto normativo técnicamente estructurado.

3.2. La diferente problemática de tres formas de incorporación del derecho blando: Instrucciones jerárquicas, normas fiscales aclaratorias e interpretativas y ejecución del derecho europeo por las autoridades nacionales de regulación y supervisión

Con relación a las normas de rango inferior a la Ley, el problema es algo más complejo porque, en el derecho español, no es la forma (el rotulo o titulación del documento) la que le confiere por sí naturaleza normativa.

La diferencia entre norma y acto administrativo se hace depender de si el contenido se incorpora al ordenamiento y es susceptible de aplicación reiterada en el tiempo o, por el contrario, se agota en un acto de cumplimiento. Al mismo tiempo, existen mandatos jerárquicos internos que se examinan bajo el rótulo de instrucciones y ordenes de servicio que pueden ser objeto de publicidad formal[249], y que, si afectan a sujetos ajenos al aparato administrativo, deben ser consideras normas reglamentarias, pero que pueden resultar fácilmente asimilables a esta temática del derecho blando[250]. Cuando estos instrumentos del poder jerárquico crean obligaciones en los órganos inferiores, pero no en los administrados, no admiten recurso contencioso-administrativo directo, aunque sí a través de la impugnación del acto que, haciendo aplicación de los contenidos de la instrucción, impone su contenido. Por el contrario, si tales circulares o instrucciones se consideran normas reglamentarias, el recurso directo es admisible. La jurisprudencia, por tanto, niega la

249 Art. 6 de la Ley 40/2015 de Régimen Jurídico del Sector Público: «*1. Los órganos administrativos podrán dirigir las actividades de sus órganos jerárquicamente dependientes mediante instrucciones y órdenes de servicio.*
Cuando una disposición específica así lo establezca, o se estime conveniente por razón de los destinatarios o de los efectos que puedan producirse, las instrucciones y órdenes de servicio se publicarán en el boletín oficial que corresponda, sin perjuicio de su difusión de acuerdo con lo previsto en la Ley 19/2013, de 9 de diciembre, de transparencia, acceso a la información pública y buen gobierno.
2. El incumplimiento de las instrucciones u órdenes de servicio no afecta por sí solo a la validez de los actos dictados por los órganos administrativos, sin perjuicio de la responsabilidad disciplinaria en que se pueda incurrir».

250 Las instrucciones y circulares deben examinarse, en principio, al margen del derecho blando. Se trata de medidas de orden interior que tiene un régimen jurídico propio, aunque no muy claro, en el derecho español. No vemos, en realidad, la implicación general de estas realidades con los problemas del derecho blando, a menos que a través de su contenido, se impongan contenidos y soluciones de documentos de derecho blando.

admisibilidad del recurso directo cuando la instrucción «encuentre justificación real en la potestad de autoorganización de la Administración, las prescripciones que incorpore se limiten a establecer criterios interpretativos de la normativa aplicable que se presentan dirigidas en forma directrices de actuación a los órganos jerárquicamente dependientes y, por tanto, sin innovar el ordenamiento jurídico, ni introducir, respecto de terceros, nuevos requisitos o exigencias no previstos en la normativa aplicable»[251].

Un cauce similar de incorporación del derecho blando, con efectos aparentemente solo internos, pero que se imponen ad extra, afectando la posición de los administrados, es aquel en el que el ordenamiento habilita a la administración para dictar «disposiciones aclaratorias» o interpretativas. Así sucede señaladamente en el ámbito tributario, donde, en virtud de preceptos generales (el más conocido, el art. 12 de la Ley 58/2003 General Tributaría: «las disposiciones interpretativas o aclaratorias dictadas serán de obligado cumplimiento para todos los órganos de la Administración Tributaria»)[252] ha ganado autonomía la «función interpretativa general», segregada de la interpretación realizada en la aplicación, caso a caso, de las normas. Las diferentes manifestaciones de tal autonomía (información pública, respuestas a consultas de los administrados sean vinculantes o no vinculantes) incluyen la posibilidad de dictar este tipo de «normas».

Cuando se limitan a «generalizar» soluciones interpretativas previas, ya asumidas en respuestas a consultas, su consideración no normativa hace inviable el recurso contencioso. Por el contrario, cuando se dictan previamente a la aplicación del tributo (como sucede con la Resolución de 25 de junio de 2021, de la Dirección General de Tributos, relativa al Impuesto sobre Determinados Servicios Digitales, dictada unos días después de la publica-

---

251 STS de 19 de diciembre de 2018, ECLI:ES:TS:2018:4565. Un efecto adicional de la negación del carácter reglamentario-normativo de tales circulares o instrucciones jerárquicas es que tampoco se admite el «recurso indirecto» frente a ellas: Este tipo de recurso permite anular una norma reglamentaria ilegal impugnando un acto de aplicación de la misma. Si no se admite el recurso directo (por no ser consideradas normas reglamentarias), la impugnación del acto de aplicación no admite esta modalidad de recurso, aunque sí, naturalmente y en su caso, la anulación del propio acto de aplicación.

252 Sobre la problemática de estas disposiciones aclaratorias o interpretativas, vinculantes para los órganos encargados de aplicación de los tributos y no para los obligados tributarios *vid.* STC 65/2020. Tales normas interpretativas resultan ser el cauce ordinario de incorporación del derecho blando fiscal internacional. *Vid.* por ejemplo, *Resolución de 6 de febrero de 2020, de la Dirección General de Tributos*, que incorporan los Comentarios al artículo 1 del Modelo de Convenio Tributario sobre la renta y sobre el patrimonio de la OCDE (MCOCDE, versión de 2017) y los principios de 1999 del Comité de Asuntos Fiscales de esa organización para asegurar su aplicación a ciertas rentas.
Por primera vez, esta resolución interpretativa declara que, a fin de respetar el principio de confianza legítima, los nuevos criterios «sólo se aplicaran a los hechos imponibles realizados a partir de la fecha de su publicación» (y no a hechos imponibles anteriores no prescritos).

ción del reglamento del impuesto), aunque formalmente se dirijan a los órganos de gestión tributaria, terminan, indirectamente modificando la posición del administrado, que conoce cuál es el criterio que mantendrá la administración... aunque éste no venga determinado por una norma jurídica. La posibilidad de que tal criterio afecte no tanto al sujeto al que se dirige directamente (aquel que se encuentra en la situación de hecho contemplada) sino que termine afectando a terceros (por cuanto los criterios, con seguridad, terminaran configurando objetivamente la actividad objeto del tributo, de un modo o de otro) no es contemplada por el régimen jurídico de este instituto. El recurso contencioso directo será, en consecuencia, inadmisible. Los actos de gestión tributaria que apliquen las normas interpretativas admitirán recurso con regularidad y eventualmente se declararán, caso a caso, contrarios al ordenamiento jurídico; pero el contenido de las «normas aclaratorias» permanece como tal, aunque jurisprudencialmente haya sido condenado.

Todo el aparato normativo de ejecución nacional del derecho europeo se ve afectado por la existencia, en este ordenamiento jurídico, de un muy amplio contenido de derecho indicativo. La presencia de un acto típico («recomendación», art. 287 Tratado de Funcionamiento de la UE) no vinculante, dirigido a los Estados[253], y la posibilidad de que el derecho europeo derivado habilite a organismos e instituciones para dictar recomendaciones o directrices dirigidas a las Autoridades Nacionales de Regulación, hace que, en ocasiones, estas aprueben sus propios documentos. En otras ocasiones, las autoridades nacionales, ejercitando sus propias competencias, hacen aplicación interna de aquel derecho indicativo, dando lugar a normas o actos, cuya legalidad, conforme al derecho europeo, puede depender de su respeto al derecho blando generado por las autoridades europeas.

Con relación al primer aspecto, en el ámbito de la supervisión financiera, por ejemplo, el Banco de España ha elaborado en ciertos campos, sus propias guías

253 Por ejemplo, Recomendación (UE) 2022/107 del Consejo de 25 de enero de 2022 sobre un enfoque coordinado para facilitar la libre circulación segura durante la pandemia de COVID-19, Diario Oficial de la Unión Europea (DOUE) núm. 18 de 27 de enero de 2022.
Sobre el régimen jurídico de tales actos no vinculantes y las estrechas vías de recurso procedentes, que aquí no son objeto análisis, *vid.* las *Conclusiones*, del Abogado General M. Bobek, en el asunto FBF c. ACPR, C911/19. El mismo Abogado General había ya reflexionado sobre esta realidad en sus *Conclusiones* en la causa Reino de Belgica c. Comisión Europea, C16/16 P, donde afirma: «*el Tribunal de Justicia ha enunciado hasta el momento con respecto a las recomendaciones el deber de que los órganos jurisdiccionales las tengan en cuenta a la hora de interpretar la normativa nacional que aplica dichas disposiciones. Es bastante evidente que las recomendaciones no pueden generar derechos que los particulares puedan invocar ante un órgano jurisdiccional nacional. Sin embargo, en la sentencia Grimaldi, el Tribunal de Justicia también añadió que las recomendaciones "no pueden considerarse como actos carentes de todo efecto jurídico, los órganos jurisdiccionales nacionales deben tenerlas en cuenta a la hora de resolver los litigios de que conocen, sobre todo cuando aclaran la interpretación de aquellas disposiciones nacionales que fueron adoptadas con la finalidad de garantizar su aplicación, o también cuando tienen como finalidad completar las disposiciones comunitarias que tienen carácter obligatorio"*».
«Tener en cuenta» significa, seguramente, motivar el apartamiento del criterio interpretativo.

(con el efecto legal que resulta del art. 54 de la ley 10/24 de ordenación supervisión y solvencia de entidades de crédito: El Banco de España podrá requerir a las entidades y grupos supervisados «una explicación de los motivos por los que, en su caso, se hubieran separado de dichos criterios, prácticas, metodologías o procedimientos»)[254] mientras que, en otros ámbitos, toma como propias las guías procedentes de otras instituciones[255]. En la medida en la que la «supervisión» incluye la potestad de emitir requerimientos y en su caso, imponer sanciones, las Guías y otros documentos de derecho blando terminan configurando la conducta de las entidades como si se les hubiese impuesto auténticos deberes públicos, pero el contenido de tales documentos no parece directamente enjuiciable por la jurisdicción contencioso-administrativa[256].

Las autoridades nacionales que ejecutan derecho europeo, por otra parte, en muchas ocasiones hacen directa aplicación del derecho blando de procedencia europea, o ellas mismas actúan a través de instrumentos que, por no poder ser calificados conforme al derecho interno de disposición administrativa de carácter general o de acto administrativo, deben merecer aquella calificación. Así, cuando en virtud del art. 16 del Reglamento UE 1093/2010[257], la Autoridad Bancaria Europea dictó las directrices sobre gobernanza y vigilancia

254 Este modo de operar del derecho blando que impone consecuencias jurídicas, pero no obliga, se expresa en ocasiones con los términos «cumple o explica» y resulta muy utilizada en el ámbito de la supervisión de los mercados financieros. Fue introducido en España por la Ley 26/2003 de reforma de la Ley del Mercado de Valores y de la Ley de Sociedades Anónimas, como una exigencia del buen Gobierno Corporativo.

255 Por ejemplo, *Directrices sobre sobre un método común de evaluación para conceder la autorización como entidad de crédito con arreglo al artículo 8, apartado 5, de la Directiva 2013/36/UE* (EBA/GL/2021/12)

256 Conforme a la legislación financiera, la Orden Ministerial ECO/734/2004 reguló la obligación de que las entidades supervisadas por el Banco de España contasen con un servicio de atención al cliente. El Banco de España ha aprobado y publicado su propia *Guía* sobre ese servicio, por lo que sujetará al contenido de esta la actividad administrativa de «verificación» de la existencia o no de tal servicio en cada entidad. Ante una exigencia del supervisor, ajustada a su propia Guía, pero no conforme con la regulación de derecho objetivo que existe sobre ese servicio, las vías de recurso contencioso permanecen abiertas, pero no será objeto de enjuiciamiento la regularidad objetiva de dicha *Guía*, sino exclusivamente las consecuencias de su exigencia.

257 El precepto añade: «Las autoridades competentes y las entidades financieras harán todo lo posible para atenerse a estas directrices y recomendaciones.
En el plazo de dos meses a partir de la formulación de una directriz o recomendación, cada una de las autoridades competentes confirmará si la cumple o si se propone cumplirla. En el caso de que una autoridad competente no la cumpla o decida no cumplirla, lo comunicará a la Autoridad y expondrá sus motivos.
La Autoridad hará público el hecho de que una autoridad competente no cumple o no tiene intención de cumplir dicha directriz o recomendación. La Autoridad también podrá decidir, en cada caso, publicar los motivos presentados por la autoridad competente para no cumplir dicha directriz o recomendación. La publicación debe notificarse previamente a la autoridad competente».

de productos de banca minorista (EBA/GL/2015/18 de 22 de marzo 2016), la Autoridad Española (El Banco de España) optó, simplemente, por publicarla y adoptarla como una más de sus «Guías». No se advierte cómo, sin esperar a algún acto de aplicación de esta (o sin la incorporación de las directrices europeas mediante el ejercicio propio de la potestad reglamentaria que corresponde al Banco de España a través de las oportunas Circular, nombre que recibe esta peculiar potestad reglamentaria) podría ser enjuiciado y discutido ese producto de derecho blando, autorizado por el derecho europeo[258]. Pero, en cualquier caso, las directrices (derecho blando europeo) se ha transformado en derecho estricto interno[259].También en el campo de la supervisión del sector financiero, la Comisión Nacional de Mercado de Valores desempeña un papel trascendental en el que a veces utiliza potestades estrictamente normativas que le son atribuidas por el ordenamiento, y en otras ocasiones acude al derecho bando[260].

---

258 En Francia, sin embargo, la Autoridad de Control Prudencial y de Resolución (ACPR) declaró expresamente que cumpliría con las Directrices de la Autoridad Bancaria Europea (ABE) sobre procedimientos de gobernanza y vigilancia de productos de banca minorista. La Federación de Banca Francesa presentó ante el *Conseil d'État* una solicitud dirigida a la anulación del dictamen-acuerdo de la ACPR. En opinión de la FBF, las Directrices de la ABE, que devenían aplicables en virtud del dictamen, eran inválidas, debido a la falta de competencia de la ABE para emitirlas. El asunto dio lugar a una cuestión prejudicial ante el TJUE (asunto C911/19) que concluyó con la STJUE de 5 de julio 2021 ECLI:EU:C:2021:599. El Tribunal declara: Los actos de derecho indicativo tales como las recomendaciones no pueden ser objeto de recurso de anulación (directo) ex art. 263 TFUE, pero admiten la posibilidad de su enjuiciamiento por la vía de cuestión prejudicial planteada por un órgano judicial competente de un Estado miembro y lo que es más trascendente, «*El Derecho de la Unión no impone que la admisibilidad, ante un órgano jurisdiccional nacional, de una excepción de ilegalidad dirigida contra un acto de la Unión esté supeditada al requisito de que dicho acto afecte directa e individualmente al justiciable que invoca esa excepción*».
El complejo problema del derecho blando europeo y la posición de los tribunales nacionales no es abordado aquí. *Vid.*, por todos, Gentile, G.: «To be or not to be (legally binding)? Judicial review of EU soft law after BT and Fédération Bancaire Française», *Revista de Derecho Comunitario Europeo,* 70, 981- 1005.

259 Gentille, *cit*. P. 990: «La producción de efectos jurídicamente vinculantes se hace particularmente evidente cuando las autoridades nacionales deciden cumplir con las directrices de la EBA. Al decidir cumplir con las directrices, la autoridad nacional de facto hace que las directrices sean vinculantes a nivel nacional además de cualquier ley dura de la UE...».

260 El art. 21 del Real Decreto Legislativo 4/2015 que aprueba el Texto Refundido de la CNMV dice, separando ambas vertientes: «1. La Comisión Nacional del Mercado de Valores, para el adecuado ejercicio de las competencias que le atribuye esta ley, podrá dictar las disposiciones que exija el desarrollo y ejecución de las normas contenidas en los reales decretos aprobados por el Gobierno o en las órdenes del Ministro de Economía y Competitividad, siempre que estas disposiciones le habiliten de modo expreso para ello. 2. Las disposiciones dictadas por la Comisión Nacional del Mercado de Valores, a que se refiere el apartado anterior se elaborarán por ésta, previos los informes técnicos y jurídicos oportunos de los servicios competentes de la misma. Tales disposiciones *recibirán la denominación de Circulares*, serán aprobadas por el Consejo de la Comisión, no surtirán efectos hasta tanto sean publicadas en el «Boletín Oficial del Estado» y entrarán en vigor conforme

Un supuesto algo diferente se produce cuando la autoridad nacional de regulación debe adoptar alguna medida interna dirigida por derecho blando europeo. Es el caso, por ejemplo, de cierta actuación de la Comisión Nacional de Mercados y Competencia (CNMC) actuando como regulador en el sector de las comunicaciones electrónicas. En virtud del derecho europeo[261] y del derecho interno, el regulador debe definir y analizar los mercados de referencia, determinar los operadores con poder significativo en el mercado, e imponer, mantener, modificar o suprimir obligaciones específicas a dichos operadores, sobre la base de las Directrices establecidas por la Comisión Europea[262].

Ejercitando esa potestad, la CNMC dicta sus propias medidas[263]. La impugnación de la medida nacional será posible conforme al derecho interno[264], y

---

a lo dispuesto en el artículo 2.1 del Código Civil. 3. La Comisión Nacional del Mercado de Valores podrá elaborar guías técnicas, dirigidas a las entidades y grupos supervisados, indicando los criterios, prácticas, metodologías o procedimientos que considera adecuados para el cumplimiento de la normativa que les resulte de aplicación. Dichas guías, que deberán hacerse públicas, podrán incluir los criterios que la Comisión Nacional del Mercado de Valores seguirá en el ejercicio de sus actividades de supervisión. La Comisión Nacional del Mercado de Valores podrá requerir a las entidades y grupos supervisados una explicación de los motivos por los que, en su caso, se hubieran separado de dichos criterios, prácticas, metodologías o procedimientos».

Ejemplo de la primera metodología (ratificada en art. 271-4: Se consideran normas de ordenación y disciplina del Mercado de Valores las leyes y disposiciones de carácter general que contengan preceptos específicamente referidos a las entidades, los reglamentos de la Unión Europea y demás normas aprobadas por las instituciones de la Unión Europea que resulten de aplicación directa, *así como las Circulares aprobadas por la Comisión Nacional del Mercado de Valores previstas en el artículo 21*), la Circular (norma reglamentaria) 1/2022 relativa a publicidad sobre criptoactivos. Ejemplo de lo segundo, las diversas «guías» o criterios sobre comunicación y publicación de operaciones vinculadas que resultan ahora del art. 529 vicies de la Ley de Sociedades de Capital, una vez modificada por la Ley 5/2021. Estas últimas se presentan a sí mismas diciendo: «*Este documento no tiene carácter normativo*. Tiene como finalidad transmitir al sector y, en concreto, a los participantes de los mercados financieros, criterios de interpretación para una adecuada aplicación de las obligaciones de información...».

261 Directiva (UE) 2018/1972 de 11 de diciembre de 2018 por la que se establece el Código Europeo de las Comunicaciones Electrónicas (2018 DOUE L321/36).

262 *Recomendación (UE) 2020/2245 de la Comisión de 18 de diciembre de 2020 relativa a los mercados pertinentes de productos y servicios dentro del sector de las comunicaciones electrónicas que pueden ser objeto de regulación ex ante de conformidad con la Directiva (UE) 2018/1972 por la que se establece el Código Europeo de las Comunicaciones Electrónicas.* DOUE C159/1 de 7 de mayo de 2018.

263 Por ejemplo, Resolución de 29 de marzo de 2022, de la Comisión Nacional de los Mercados y la Competencia, por la que se publica la *Resolución relativa a la definición y análisis del mercado de acceso de alta calidad al por mayor facilitado en una ubicación fija* (ANME/DTSA/003/20/M2ampliado-2020)

264 De nuevo, en el derecho español, debe tenerse presente que la Autoridad Nacional de Regulación (es el caso de la CNMC) puede disponer de potestades normativas (potestad reglamentaria que dará lugar a Circulares) o resolutorias (acto administrativo), categorías que dan lugar a un diferente mecanismo de impugnación.

la cuestión es si el parámetro de las directrices o derecho blando europeo puede actuar como criterio de legalidad. Así será, sin lugar a duda, cuando, en la configuración legal interna de las potestades otorgadas a la ANR, se haya condicionado expresamente su ejercicio a los documentos, directrices o recomendaciones procedentes del derecho europeo. Y así será también cuando el propio derecho europeo haya configurado de ese modo la potestad del regulador nacional. El derecho blando, en virtud de la previsión europea o nacional, se transforma en parámetro de la legalidad de la actuación reguladora, esto es, en derecho estricto.

La propia entidad últimamente citada, la CNMC, actuando ahora como autoridad de defensa de la competencia, utiliza con regularidad derecho blando en ejercicio de su potestad sancionadora[265], ámbito marcado, en principio, por el juego de la estricta legalidad y tipicidad de infracciones y sanciones. El origen de tal derecho blando tiene que ver con el sistema de defensa de la competencia configurado por el derecho europeo, con base en Reglamento (UE) 1/2003. Con fundamento en esa norma, la Comisión Europea dictó sus «Directrices para el cálculo de las multas impuestas en aplicación del art. 23 de Reglamento 1/2003». En muchas ocasiones, son las autoridades nacionales las llamadas a intervenir y sancionar. La CNMC está expresamente habilitada por la legislación de competencia (y por su propia normativa) para dictar las «comunicaciones que aclaren los principios que guían su actuación»[266]. Dando cumplimiento a ese marco normativo, el organismo español aprobó, en 2009, su propia «Comunicación sobre la cuantificación de las sanciones derivadas de infracciones de los artículos 1, 2 y 3 de nuestra Ley 15/2007, de 3 de julio, de defensa de la competencia y de los actuales artículos 101 y 102 del Tratado de Funcionamiento de la Unión Europea». Las interpretaciones allí contenidas del derecho nacional y europeo resultaron discrepantes con las mantenidas por la jurisprudencia[267] en los recursos planteados frente a las sanciones por infracción de la legislación de defensa de la competencia, que habían aplicado la Comunicación para determinar las cuantías máximas.

Finalmente intervino el Tribunal Supremo (STS 29 julio 2015) estableciendo jurisprudencialmente nuevos parámetros de determinación de la cuantía de las sanciones, pero la CNMC continuó aplicando su Comunicación, hasta la

---

265 Díez Estella F. y García Verdugo: «Las *Guidelines* del Bundeskartellamt como referencia para las multas de la CNMC tras la Sentencia del Tribunal Supremo de 29 de enero de 2015». *Anuario de la Competencia* 2015, Fundación ICO, Madrid, 2016, pp. 341 a 362; Ortega Bernardo, J.: «*Soft law & Antitrust law*. Comentario a la STS de 29 de enero de 2015 en su valoración de los criterios de soft law que aplica la CNC (actual CNMC)». *Red Académica de Derecho de la Competencia* (RADC). *Comunicación para la 1a Jornada Anual*. Junio 2015.

266 Art. 30-3 de la Ley 3/2013 de creación de la CNMC.

267 Desde, por lo menos, la Sentencia de la Audiencia Nacional de 6 de marzo de 2013. *Vid.* Sobre todo ello, Díez Estella F. y García Verdugo, *cit.* p. 342 y ss.

adopción por de unas nuevas «Indicaciones provisionales sobre determinación de las sanciones derivadas de las infracciones a los arts. 1, 2 y 3 de la Ley 15/2007, de 3 de julio, de Defensa de la Competencia, y de los artículos 101 y 102 del Tratado de Funcionamiento de la Unión Europea».

La importancia de éste campo del derecho blando es notable: Está en juego en principio de legalidad de la sanción, pero el derecho europeo impone su lógica y, por una parte, precisa que el poder sancionador debe ser fruto de cierta discrecionalidad de la autoridad nacional de regulación y que sus efectos sean disuasorias (es decir, iguales o superiores al beneficio obtenido en la infracción); por otra parte, la solución «normativa» (la configuración reglamentaria de los criterios de imposición de sanciones, mediante el desarrollo normativo de lo previsto en la Ley de Defensa de la Competencia) podría atentar a las condiciones de «independencia» que el derecho europeo exige a la Autoridad Nacional[268].

3.3. La aplicación del derecho blando

La caracterización dogmática de la presencia y aplicación del fenómeno llamado «derecho blando» en el contexto español parece ya posible. En primer lugar, en cuanto a su naturaleza jurídica, no parece que los diferentes instrumentos en que se manifiesta puedan incardinarse entre las estrictas normas jurídicas o fuentes de deberes públicos *sensu strictu*. En realidad, desde el punto de vista del ordenamiento interno (prescindiendo de la importante problemática en el derecho internacional y del derecho europeo), cuando no se trate de documentos que puedan referirse a alguna clase de consentimiento o aceptación voluntaria (en cuyo caso, como sucede en el ámbito jurídico privado, la autonomía de la voluntad o los usos del tráfico jurídico pueden ofrecer suficiente caracterización dogmática[269]) no debería

268 *Vid.* Ortega Bernando, J, *cit.*, p. 12: «La otra solución sería que los criterios legales contenidos en los arts. 63 y 64 Ley de Defensa de la Competencia que cumplen con la exigencia de predeterminación normativa de las sanciones que se deriva del principio de reserva de ley en este ámbito (art. 25 CE), pudieran ser objeto de desarrollo y de una mayor precisión por medio de la aprobación de una norma reglamentaria dictada por el Consejo de Ministros (art. 97.1 CE).El problema que ello suscita es que justamente lo que se pretende en este ámbito es que quien aplique, el Derecho administrativo sancionador en materia de la competencia, sea una Administración que actué con autonomía funcional y que no se encuentre sometida jerárquicamente al Gobierno. Se entiende que una organización dirigida exclusivamente por expertos independientes en este ámbito, libre de interferencias gubernativas, se va a encontrar en mejores condiciones de ejecutar una política en materia de defensa de la competencia que refuerce la protección del principio de libre concurrencia empresarial...».

269 Sobre la recepción del derecho blando en la jurisprudencia privatistica española, *vid.* Vaquer Aloy, A.: «El Soft Law europeo en la jurisprudencia española: doce casos». *Ars Iuris Salmanticensis*, vol. 1, 93-115 junio 2013.

situarse el derecho blando en la temática tradicional de las fuentes[270]. Por el contrario, y, aunque en cualquier caso es una problemática que tiene que ver con la aplicación del derecho, el valor del derecho blando en la interpretación resulta parcialmente distinto cuando esta se realiza por la función jurisdiccional y cuando es la administración pública la que aplica el derecho estricto.

En la aplicación jurisdiccional del derecho blando, el juez español, que está obligado a aplicar el sistema de fuentes en sentido estricto (pero no el derecho blando), debe hacerlo, bajo la regla de la supremacía constitucional y de la interpretación conforme a la misma, considerando «*el contexto, los antecedentes históricos y legislativos, y la realidad social del tiempo en que han de ser aplicada*s» (art. 3 del Código civil). Frente a la mención a los puros «antecedentes históricos», que era lo propio de la interpretación jurisdiccional de las normas, el derecho blando ha introducido, un nuevo parámetro de interpretación que obliga a situar «*pro futuro*» la aplicación de la norma («la realidad social» del tiempo en que han de ser aplicadas las normas, a la que se refiere el art. 3. Del Código civil): Ese carácter «programático», tantas veces aludido de buena parte del derecho blando, significa esto, y por ello se explica también el «mandato de optimización», con el que a veces se describe el «derecho no vinculante»[271].

Pocos instrumentos blandos tendrán fuerza suficiente para alterar esta posición del órgano jurisdiccional español que, lógicamente, puede *argumentar y fallar* al margen de las soluciones que aquellos ofrezcan. Puede que, incluso, esté obligado a hacerlo. Por ello, la jurisprudencia que haga aplicación interpretativa del derecho blando también queda sujeta a derecho interno[272]. La muy particular situación del juez interno cuando aplica derecho

270 *Vid.*, en contra, SARMIENTO, D.: «La autoridad del derecho y la naturaleza del soft law». *Cuadernos de Derecho Público* núm. 28 (mayo agosto 2009), p. 223.: «en términos analíticos el soft law desempeña la función de un principio general del Derecho, como mandato de optimización que requiere del intérprete una maximización de sus contenidos».
El tema es, en la práctica española, extraordinariamente confuso, al menos terminológicamente. Por ejemplo, «guías de buenas prácticas» agrícolas que se declaran de aplicación *obligatoria* en ciertas condiciones (Real Decreto 47/2022 sobre protección de las aguas frente a contaminación difusa producida por nitratos procedentes de fuentes agrarias) sin que las mismas tengan carácter normativo-reglamentario *estricto sensu*.

271 Así, la interpretación y aplicación de la «objeción de conciencia» como motivo para solicitar asilo en España, interpretada por la Audiencia Nacional sobre la base de la Directriz número 10 de la ACNUR, SAN 3 de octubre 2019 ECLI:ES:AN:2019:3802.

272 *Vid.* STS de 3 de marzo 2020 ECLI:ES:TS:2020:1071. El Tribunal Supremo casa y anula la anterior sentencia de la Audiencia Nacional que había interpretado y aplicado el Convenio Internacional Hispano Suizo sobre doble imposición, a la luz de los nuevos comentarios de la OCDE a sus Modelos de Convenios: «Las reglas, modelos o comentarios que inspiran normalmente la redacción de los convenios no son fuentes normativas que condicionen o vinculen nuestro criterio, ni pueden ser invocadas como infringidas en casación... tal interpretación no podría fundarse exclusivamente en comentarios, modelos o pautas interpretativas que no hayan sido explícitamente asumidos por los Estados signatarios en

europeo presenta matices muy relevantes que tras la Sentencia del Tribunal de Justicia (TJUE) de 5 de julio 2021 (FBF c. ACPR, C911/19) no parecen haber quedado resueltos[273].

Cuando, por el contrario, es la administración la que aplica el derecho blando, la situación remite a los límites de la legalidad y a las potestades discrecionales y expresa una forma de auto-vinculación, cuyo contenido es exigible en el ejercicio de la propia discrecionalidad. En el campo de la regulación económica, este papel del fenómeno es absolutamente decisivo y ha sido destacado por nuestra mejor doctrina[274].

Si el derecho blando creado por la propia administración resulta obligatorio cuando ejerce potestades discrecionales configuradas por aquel, *¿quid iuris* respecto del derecho blando ajeno? Salvo que tal vinculación venga impuesta expresamente por la legalidad (como resulta posible), sólo la doctrina del precedente permite fundamentar tal exigibilidad. Por tanto, se trata de una vinculación de principio que, sin embargo, con la motivación suficiente y expresa, puede ser descartada caso a caso[275].En cualquiera de los dos casos, el problema del origen y creación del derecho blando resulta decisivo.

Caracterizado el derecho blando en fase aplicativa, por actuar conjuntamente con fuentes estrictas de derecho objetivo y carecer por sí mismo de efectos jurídicos obligatorios[276], su presencia en el ordenamiento jurídico administrativo plantea, en efecto, un problema previo, el de la creación del mismo. Con relación a él, como queda advertido, la introducción en la jurisprudencia de criterios contenidos en documentos de derecho blando no altera la naturaleza del resultado: El producto sigue siendo «jurisprudencia» y, por tanto, sin valor de fuente formal del derecho en el derecho español[277].

---

sus convenios, a los efectos de los artículos 94 y 96 de la Constitución, sin perjuicio de que el criterio establecido pueda servir de orientación a los tribunales cuando el comentario o recomendación pueda coincidir con la resultante de interpretar el propio convenio u otros, o las demás fuentes del ordenamiento...».

273 GENTILE, *cit.* g. «la forma en que los tribunales nacionales deben manejar el derecho indicativo de la UE en las disputas pendientes ante ellos flota en una nube de vaguedad...».

274 ARIÑO ORTIZ, G.: «El control judicial de las Entidades Reguladoras. La necesaria expansión del Estado de Derecho», *Revista de Administración Pública*, 182, 9-37. En particular se indica que el *soft law* contribuye a la exigencia de criterio previo, transparencia, vinculación a los precedentes e igualdad y reducción de la discrecionalidad regulatoria.

275 Esto es lo que expresa hoy el art. 35 de la Ley 39/2015 de procedimiento administrativo común: Serán motivados «los actos que se separen del criterio seguido en actuaciones precedentes...».

276 El Abogado General BOBEK en sus *Conclusiones* en el asunto FBF c. ACPR TJUE, C911/19, citadas, insiste en este matiz que consideramos muy importante a los efectos de reconstruir el papel del derecho blando de origen administrativo.

277 Es por ello muy importarte la afirmación del Tribunal Supremo en el sentido de que «no

En el ámbito contencioso-administrativo, la infracción de la jurisprudencia permite recurrir en casación determinadas resoluciones judiciales, bien por infracción del ordenamiento jurídico, bien por infracción de jurisprudencia (art. 88 1 LJ). La admisión del recurso requiere la apreciación del que el asunto entraña «interés casacional», esto es, la importancia de que sobre algún punto de derecho «se fije doctrina». Es el interés objetivo para la formación de jurisprudencia (art. 88.1 de la LJ) el que motivara la admisión del recurso.

Pues bien, uno de los casos en los que la propia LJ presume la existencia de ese interés es aquel en el que la resolución recurrida «resuelva recursos contra actos o disposiciones de los organismos reguladores o de supervisión o agencias estatales cuyo enjuiciamiento corresponde a la Sala de lo Contencioso-administrativo de la Audiencia Nacional» (art. 88.3.d LJ). Si, como se ha advertido, son precisamente estos organismos administrativos los que actúan buena parte del derecho blando, se comprende que, por esta vía (la *doctrina legal* fijada en las sentencias que resuelvan recursos de casación) el derecho blando puede «crearse», o, judicialmente interpretado, trasmutar en doctrina legal que, en el futuro, condicionará la regularidad de pronunciamientos sucesivos, en la medida en que también se presume interés casacional cuando la resolución *se aparte de la jurisprudencia existente* de modo deliberado por considerarla errónea o de modo inmotivado pese a haber sido citada en el debate o ser doctrina asentada[278].

La aplicación de los criterios contenidos en documentos o instrumentos de derecho blando de éste conjunto de organismos públicos, amparados por la fuerza de la «doctrina legal» de las sentencias de casación que los confirmen o interpreten, se transforma en una forma de *recreación* de derecho blando, en la medida en que, aquellos organismos, reintroducen la interpretación o confirmación jurisprudencial previamente realizada en las sucesivas versiones o en la evolución del propio derecho blando anteriormente publicado.

Cuando es la administración la que crea o introduce su propio derecho blando, el principio de legalidad ordena por completo el proceso de crea-

es admisible sin el sustento de una justificación directa en las propias fuentes del ordenamiento jurídico, incluidos los tratados y convenios... aplicar la pauta interpretativa suministrada por un instrumento de *soft law*».

Vid. Sobre esta jurisprudencia en materia de fiscalidad internacional, Calderón Carrero, J. M.:. «Nueva doctrina del Tribunal Supremo sobre el beneficiario efectivo y los límites a la utilización del Soft-Law: el caso Colgate Palmolive». Jurisprudencia. Comentarios. *Quincena Fiscal*. 2/2021, en un comentario a la STS de 23 de noviembre de 2020.

278 El «precedente» no constituye fuente de derecho en el sistema español y el tribunal puede válidamente, con la debida motivación, apartarse de pronunciamientos previos. No obstante, la infracción de jurisprudencia establecida sobre un punto, es un motivo casacional también en lo contencioso administrativo: Se presume la existencia de interés casacional objetivo cuando la resolución recurrida «se aparte deliberadamente de la jurisprudencia existente al considerarla errónea» (art. 88.2 LJ)

ción, validez, aplicación y control de este. Destacado constitucionalmente como soporte del derecho administrativo español (arts. 1, 9, 105, 106 C. E.) el principio de legalidad implica que la creación de derecho blando debe estar previa y legalmente habilitada: Para el derecho español (que hace de las potestades administrativas un eje estructural) es necesario configurar, con fundamento en el derecho positivo, una *potestad* capaz de producir derecho blando.

El poder jerárquico, a través de instrucciones, circulares y órdenes del servicio («directivas de actuación que las autoridades superiores imponen a sus subordinados en virtud de las atribuciones propias de esa jerarquización con efectos exclusivamente ad intra», dice nuestro Tribunal Constitucional, STC 26/86) podría incorporar mandatos de derecho blando, con fundamento en el art. 6 de la Ley 40/2015, aunque no supongan una manifestación de la potestad reglamentaria[279]. Por dominar en otros instrumentos el carácter exclusivamente informativo (cartas de servicios), vinculados a la calidad de la gestión administrativa[280], no parece que puedan introducir derecho blando (pese al tratamiento indiferenciado que ofrece el art. 7-a de la Ley 19/2013 de transparencia) salvo en lo vinculado la calidad de la prestación del propio servicio. En la medida en que se comprometen estándares de servicio con publicidad, la administración que las aprueba y publica, puede quedar sujeta a la legislación de protección de consumidores y usuarios en la media en que la «oferta» de prestaciones administrativas vincule a su cumplimiento[281].

Más habitualmente, la potestad para crear derecho blando esta específicamente reconocida en la Ley que habilita a determinados organismos para actuar en ese sentido. Como se ha citado, es el caso de la CNMV, de la CNMC y de los organismos de supervisión y regulación. La normativa de la CNMV le atribuye no solo potestad normativa si no también la posibilidad de «*elaborar guías técnicas*, dirigidas a las entidades y grupos supervisados, indicando los criterios, prácticas, metodologías o procedimientos que considera ade-

279 El régimen de publicidad de tales instrumentos, resultado del art. 7 de la Ley 19/2013 de transparencia y buen gobierno: «Información de relevancia jurídica. Las Administraciones Públicas, en el ámbito de sus competencias, publicarán: a) *Las directrices, instrucciones, acuerdos, circulares o respuestas a consultas planteadas por los particulares u otros órganos en la medida en que supongan una interpretación del Derecho o tengan efectos jurídicos*».

280 Para el caso de España, se remontan, al menos al Real Decreto 125/1999, seguido después por el RD 951/2005 y diferentes normas de las Comunidades Autónomas para sus respectivas organizaciones. En todas las normas se determina el proceso de formación, el contenido y el órgano llamado a aprobarlas en cada caso, elementos que configuran suficientemente la potestad.

281 El art. 61 del Real Decreto Legislativo 1/2007 (Defensa de consumidores y usuarios) señala. «el contenido de la oferta, promoción o publicidad, las prestaciones propias de cada bien o servicio, las condiciones jurídicas o económicas y garantías ofrecidas serán exigibles por los consumidores y usuarios...».

cuados para el cumplimiento de la normativa que les resulte de aplicación. Dichas guías, que deberán hacerse públicas, podrán incluir *los criterios* que la Comisión Nacional del Mercado de Valores seguirá en el ejercicio *de sus actividades de supervisión*». Igualmente, la Comisión puede «hacer suyas, desarrollar y complementar o adaptar las Guías que aprueben los organismos o comités internacionales en la regulación y supervisión del mercado de valores» (art. 21.3 Real Decreto Legislativo 4/2015). El efecto legal de estos documentos radica en que «la Comisión Nacional del Mercado de Valores *podrá requerir a las entidades y grupos supervisados una explicación de los motivos por los que, en su caso, se hubieran separado de dichos criterios, prácticas, metodologías o procedimientos*». La normativa de la CNMC, como ya se ha anotado, después de destacar las funciones que corresponden a sus diferentes ámbitos materiales de actuación, indica que, además del ejercicio de potestad reglamentaria propia, «la Comisión Nacional de los Mercados y la Competencia podrá dictar comunicaciones que aclaren los principios que guían su actuación» (art. 31.3)[282].

También queda señalado que el Banco de España, además de poder normativo reglamentario propio, es titular de la potestad para elaborar y publicar guías técnicas, dirigidas a las entidades y grupos supervisados, indicando los criterios, prácticas, metodologías o procedimientos, que considera adecuados para el cumplimiento de la normativa de supervisión. Dichas guías «podrán incluir los criterios que el propio Banco de España seguirá en el ejercicio de sus actividades de supervisión. Adicionalmente, el Banco de España podrá hacer suyas, y transmitir como tales a las entidades y grupos, las guías que, sobre dichas cuestiones, aprueben los organismos o comités internacionales activos en la regulación y supervisión bancarias».

Fuera de tales ámbitos, también la legislación sanitaria y de salud pública ha previsto la posibilidad de emitir recomendaciones destinadas al público en general que han tenido, con ocasión de la pandemia COVID, un amplio uso. Su trascendencia (en principio únicamente informativa) ha radicado en que, incluidas las recomendaciones en el conjunto de los planes de medidas de salud pública adoptadas, las recomendaciones han terminado por ser obligatorias, en cuanto la conducta que no se ajustaba a ellas podía ser sancionada administrativamente, o al menos influir en la valoración del riesgo para la salud colectiva en que había incurrido el sujeto y determinar una mayor sanción[283].

---

282 La Comunicación 1/21 de 20 de diciembre, por ejemplo, tiene como objeto, «los criterios utilizados por la CNMC en la tramitación de las controversias que se le han presentado en el ámbito del acceso a infraestructuras físicas de alojamiento de redes de comunicación electrónicas y los principios generales que podrán regir la actuación de la CNMC en este ámbito en el futuro» .BOE 19 de enero 2022 p. 5544.

283 En el caso de la Comunidad Autónoma de Castilla y León, el fenómeno determinó un cambio normativo, incluyendo la modificación de la Ley de Salud por Decreto Ley 10/202, la obligación genérica de todas las personas de «adoptar las medidas necesarias para evitar

La creación y recepción de derecho blando cuenta, por tanto, con atribución expresa de potestad administrativa, tanto en el ámbito interno jerárquico, como en el más significativo de la actuación de organismos de supervisión y regulación o en otros en los que predomina la función de *advertencia* o información de riesgos. El efecto de tal potestad o no alcanza *ad extra* a sujetos ajenos al estricto poder jerárquico, tampoco implica la sujeción de los destinatarios a otra obligación que no sea la de «*cumplir o explicarse*», es decir, motivar porque una conducta o criterio diferente a la contemplada en el derecho blando cumple con la legalidad estricta.

En cualquier caso, se trata de una potestad bien diferente de la mera información o publicidad. Por tanto, se sujeta a los límites legales propios de toda potestad: Procedimiento, contenido y forma. La cuestión es, por tanto, si tales documentos de derecho blando son susceptibles de recurso contencioso-administrativo, a fin de exigir el cumplimiento de aquellos condicionantes legales[284].

3.4. El control contencioso-administrativo

La aplicación del derecho blando puede ser fácilmente objeto de recurso contencioso en la medida en que este se interponga contra actos de ejecución, normas jurídico-reglamentarias que lo incorporan al derecho interno, o sentencias susceptibles de casación que lo utilizan como criterio jurisprudencial. No sucede lo mismo con la posibilidad de recurrir los actos de creación administrativa del derecho blando.

La razón de ello es doble. Por una parte, el recurso contencioso-administrativo en España, se mueve entre dos tendencias. Una afirma que toda la actuación administrativa debe sujetarse a control judicial (en la medida en que ello es exigible por el art. 24 de la C. E., derecho fundamental a la tutela judicial efectiva) y encuentra expresión en la propia LJ (art. 1, el objeto de la jurisdicción contenciosa es la «actuación de las administraciones publicas sujeta a derecho administrativo»); la otra, también presente en la propia LJ, solo admite recurso frente a actos administrativos, disposiciones reglamentarias, ciertos supuestos de inactividad y actividad material constitutiva de vía de hecho[285]. Los documentos de derecho blando, por tanto, para poder

la generación de riesgos de propagación de la enfermedad, así como la exposición propia y ajena a dichos riesgos, de acuerdo con las normas, órdenes, y *recomendaciones* de las autoridades sanitarias».

284 Ya hace bastante tiempo, De La Cuetara, M. advirtió de una posible ruptura del principio de legalidad en este campo. *Vid.* «Las normas recomendadas, ¿una fisura en el principio de legalidad?». *Revista de derecho de las telecomunicaciones*, 2, 1998, p. 152.

285 Art. 25 LJ: «1. El recurso contencioso-administrativo es admisible en relación con las *disposiciones de carácter general y con los actos expresos y presuntos de la Administración pública* que pongan fin a la vía administrativa, ya sean definitivos o de trámite, si estos

ser objeto de recurso directo (independientemente del recurso contra los actos de aplicación) necesitan ser conceptuados como acto administrativo o como disposición administrativa de carácter general (reglamento).

Por otra parte, con alguna excepción, la inexistencia de un recurso contencioso-administrativo puramente «objetivo», que no requiera condiciones particulares de legitimación (el derecho o el interés legítimo afectado por la actuación administrativa) contribuyen igualmente a hacer difícilmente admisible el recurso, en la medida en que puede objetarse que el puro documento de derecho blando no afecta o perjudica (a falta de su aplicación concreta) a derechos o intereses legítimos.

Frente a la primera dificultad, la jurisprudencia española encontró la forma, desde 2005 de pronunciarse cautelarme sobre una «carta» de la CNMV que advertía de la obligación de pasividad de una sociedad que había sido objeto de una Oferta Pública de Adquisición de acciones[286], pese a la inexistencia de verdadero «acto administrativo», por cuanto el documento se limitaba a recordar un deber reglamentariamente impuesto. Tal línea jurisprudencial de ampliación de la noción de acto administrativo, a estos efectos de posibilitar la admisión del recurso contencioso administrativo, se ha mantenido, pese a dominar dogmáticamente la idea de que este concepto supone una «declaración de voluntad obligatoria para el destinatario» o más bien una declaración que tienda a «crear, reconocer, modificar o extinguir una situación jurídica subjetiva»[287].

No obstante, para una jurisprudencia centenaria que llega hasta el presente, en un campo relativamente próximo al que nos ocupa, (declaraciones de la administración en respuesta a las consultas formuladas por los administrados) se ha mantenido la idea de que «cualquiera otra declaración o manifestación que, aunque provenga de órganos administrativos, no sea por sí misma creadora o modificadora de situaciones jurídicas, es decir, carezca de efectos imperativos o decisorios»[288] no constituye acto administrativo y no admite recurso contencioso[289].

últimos deciden directa o indirectamente el fondo del asunto, determinan la imposibilidad de continuar el procedimiento, producen indefensión o perjuicio irreparable a derechos o intereses legítimos.

2. También *es admisible el recurso contra la inactividad de la Administración y contra sus actuaciones materiales que constituyan vía de hecho*, en los términos establecidos en esta Ley».

286 Auto de la Audiencia Nacional de 10 de noviembre de 2005 ECLI:ES:AN:2005:169A.

287 *Vid.* Fernando Pablo, M.: *Sobre el acto administrativo.Historia y dogmática en España*. Colección de Derecho administrativo comparado, VI. VI, IIDA, Temis, Bogotá, 2022, pp. 115-152.

288 Parada Vazquez, R.: *Derecho Administrativo I.* Dykinson, Madrid, 2019, p. 93.

289 *Vid.*, por todos, Gonzalez Botija, F.: *Las respuestas de la Administración a las consultas de los ciudadanos*. Aranzadi, Cizur Menor, 2019.

En tales condiciones, no es frecuente encontrar pronunciamientos jurisprudenciales en los que se recurra y enjuicie directamente el acto de creación o publicación del derecho blando administrativo[290]. Mas bien debe darse la razón al estudio comparado realizado por el TJUE conforme al cual en Países Bajos y España no se admite recurso contencioso directo contra los instrumentos de derecho blando[291].

La posibilidad de recurso contencioso quedará abierta, sin problemas especiales, salvo la exigencia de legitimación, si el derecho blando puede presentarse como ejercicio de la potestad reglamentaria, pero entonces ya no hablaríamos de derecho blando, dado que el ejercicio de esta potestad está sujeto a requisitos propios (habilitación normativa, reserva de ley, procedimiento particular, publicidad formal...) y da lugar a estrictas normas jurídicas.

¿Cabe reconstruir el sistema español al modo como está sucediendo tanto en el derecho europeo como en el derecho francés? La posibilidad de impugnación directa, ante la jurisdicción contencioso-administrativa, de los documentos e instrumentos que constituyen autentico derecho blando, resulta, en el derecho español, muy similar al tradicional régimen de impugnación de las instrucciones y circulares[292] y ordenes jerárquicas de servicio.

---

290 *Vid.*, no obstante, la problemática jurisprudencia indirecta en el ámbito de la defensa de la competencia, antes anotado, que examina Martinez Martinez, M. G.: *El llamado derecho suave en el derecho de la competencia*. Tesis Doctoral, Madrid, 2018.

291 Curia. Direction générale Bibliothèque, Recherche et Documentation: *Recevabilité des recours juridictionnels à l'encontre des actes de droit souple»*, 2017, p 17: «Aux Pays-Bas et en Espagne, les instruments de droit «souple» sont exclus de toute possibilité de recours direct devant les juridictions administratives, ceux-ci étant considérés en général, par l eur nature même, comme étant dépourvus d'effets juridiques.Dans ce contexte, ils ne p euvent éventuellement être remis en question que dans le cadre des recours visant des actes attaquables» «En Espagne, la jurisprudence semble indiquer que le justiciable ne peut pas se prévaloir des instruments de droit «souple», seuls, comme sources de droit pouvant être opposées à l 'administration. Ces instruments sont, tout simplement, dépourvus de caractère obligatoire. En revanche, lorsque la réglementation applicable effectue un renvoi à un instrument de droit «souple», la juridiction serait tenue de prendre en compte l'instrument de droit «souple» sans pour autant être liée par celui-ci».
Especialmente es cierta tal afirmación en la medida en que la excepción que encuentra (las *Circulares* del Banco de España) pueden caracterizarse como verdaderas normas reglamentarias.

292 Recuérdese que el Tribunal Constitucional ha señalado, a propósito de las instrucciones y circulares del servicio dictadas en virtud del poder jerárquico, que «*pueden dar lugar a mandatos que afecten a todos los sujetos jerárquicamente subordinados*... directivas de actuación que las autoridades superiores imponen a sus subordinados... aunque no se trate de una estricta... manifestación de la potestad reglamentaria». *Vid.* SSTC 26/86, con referencia expresa a las «relaciones especiales de poder» que implicaría la vinculación de ciertos sujetos (jerárquicamente dependientes) y no de otros.
En virtud de habilitación legal expresa para crear «derecho blando», ciertas consecuencias del ejercicio de este, que afecten a un sector cuyos sujetos se encuentran en una situación

Por ello, cuando el contenido del derecho blando creado por la administración contenga elementos propios de la potestad reglamentaria, (por imponer obligaciones o consecuencias jurídicas en caso de incumplimiento) el documento debe ser enjuiciado como disposición administrativa (con la consiguiente exigencia de habilitación previa de la potestad para crear el documento de derecho blando, reserva de ley, procedimiento de ejercicio y publicidad formal). Tal consideración permitirá la admisibilidad del recurso directo, aunque el pronunciamiento sobre fondo del asunto quizá termine afirmando que el documento, carece de efectos jurídicos *obligatorios* por no responder a los límites de la estricta potestad reglamentaria.

La *insuficiencia de la noción de acto administrativo* y la rigidez de la categoría «disposición administrativa de carácter general» hacen que difícilmente se contemple la posibilidad de que buena parte del derecho blando de origen administrativo pueda ser objeto de recurso contencioso-administrativo directo. A esto se suma que, ordinariamente, tales documentos no impondrán, por sí mismos, obligaciones, mandatos o prohibiciones, sino que describirán o bien una conducta interpretativa del propio autor del documento, o bien imponen el único deber de cumplir lo recomendado o *explicar* por qué las obligaciones legales se cumplen con otra conducta.

En cualquiera de las dos circunstancias, el derecho español estimará, en la mayor parte de los casos, la falta de legitimación (derecho o interés legítimo) de aquellos sujetos a los que se dirige el derecho blando de origen administrativo, cuando pretendan contrastar mediante recurso directo, su regularidad jurídica.

En la medida en que las nociones de derecho subjetivo e interés legitimo siguen operando en un sistema subjetivo de control de la legalidad, y en la medida en que el derecho blando no produce efectos jurídicos *obligatorios* directos, sigue siendo cierta la apreciación del servicio de estudios del TJUE conforme a la cual, tanto en Países Bajos como en España los instrumentos de derecho blando están excluidos de toda posibilidad de recurso directo

---

similar a «relación especial de sujeción», pueden imponer consecuencias jurídicas a éstos, sin alterar el carácter no normativo (no reglamentario general) del poder ejercitado.
En otras ocasiones, sin embargo, el poder cuasi reglamentario conferido por la legislación (como sucede con las normas interpretativas tributarias antes aludido) tiene un alcance no sectorial. Este parece ser el caso, por ejemplo, de los poderes de la presidencia de la Agencia Española de Protección de datos para dictar «disposiciones que fijen los criterios a que responderá la actuación de esta autoridad en la aplicación de lo dispuesto en el Reglamento UE 2016/679... que se denominaran Circulares de la AEPD» (art. 55 de la LO Ley Orgánica 3/2018, de 5 de diciembre, de Protección de Datos Personales y garantía de los derechos digitales). A esta potestad se la denomina legalmente «potestad de regulación».
Sobre el alcance de tal poder, *vid.* la Instrucción 1/2021, de 2 de noviembre, de la Agencia Española de Protección de Datos, por la que se establecen directrices respecto de la función consultiva de la Agencia, que contiene una autentica «*regulación interpretativa*» de las funciones de esta Autoridad Independiente.

ante la jurisdicción contencioso-administrativa, en tanto son considerados por su naturaleza como desprovistos de efectos jurídicos, aunque tales instrumentos pueden ser cuestionados en el marco de los recursos contra actos atacables[293].

4. Y la temática, más habitual hoy, de la Inteligencia Artificial

4.1. Exordio: armas matemáticas de destrucción masiva

Se ha dicho que el primer problema de la IA es que comienza a ser peligrosa cuando crees comprender en qué consiste. O como ha dicho E. YUDKOWSKY, «*con mucha diferencia, el mayor peligro de la IA es que las personas concluyen demasiado pronto que la entienden*». Afortunadamente, el experto menciona *a todas las personas*, sin excluir a los expertos. Cabe esperar, por tanto, que sean ellos los que nos adviertan de tales peligros. Y lo están haciendo, hablando de que[294]:

> ...los ordenadores, a pesar de los avances en lenguaje y lógica, todavía se las ven y se las desean con las ideas. Son capaces de «entender» la belleza únicamente como una palabra asociada al Gran Cañón, las puestas de sol en el mar y los consejos estéticos de la revista *Vogue*. Intentan en vano medir la «amistad» contando el número de clics en «Me gusta» y de contactos en Facebook. Pese a todo, la idea de justicia se les escapa, completamente. Los programadores no saben cómo codificarlo y en general sus jefes tampoco les piden que lo hagan. Por consiguiente, la justicia no entra en los cálculos de las Armas de Destrucción Matemática. Y el resultado es una producción masiva, prácticamente industrial, de injusticia. Si imaginamos que un ADM es una fábrica, la injusticia sería esa cosa negra que sale a borbotones por las chimeneas. Es una emisión, una emisión muy tóxica (...). No escuchan. Ni se doblegan. Son sordas, y no solo al encanto, las amenazas y las adulaciones, sino también a la lógica, incluso cuando hay buenas

---

293 *Vid.* CURIA Direction générale Bibliothèque, Recherche et Documentation: «Note de recherche. Recevabilité des recours juridictionnels à l'encontre des actes de droit souple», juin, 2017, en https://curia.europa.eu/jcms/jcms/p1_3047660/es/

294 Las cosas, a finales de 2023, parecen haber cambiado notablemente, pues estamos ya a las puertas de la IA General, capaz (ahora sí) de sustituir el propio razonamiento *matemático* humano y, por tanto, capaz, si se deja actuar libremente, de sustituir nuestro modo de regulación social (responsabilidad) por la simple necesidad matemática de la *única solución* correcta.
En este contexto se sitúa la «guerra» interna que ha sufrido Open IA sobre su aplicación Q* (Q *star*). Son ahora los propios directivos y empleados de la compañía popularmente puntera en la IA, los que advierten que están a punto de conseguir algo potencialmente peligroso para la humanidad: ¿paranoia informativa?.

razones para cuestionar los datos que alimentan sus conclusiones. Sí, es cierto los sistemas automatizados están metiendo la pata de forma vergonzosa y sistemática, los programadores abrirán los sistemas y retocarán los algoritmos, pero en casi todos los casos los programas emiten veredictos inquebrantables, y a los seres humanos que los utilizan solo les queda encogerse de hombros como si dijeran: «Bueno, *¿y qué podemos hacer*?»[295].

Y de eso se tata, de qué podemos hacer *jurídicamente*, no sin preguntarse previamente si es la actual IA, el arquetipo de «arma de destrucción matemática».

Algunos ejemplos, ya viejos, fácilmente accesibles lo confirman así: Es el algoritmo de gestión del personal el que decide tu despido, o el sistema del Gestor de Asistencia Social, el que decide si tienes o no, por tu actual situación, derecho a tal o cual prestación social. Es el algoritmo que calcula tus riesgos, quien decide si accedes o no al crédito bancario, o incluso, es el algoritmo de rastreo de tu actividad en las redes sociales el que decide si la Agencia Tributaria inspeccionará, *in situ*, tu declaración de impuestos societarios...

4.2. El temor de un hombre sabio

Es conocido que la expresión IA nació en la reunión de Dartmounth College, verano 1956, ya con el sentido moderno de la informática actual. En las décadas siguientes se afianzan dos tendencias, una que pretende emular el cerebro humano (informática de corte «neuronal») y otra centrada en la ingeniería del conocimiento, en el manejo matemático de los datos. Ambas corrientes, que nunca caminaron enteramente separadas, confluirán posteriormente cuando el volumen de datos y la capacidad de procesamiento se hayan incrementado notablemente. Entre tanto, quedan los desarrollos de los sistemas expertos y las bases de datos relacionales hasta llegar a lo que ahora se denomina redes neuronales y aprendizaje automático profundo. Se trata de realidades tecnológicas que, desde el punto de vista jurídico, tienen como relevante el dato de que el sistema-máquina, en buena medida, se ha ido *emancipando* de la intervención humana dando lugar a una «entidad» que, desde la terminología informática, y no siempre con la misma precisión, los juristas, llamamos «algoritmo».

Los primeros problemas jurídicos, casi del siglo pasado, al margen de la robotización de los procesos y los asuntos relativos a la responsabilidad por el producto automatizado, tenían que ver con la posibilidad de «cruzar» datos personales de entre muchas y dispersas «bases» de datos, de manera que

295 O Neil, C.: *Armas de destrucción matemática. Como el big data aumenta la desigualdad y amenaza la democracia.* Capitan Swing, Madrid, 2018.

fuera posible obtener un «retrato» de la conducta o personalidad del ciudadano: Frente a este riesgo se alzó la normativa de protección de datos personales y protección de la privacidad.

Ese problema hoy pervive, acrecentado, y tiene que ver con el volumen de datos personales que indefectiblemente, genera la conducta del ciudadano en la esfera internet, en la que los aspectos «publico» y privado» parece difuminarse, y en la que, además de los datos más o menos conscientemente revelados por el sujeto, se generan informaciones personales de las que éste o no es consciente, o fácilmente olvida, mientras que los sistemas de manejo de la información, los acumulan y son capaces de darle un uso (económico) que puede afectar *posteriormente a* los ciudadanos.

De hecho, ya existen pronunciamientos jurídicos frente a estas «conductas»: Los algoritmos intercambian información casi con el mismo grado de significación en la determinación de la conducta posterior, a como lo hace una persona. En este sentido decimos que «aprenden» o, al menos, realizan intercambios de informaciones que (si le hemos atribuido la posibilidad ello) «deciden»: No resulta difícil que tal conducta tome un significado jurídico análogo al que correspondería si la información se hubiera intercambiado «persona a persona»: Los algoritmos pueden realizar prácticas colusorias en la fijación de precios de mercancías[296]. O adoptar algo parecido a un «voto» (un acto jurídico, a la postre) en un Consejo de Administración: Uno de los cinco sillones directivos de *Deep KnowlegdeVentures* es atribuido a VITAL, un sistema cuyas soluciones valen como un voto más del Consejo.

El problema no sería especialmente complicado si la vieja «informática decisional» no hubiera, entre tanto, mutado su sentido. Si inicialmente era posible seguir linealmente el proceso desde los datos de entrada, las pautas de tratamiento, hasta la solución ofrecida, ello ya no resulta siempre posible: El llamado problema de la *caja negra*[297] responde a esta cuestión porque los

296 Este y otros aspectos, en Perez De Bes, F.: «Las prácticas comerciales desleales en Internet», *Comunicación y pluralismo*, núm. 9, 2010, pgs 195-216.

297 Aunque pretendemos que esta nota no sea una simple enumeración de casos, no podemos prescindir de este ejemplo: «En 2015, un grupo de investigación en el Mount Sinai Hospital en Nueva York se inspiró para aplicar el aprendizaje profundo a la base de datos del hospital de los registros de pacientes. Este conjunto de datos presenta cientos de variables sobre los pacientes, extraídos de los resultados de las pruebas, visitas al médico, etc. El programa resultante, que los investigadores llamaron *Deep Patient*, fue entrenado usando datos de alrededor de 700,000 individuos, y cuando fue probado en nuevos registros, resultó increíblemente bueno en la predicción de la enfermedad. Sin ninguna instrucción experta, *Deep Patient* había descubierto patrones ocultos en los datos del hospital que parecían indicar cuando la gente estaba en el camino a una amplia gama de dolencias, incluyendo el cáncer de hígado. Al mismo tiempo, *Deep Patient* es un poco desconcertante. Parece anticipar la aparición de trastornos psiquiátricos como la esquizofrenia, sorprendentemente bien. Pero dado que la esquizofrenia es notoriamente difícil de predecir para los médicos, Joel Dudley, líder del proyecto *Deep Patient* se preguntó cómo era esto posible. Todavía no lo sabe. La nueva herramienta no ofrece ninguna pista sobre

desarrollos actuales no permiten con facilidad determinar qué datos o que elementos del procesamiento de los mismos, han permitido llegar a establecer una correlación significativa que es la que sirve para adoptar hacia el futuro una «decisión» con un alto grado de acierto. No sabemos cómo lo hacen, y los ingenieros computacionales tampoco.

Sin embargo, no se trata ahora de simple automatización (cuya previsibilidad de resultados resulta cierta, aunque requiera alguna atención y conocimiento) sino de que los sistemas de IA, por una parte, manejan un conjunto de datos sobre los que no siempre tenemos el control, y, por otra, el proceso da lugar a respuestas no lineales sobre la programación introducida. Precisamente en ello radica su utilidad, pero también el peligro, porque el sistema, suele decirse, *ha aprendido*. ¿Entregaremos decisiones vitales a sistemas que no sabemos cómo aciertan?

Y aún más, (este es otro aspecto del nuevo problema) los sistemas de IA en uso suelen ser extraordinariamente hábiles en obtener la maximización del resultado que se le pide, hasta el punto de llegar a sorprendernos por su falta de enfoque contextual[298]. Descubriendo, en el ingente caudal de datos del que se alimentan, conexiones y patrones que el humano no capta, coincidencias y regularidades de las que prescindiríamos, éstas son ahora elevadas a resultados que aciertan a predecir que aquellas coincidencias se darán en el futuro, no solo para explicar, también para «predecir» y orientar la decisión humana, cuando no adoptándola por sí mismos.

Pero lo hacen a base de *correlaciones* mientras las reglas de conducta humanas que denominamos «derecho» responden a la responsabilidad. Por otra parte, los datos con que alimentamos tales sistemas están trasladando información real, que, por tanto, corresponde a los sesgos que presenta la

---

cómo lo hace... *Incluso los ingenieros que construyen estas aplicaciones no pueden explicar completamente su comportamiento*».

Vid. https://acortar.link/25FGVy, «aprendizaje-profundo-la-caja-negra-de-la-inteligencia-artificial».

La referencia (una más a de las que podrían fácilmente traerse a colación) termina citando a Tommi JAAKKOLA, profesor del MIT: «Es un problema que ya es relevante, y va a ser mucho más relevante en el futuro. Ya sea una decisión de inversión, una decisión médica, o tal vez una decisión militar, *no quisieras confiar en un método de caja negra*».

298 Vid algunos ejemplos de resultados inesperados ofrecidos por algoritmos en https://acortar.link/qzUVIK.

En particular, nos resulta llamativo este: «Imagina una criatura de seis patas nacidas en el mundo virtual y pensada para moverse como lo haría una hormiga. Esto es lo que creó un grupo de científicos que estaba estudiando la capacidad de los robots dañados para adaptarse a su entorno, como lo haría un animal. Para medir la velocidad de estas criaturas, tomaron como referencia el tiempo que cada una de sus seis patas estaba en contacto con el suelo. Cuanto más breve el instante, mayor la rapidez. Lo que no esperaba el equipo era topar con una criatura cuyas patas tocaban el suelo durante un 0 % del tiempo. *En su afán por cumplir las reglas y reducir al máximo este porcentaje*, la criatura se había dado la vuelta y estaba avanzando patas arriba, andando sobre sus codos...».

sociedad en su estado actual. Si dejamos que el sistema de IA *interprete tales datos como los únicos que debe considerar* ¿no forzaremos aún más la reproducción de las desigualdades, de los sesgos negativos que ofrecen los datos actuales? La tecnología se ha ocupado de ofrecer buenas y eficientes soluciones mediante análisis de datos masivos, computación y algoritmos: ¿Cómo nos ocuparemos de que respondan a la adecuación a nuestros valores de dignidad de la persona, libertad, responsabilidad, igualdad y solidaridad?

La alternativa entre oportunidades y riesgos ya la hemos afrontado en otro campo. En los comienzos de la biotecnología moderna, el *temor de un hombre sabio* (P. Berg), consiguió incorporar el principio de precaución, recién llegado al mundo jurídico en los años 70, a la entonces naciente tecnología del ADN recombinante. Sobre esta senda, la regulación europea de la biotecnología no solo construyó, por una parte, agencias u organismos públicos de gestión-regulación de los riesgos, sino también una metodología («caso a caso» y «paso a paso») en la que la autorregulación de la comunidad científica se acompañó de prohibiciones expresas (la prohibición de fecundar óvulos con fines exclusivos de investigación científica, por ejemplo) y pautas de seguridad y eticidad que dieron adecuada protección frente a los riesgos de investigaciones y aplicaciones susceptibles de afectar a la dignidad de la persona, a su salud, a la biodiversidad o al medio ambiente.

4.3. Diferenciando aprendizajes y contextos

Sobre bases similares, la UE, que ha adoptado muy diferentes documentos prelegislativos[299] sobre la IA en su conjunto, ha formulado también una normativa propia. La definición de Minski de lo que se consideraba IA era solo una llamativa metáfora (la IA consistía en la ciencia de hacer que las maquinas hagan cosas que requerían inteligencia *como si* las hubiese hecho un ser humano), mientras que hoy la Comisión Europea la define como *sistemas que muestran un comportamiento inteligente al analizar su entorno y tomar medidas con cierto grado de autonomía para lograr sus objetivos específicos*[300], llamando la atención sobre las notas de autonomía y relación con el entorno, como características de las nuevas tecnologías.

En otras ocasiones, se habla de «*una combinación de tecnologías que agrupa datos, algoritmos y capacidad informática*»[301], pero tal como se ha dicho, algo tan amplio, que resulta aplicable a cualquier elemento de

299 Por todos: *Inteligencia artificial para Europa* COM(2018) 237; Libro blanco sobre la Inteligencia Artificial, COM(2020) 65.

300 *Inteligencia artificial para Europa* COM(2018) 237.

301 *Libro blanco sobre la Inteligencia Artificial*, COM(2020) 65.

software que se haya escrito, carece de precisión, y permite intuir que no existe una única definición de Inteligencia Artificial. Más bien el termino se aplica como genérico a ciertas aplicaciones informáticas.

Desde este preconcepto, lo más relevante para el derecho, es distinguir entre los diferentes tipos de algoritmos en cuanto expresan diferentes modos de *autonomía* del sistema, en la relación con el entorno, con los datos, y el resultado ofrecido.

Por ello, la UE ha formulado una estrategia regulatoria[302] en la que se diferencia entre aplicaciones de la IA de bajo riesgo y aplicaciones que reclaman mayor intensidad regulatoria y usos prohibidos. El esquema es el siguiente: Tras definir sectores críticos (asistencia sanitaria, transportes, policía y ordenamiento jurídico) y usos críticos (producción de efectos jurídicos, riesgo de muerte, o de producción de lesiones o daños) se define la aplicación IA de alto riesgo como aquella que concierte a un uso crítico en un sector crítico, si bien algunos usos son críticos en todos los sectores[303].

Sobre estas bases y una política de *big data* que trate de corregir los sesgos de los datos, se espera construir en Europa una IA eficaz, confiable y *ética*, singularmente en los usos críticos. Para ello, al IA de alto riesgo debe someterse normativamente no solo a las reglas comunes de responsabilidad por producto, sino también a ensayos previos de conformidad, controles (autorización) y sanciones, mientras el resto de las aplicaciones deben someterse a reglas de transparencia y etiquetado voluntario.

Si bien se ve, son tres los aspectos relevantes, desde el punto de vista jurídico: Los datos y su incorporación al sistema, dado que cuando se trata de datos relativos a las personas, los sesgos que conllevan junto con su *tratamiento* ulterior (problema de la *caja negra*) pueden implicar un *perfil*, contrario a la igualdad y responsabilidad personal; la finalidad de la aplicación (su resultado posible); y el control jurídico cuando conlleve algo similar a una decisión con efectos en ese campo.

El conjunto de problemas ha sido abordado por la UE a través del régimen jurídico de los datos personales en el mundo del *big data*: Es el Reglamento UE 2016/679 el que se ocupa sustancialmente de condicionar el régimen y la actividad de los mecanismos de IA basados en datos personales, o susceptibles de producir consecuencias jurídicas sobre las personas. Respetando su

302 Es muy conocida ya la propuesta (COM/2021/206 final) de Reglamento por el que se establecen normas armonizadas en materia de Inteligencia Artificial, en cuyos anexos aparecen distribuidas las diferentes aplicaciones de la IA y el nivel de riesgo asociado. Mas decisiva, aunque un poco menos divulgada, la Propuesta de Directiva relativa a la adaptación de las normas de responsabilidad civil extracontractual a la inteligencia artificial (Directiva sobre responsabilidad en materia de IA), COM/2022/496 final.

303 *Vid.*: *Excelencia y confianza en la Inteligencia artificial*, https://acortar.link/TDf0ij on line, 2.01.2121

contenido, corresponde a la legislación de los Estados Miembros determinar, en qué casos se autorizará o prohibirá un determinado desarrollo de IA y las consecuencias de su utilización.

Simplificando mucho, y prestando atención sólo a la temática *machine learning*, es necesario distinguir entre los tres tipos de algoritmos que se emplean, porque cada uno de ellos supone diferente grado de desvinculación con la intervención humana, lo que puede requerir (según la calificación de uso crítico, conforme a los parámetros antes señalados) un mayor grado de intervención jurídica.

Si el algoritmo de aprendizaje es de tipo supervisado, en el que el operador proporciona los datos conocidos y las salidas deseadas, la problemática será más cercana a la normativa de recopilación y utilización de datos personales y el control de la decisión: En este tipo de tecnología cobra todo su sentido la afirmación de que «*un algoritmo no es más que una opinión vertida en código*»[304], y quien defina, en código, lo «deseable» lo óptimo, estará ejerciendo poder. Cuando ese poder es configurado como poder público, estará ejerciendo soberanía. Y si se trata de «empresas privadas que crean algoritmos privados para fines privados... se benefician de *ejercer la autoridad* de lo inescrutable».

La situación recuerda inevitablemente los orígenes del Estado de Derecho: Quien define lo posible y lo jurídicamente correcto es el titular de la soberanía. ¿No hay, no puede haber, un poder más alto que la opinión de quien define, en código, lo correcto, lo deseable?

Cuando el algoritmo de aprendizaje automático lo hace sin supervisión, la capacidad de adoptar decisiones autónomas hace altamente independiente el sistema, por lo que la atención jurídica debe dirigirse tanto a los datos de entrada (una vez más, el problema de los sesgos) como al conocimiento del *por qué* se ha preferido una solución, lo que plantea en toda su crudeza, el papel de la caja negra, y la necesidad de que el operador humano esté en condiciones de poder ofrecer una respuesta jurídicamente plausible y no arbitraria según lógicas humana. Por ello mismo, el aprendizaje *por refuerzo* (el sistema aprende de resultados pasados) reclama una intervención en la que se haga comprender al sistema reglas de descarte de soluciones con criterios jurídicos: Ahora la temática jurídica se desplaza al diseño mismo de los sistemas, a los que jurídicamente puede exigirse que incorporen reglas de refuerzo que sean conformes con el derecho vigente, *antes de autorizarse* su uso.

304 De nuevo, O Neil, C.: https://acortar.link/7yvomb. La regla de oro: «*Mi opinión importa*», soy, yo (el creador del sistema) el que *define lo óptimo* del resultado.
Esta aproximación crítica pone de manifiesto lo que esconde alguna aplicación de IA: El juego del poder, el juego de lo que se impone como resultado frente a otras alternativas. No hacen falta conspiraciones ni influencias, ni decisiones de personas investidas de poder en una organización o en un Estado.

Uno y otro mecanismo de puesta en marcha de sistemas IA puede requerir, de conformidad con el citado Reglamento UE, algo más que su creación y desarrollo técnico. La identificación de usos críticos y la sujeción a un régimen particular es ya un primer paso. La necesidad, impuesta jurídicamente por el citado Reglamento UE, de que ciertas aplicaciones vengan precedidas de un estudio de riesgos, la determinación de los mismos, su evaluación y la adopción de medidas técnicas de mitigación de aquellos, marca una senda jurídica de regulación en la que las agencias competentes desplieguen potestades de regulación (recomendaciones, guías, sanciones...) que, en el ámbito jurídico-publico, pueden requerir la previa y expresa autorización del uso de ciertos sistemas. Una aplicación más del «principio de precaución».

4.4. Derecho administrativo e inteligencia artificial: desandando el camino de los controles jurídicos

Las aplicaciones de la IA hoy existentes, también en el ámbito jurídico público, afectan nuestros derechos, afectan a nuestros intereses, reproducen los sesgos de nuestros datos, sustituyen, en ocasiones, la decisión jurídica humana. No basta la «regulación» pues la temática se desplaza al control de los resultados.

El viejo derecho administrativo opera con categorías jurídico-públicas bien precisas: Acto, norma, actividad técnica, actividad material. Cada una de ellas ofrece diferentes perspectivas de control jurídico de la aplicación de algoritmos en el proceso de gestión de los intereses generales y diferentes problemas de control jurídico en garantía de posiciones jurídicas diversas: Derechos fundamentales, derechos subjetivos, intereses legítimos, intereses colectivos.

Desandar el camino del Estado de Derecho frente a las nuevas realidades implica, en primer lugar, decidir *qué decisiones entregaremos a los nuevos procesos informático*s una vez que hemos visto que «aprenden» y tienden a maximizar el objetivo propuesto, sin valores humanos, con riesgo de reproducir los sesgos existentes.

La resolución de esta cuestión supone (principio de legalidad) que sólo sobre la base de una Ley pueden aplicarse soluciones de IA en los contextos de afectación a los derechos fundamentales (reserva de ley). No es una simple construcción interpretativa, es derecho vigente, pues así resulta del propio Reglamento UE 2016/679, cuando el sistema IA maneja datos personales o perfiles. En efecto, «dato personal» es toda información sobre una persona física identificada o identificable y se considera que existe tal circunstancia siempre que *la identidad pueda determinarse, directa o indirectamente*, en particular mediante un identificador, como por ejemplo un *nombre*, un *número* de identificación, datos de *localización*, un identificador en línea o uno o varios elementos propios de la identidad física, fisiológica, genética, psíquica, económica, cultural o social de dicha persona, de conformidad con el art. 4 de aquel Reglamento[305].

Por tanto, buena parte de los sistemas de IA quedan sometidos, en primer lugar, a la regla conforme a la cual para que el uso del sistema sea lícito, los datos personales deben ser tratados *con el consentimiento del interesado o sobre alguna otra base legítima establecida conforme a Derecho, ya sea en el presente Reglamento o en virtud de otro Derecho de la Unión o de los Estados miembros*[306].

Tal base jurídica, por exigencias del derecho constitucional interno, debe ser *una Ley o norma con ese rango*. Este papel genérico es cumplido en el derecho español, por los arts. 96-3 y 100-3 de la Ley General Tributaria, más lo previsto en los arts. 27-1 párrafo tercero, y 88-4 de la Ley 39/22015 y lo autorizado en el art. 41 de la Ley 40/2015. Este último precepto añade, como condicionantes legales para la utilización de sistemas de IA capaces de sustituir la actuación material administrativa convencional, la previa determinación del órgano u órganos competentes, según los casos, para la *definición de las especificaciones, programación, mantenimiento, supervisión y control de calidad y, en su caso, auditoría del sistema de información y de su código fuente*, expresión que es tanto como afirmar que tales acciones son requisitos legales de la utilización de sistemas de IA. El derecho europeo añade las exigencias de controles de riesgos que demande la aplicación del principio de precaución: Evaluación de impacto, estudio de riesgos...[307]. Cabe exigir

305 En particular, los datos biométricos podían actuar como *caballo de Troya* capaz de desbaratar la total idea de subjetividad y ciudadanía individual en que se sustenta la vida pública de la persona física en los sistemas jurídicos occidentales.

306 Reglamento UE 2016/679, CDO 40.

307 El propio Reglamento citado sujeta ciertos tratamientos a estas consideraciones:
(CDO 76): La probabilidad y la gravedad del riesgo para los derechos y libertades del interesado debe determinarse con referencia a la naturaleza, el alcance, el contexto y los fines del tratamiento de datos. El riesgo debe ponderarse sobre la base de una evaluación objetiva mediante la cual se determine si las operaciones de tratamiento de datos suponen un riesgo o si el riesgo es alto.
(Cdo 86) A fin de mejorar el cumplimiento del presente Reglamento en aquellos casos en los que *sea probable que las operaciones de tratamiento entrañen un alto riesgo para los derechos y libertades de las personas físicas*, *debe incumbir al responsable del tratamiento* la realización de una evaluación de impacto relativa a la protección de datos, que evalúe, en particular, el origen, la naturaleza, la particularidad y la gravedad de dicho riesgo.
(CD 84): Los riesgos para los derechos y libertades de las personas físicas, de gravedad y probabilidad variables, pueden deberse al tratamiento de datos que pudieran provocar daños y perjuicios físicos, materiales o inmateriales, en particular en los casos en los que el tratamiento pueda dar lugar a problemas de discriminación, usurpación de identidad o fraude, pérdidas financieras, daño para la reputación, pérdida de confidencialidad de datos sujetos al secreto profesional, reversión no autorizada de la seudoanimización o cualquier otro perjuicio económico o social significativo; *en los casos en los que se prive a los interesados de sus derechos y libertades o se les impida ejercer el control sobre sus*

que el cumplimiento de tales requisitos (especificaciones, programación, mantenimiento, supervisión, auditoria y código fuente) sea objeto de aprobación expresa, susceptible de control judicial. No importa ahora si el mecanismo de adopción del sistema de IA merece ser calificado como «norma» o como «acto», lo decisivo es que contenga un pronunciamiento público sobre tales extremos.

La segunda cuestión, es la técnica jurídica que, con base en el principio de legalidad, utilizaremos para controlar la aplicación de sistemas de IA. Esta cuestión es también abordada por la Ley 40/20015, que exige (art. 41-2) que, al tiempo de autorizar un mecanismo de IA, se identifique el órgano que debe considerarse responsable *a efectos de impugnación*.

No se señala el objeto de tal impugnación, y una primera lectura apunta a que la hipótesis contemplada es la de un mecanismo de IA que produce resultados calificables de «acto administrativo», el cual, siguiendo el citado precepto, debe imputarse al órgano designado como responsable a efectos de impugnación.

De esta forma, se considera legalmente que (i) existe una «decisión» o un «acto administrativo electrónico» y (ii) tal acto es impugnable como si procediera del órgano responsable. Nada que objetar a ésta última consideración, pues es resultado tanto del control de legalidad pleno de la actuación administrativa (art. 106-1 C. E.) como del derecho a la tutela judicial efectiva frente a la administración (art. 24 C. E.) y del propio derecho europeo (arts. 21 y 6-1 e del Reglamento UE 2016/679)[308].

---

datos personales; en los casos en los que los datos personales tratados revelen el origen étnico o racial, las opiniones políticas, la religión o creencias filosóficas, la militancia en sindicatos y el tratamiento de datos genéticos, datos relativos a la salud o datos sobre la vida sexual, o las condenas e infracciones penales o medidas de seguridad conexas; en los casos en los que se evalúen aspectos personales, en particular el análisis o la predicción de aspectos referidos al rendimiento en el trabajo, situación económica, salud, preferencias o intereses personales, fiabilidad o comportamiento, situación o movimientos, con el fin de crear o utilizar perfiles personales; en los casos en los que se traten datos personales de personas vulnerables, en particular niños; o en los casos en los que el tratamiento implique una gran cantidad de datos personales y afecte a un gran número de interesados.

308 Aunque se trata de preceptos muy conocidos, merece la pena recordar, al menos el art. 21. 1: «El interesado tendrá derecho a *oponerse en cualquier momento*, por motivos relacionados con su situación particular, a que datos personales que le conciernan sean objeto de un tratamiento basado en lo dispuesto en el artículo 6, apartado 1, letras e) o f), *incluida la elaboración de perfiles* sobre la base de dichas disposiciones. El responsable del tratamiento dejará de tratar los datos personales, salvo que acredite motivos legítimos imperiosos para el tratamiento que prevalezcan sobre los intereses, los derechos y las libertades del interesado, o para la formulación, el ejercicio o la defensa de reclamaciones...».
Por su parte, el art. 6.1.e considera licito el tratamiento de datos personales si «el tratamiento es necesario para el cumplimiento de una misión realizada en interés público o en el ejercicio de poderes públicos conferidos al responsable del tratamiento».

La verdadera cuestión es, en términos dogmáticos, si existe verdaderamente acto administrativo antes de la imputación formalmente realizada al órgano responsable, y si, en ausencia de decisión o ante una decisión *ilegal* fruto de la actuación automatizada, únicamente cabe impugnar el resultado (la decisión) o, por el contrario, puede construirse alguna explicación que admita *la posibilidad de recurso* contra la existencia misma del sistema *de IA o su configuración precisa en determinado momento*, impidiendo, por tanto la continuación de su actividad, por ser contraria a derecho.

Obsérvese, sin embargo, que estamos tratando de la impugnación únicamente del acto de «legalización» o admisión del mecanismo algorítmico. Como queda antes remarcado, cuando entre en juego el RGPD, el afectado tendrá derecho a oponerse al mismo *en cualquier momento,* por lo que, quizás, se trate de una decisión insusceptible de ganar firmeza o dar lugar a acto firme por consentido. Y es que la verdadera cuestión es, en términos dogmáticos, si existe verdaderamente acto administrativo antes de la imputación formalmente realizada al órgano responsable, y si, en ausencia de decisión o ante una decisión *ilegal* fruto de la actuación automatizada, únicamente cabe impugnar el resultado (la decisión) o, por el contrario, puede construirse alguna explicación que admita *la posibilidad de recurso* contra la existencia misma del sistema *de IA o su configuración precisa en determinado momento*, impidiendo, por tanto la continuación de su actividad, por ser contraria a derecho.

El tema tiene que ver, con la configuración que jurídicamente debe darse a *la ejecución* del sistema, más que su configuración técnica (incluyendo aquellos elementos que informáticamente puedan definirse con precisión cómo «código fuente» o identificarse con el diseño del conjunto de algoritmos utilizados). Y tal ejecución o simple funcionamiento práctico del sistema ni puede asimilarse a un acto administrativo de trámite, ni a un procedimiento administrativo, ni a una norma jurídica reglamentaria. No encontramos otra categoría que la de actuación material de la administración que, en consecuencia, puede ser calificada de vía de hecho si afecta a derechos e intereses al margen de la cobertura jurídica que le presta el ordenamiento jurídico administrativo.

Obsérvese también que, en el RGPD, en ciertos casos, la consecuencia que puede seguirse de acciones judiciales frente a algoritmo no son la «declaración de nulidad» o «invalidez» (que serán las que correspondan a pretensiones declarativas del recurrente frente a actos dictados por intermedio de aquellos) sino la «condena» de no hacer: «dejará de tratar los datos personales», dice aquella norma, lo que bien puede traducirse en que dejará de emplearse el algoritmo «x» si emplea medios de operación que puedan considerarse tratamiento de datos.

Y, en cuanto al *fondo,* admitida la necesidad de que pueda ser impugnada la existencia del sistema mismo (a través o no de la impugnación de sus actos-decisiones), se hace patente la necesidad de trasladar la *explicabilidad* del sistema y de sus resultados, a quien lo emplea. El efecto caja negra, de ningún modo puede gravar la posición del ciudadano y bien puede afirmarse que, al menos en ciertas decisiones especialmente sensible, la administración no puede amparase en la «presunción de legalidad». Mas bien al contrario, ante determinados algoritmos de decisión (respecto de los cuales ya existen muestras en el derecho comparado) que el agente humano no es capaz de explicar, debería alzarse una «*presunción de arbitrariedad*», cuando pueda demostrarse que es la conexión de datos irrelevantes, o una correlación puramente matemática, sin conexión alguna con la responsabilidad humana, la que da lugar o influye de manera importante en la decisión automatizada, o en el «funcionamiento» del sistema.

Desde este punto de vista, más que la futura ley europea de inteligencia artificial, gana todo su peso la propuesta de Directiva sobre responsabilidad en materia de IA[309] con la inversión de la carga de la prueba, la presunción refutable de relación de causalidad en caso de culpa y el papel altamente reforzado, del juez frente al creador, fabricante, comercializador o usuario de ciertos sistemas de IA (de alto riesgo).

309 COM/2022/496 final Propuesta de Directiva sobre responsabilidad en materia de IA.

BIBLIOGRAFÍA

Agudo Ruiz, A.: «Dos modelos de enseñanza del derecho romano», *REDUR*, núm. 8, 2010.

— «Justiniano y la reforma de los estudios jurídicos» *REDUR* 10, 2012.

Alchourron, C.; Bulygin, E.: *Análisis lógico y derecho*, CEPC, Madrid, 1991.

Normative systems. Library of exact philosophy, n.º 5. Springer-Verlag, New York and Vienna 1971.

Alexy, R.: *Teoría de la argumentación jurídica*, (traducido por Manuel Atienza e Isabel Espejo «*Teoría de la Argumentación Jurídica: Teoría del discurso racional como teoría de la fundamentación jurídica*», Centro de Estudios Constitucionales, Madrid, 1989.

Alonso Romero, M. P.: *Salamanca, escuela de juristas. Estudios sobre la enseñanza del derecho en el Antiguo Régimen.* Universidad Carlos III, Madrid, 2012.

— «Ius commune y derecho patrio en la Universidad de Salamanca durante los siglos modernos. Trayectoria docente y métodos de enseñanza de Antonio Pichardo Vinuesa, Juan de Solórzano Pereira, Francisco Ramos del Manzano y José Fernández de Retes», en *El Derecho y los juristas en Salamanca (siglos XVI-XX). En memoria de Francisco Tomás y Valiente*, Universidad de Salamanca, Salamanca 2004.

Almici, J. B.: *Institutiones iuris naturae et gentum secundum catholica principa*, Madrid, 1789.

Alvarez De Morales, A.: *La Ilustración y la Reforma de la Universidad en la España del siglo XVIII*. Pegaso, Madrid, 1985.

Amat Llombart, P.: *Derecho de la biotecnología y los transgénicos (Especial referencia al sector agrario y alimentario),* Tirant lo Blanch, Valencia, 2008.

Andreski, S.: *Las ciencias sociales como forma de brujería*, (versión española de J. C. Curutchet), Taurus, Madrid, 1973.

Archi, A.: *Giustiniano e l'insegnamento del diritto.L'Imperatore Giustiniano, storia e mito*, Milano, 1978.

Arias De Saavedra, I.: «La reforma de los planes de estudios universitarios en España en la época de Carlos II. Balance historiográfico», *Chronica nova: Revista de historia moderna de la Universidad de Granada,* núm. 24, 1997.

Aristoteles: *Política, Libro I*, Alianza Editorial, Madrid, 2005.

Arnáez Arce, V. M.: «La compra pública innovadora: La Administración Pública como adquiriente de bienes y servicios Innovadores», *Revista Vasca de Administración Pública, núm. 93.*

Atienza, M.: *El Derecho como argumentación*, Ariel, Barcelona, 2006.

— *Las razones del Derecho. Teorías de la argumentación jurídica*, Centro de Estudios Constitucionales, Madrid, 1991.

— «El derecho como argumentación», *Isegoría*, núm. 21, 1999.

Aucoc, L.: *Une page de l'historie du droit administratif: Boulatigniere*, Libraire Cotillon, París, 1895.

Barnes, J. (Ed.): *Innovación y reforma en el derecho administrativo*. Derecho Global, Sevilla 2007.

— *Las transformaciones del derecho administrativo contemporáneo y el control judicial de la administración pública*, biblio.juridicas.unam.mx/libros/7/3282/19.pdf

Benavente, Juan Alfonso de (1453): *Ars et doctrina studenti et docendi* . (Ed. Alonso Rodriguez, B., 1972), Universidad Pontificia, Biblioteca Salmaticense II, Salamanca, 1972.

Bermudez De Pedraza, F.: *Arte legal para estudiar la jurisprudencia con la paratitla y exposición de los quatro libro de las instituciones de Iustiniano*. Imprenta de Antonia Ramírez, Salamanca 1612.

Betti, E.: «Osservazioni critiche sul progetto di riordinamento delle facoltà di Giurisprudenza», *Riv. giur. umbro-abruzzese*, 36.6, 1960.

— *Teoría generale della interpretazione*, 2.ª Ed., Rev. G. Crifo, Milano, Giuffrè Editore, 1990.

Block M.: *Dictionnaire de L' Administration Française,* París 2.ª 1887.

Bobbio, N.: *Teoría general de la política*, Trota, Madrid, 2003.

— *Teoría general del derecho*, Debate, Madrid, 1991.

Bourcier, Pompeu Casanovas, Pompeu Casanovas Romeu (Edt.): *Inteligencia artificial y derecho,* UOC, Barcelona 2003.

Bremond, J.: *Traité théorique et pratique de la compétence administrative. Tome I.* Larose, París 1894.

Boulatignier, J.: «De l'Origine, des progrès et de l'enseignement du droit administratif», *Revue étrangère et française de législation et d'économie politique*, 6, 1839.

Buffelan: «L´introubable critere du droit administratif», *Etudes du Droit Public* (AAVV), París 1964.

Bunge, M.: *La ciencia, su método y su filosofía*, Ediciones Siglo XX, Buenos Aires, 1984.

Cailleme, E.: *L´ enseignement du droit a Lyon avant 1875*. Alexander Rey, Lyon, 1900.

Calsamiglia, A.: *Introducción a la Ciencia Jurídica*, Ariel, 1990.

Calvo Gonzalez, J.: *Direito curvo*, Porto Alegre, 2013.

Cañedo Andalia, R.; Cruz Font, J.: «Nuevos indicadores métricos para la evaluación de las publicaciones seriadas científicas y académicas», ACIMED, vol. 23, núm. 1, enero-marzo 2012.

Carpentier, A. et G. Frère Jouan Du Saint: *Répertoire général alphabétique du droit français, Tome 1,* Larose et Forcel, París 1886.

Casa y Moral, J.: *Recopilación Legislativa de España, T. IV.,* Imprenta de D. Manuel Ramiro, Granada, 1859.

Casamiglia, A.: *Introducción a la ciencia jurídica*, Ariel, Barcelona 1990.

Caselles Moncho, A.: *Modelización y simulación de sistemas complejos*. Universidad de Valencia, Valencia, 2008.

Cavanillas Múgica, S.:» La enseñanza del derecho según la Institución Libre de Enseñanza», *Revista de Educación y Derecho*, núm. 11, octubre 2015.

Chevalier, J. J.: *Histoire des institutions politiques de la France de 1789 a nos jours*, Dalloz, París, 1952.

Chiti, M.: «Introduzione», *Il controllo giurisdizionale dell´attivita amministrati in Inghiterra* (AA. VV.), vol. 2.°, Giuffre, Milano, 1993.

Clavero, B.: *Historia del Derecho: Derecho común*. Ediciones Universidad de Salamanca, Salamanca, 1994.

Cocciolo, E.: «Crisis económica, capitalismo regulador y cooperación administrativa internacional», en *Crisis económica y crisis del Estado del Bienestar. El papel del Derecho Administrativo*, Piñar Mañas, J. L. (Coord.), Reus, Madrid, 2013.

Colmeiro, M.: *Elementos de derecho político y administrativo de España*. Librería de D. Ángel Calleja, Madrid, 1858.

Cotec: *La compra publica de tecnología innovadora en biotecnología. Libro Blanco*, en http://www.vetmasi.es/v_portal/inc/clicklink.asp?t=3&cod=918&c=2&s=604233758.

Cuena Boy, F.: *Sistema jurídico y derecho romano. La idea de sistema jurídico y su proyección en la experiencia jurídica romana*. Universidad de Cantabria, 1998.

Curia: Direction generale Bibliothéque. Recevalité des reours jurictionels a l´em contre des actes de droit souple. Curia, 2017.

D´Amelio, M.: Voz «Giurisconsulto», en *Enciclopedia Italiana Trecani*, 1.°, 1933, vol. 17.

Dareste, R.: *La justice administrative en France,* 2.ª Ed., Revisada por Pierre Dársete, Librairie de la Societé General des Lois et des Arrets, París, 1989 (1.ª edc. 1862).

D´Aube: *Memoire concernant les intendents departies dans les diferents provinces et generalites du royaunne* Librairie de la Societé General des Lois et des Arrets, París, 1989.

Barcells, M.: «Luces y sombras del uso de la inteligencia artificial en el sistema de justicia penal», en Cerrillo I Martínez, A. y Peguera Poch, M. (Coord.), *Retos jurídicos de la inteligencia artificial*, Thomson Reuters-Aranzadi, Cizur Menor, 2020.

Boix Palop. A.: «Los algoritmos son reglamentos: la necesidad de extender las garantías propias de las normas reglamentarias a los programas empleados por la administración para la adopción de decisiones», en *Revista de Teoría y Método,* vol. 1, 2020.

Castiella, I. y Fernandez Carballal, A. (Coords.): *Los desafíos del derecho público en el siglo XXI: libro conmemorativo del XXV aniversario del acceso a la Cátedra del Profesor Jaime Rodríguez-Arana Muñoz*, Instituto Nacional de Administración Pública, Madrid, 2019.

Cerrillo i Martínez, A.: «El impacto de la inteligencia artificial en el derecho administrativo. ¿Nuevos conceptos para nuevas realidades técnicas?», en *Revista General de Derecho Administrativo*, núm. 50, 2019.

— «La inteligencia artificial y el control de sus posibles sesgos», en Villoria Mendieta, M. (Coord.), *Ética pública en el siglo XXI,* Instituto Nacional de Administración Pública, Madrid, 2021.

Cerrillo i Martínez, A. y Peguera Poch, M. (Coord.): *Retos jurídicos de la inteligencia artificial,* Thomson Reuters-Aranzadi, Cizur Menor, 2020.

Cotino Hueso, L.: «Derecho y garantías ante el uso público y privado de inteligencia artificial, robótica y big data», en Bauzá, M. (Dir.), *El Derecho de las TIC en Iberoamérica*, La Ley-Thompson-Reuters, Montevideo, 2019.

David, R. y Jauffret Espinose, C.: *Los grandes sistemas jurídicos contemporáneos*, (traducción de Jorge Sánchez Cordero) 1.ª reimp. de la 11.ª ed., UNAM, México DF, 2010.

De Dios, S.: «El doctor Antonio Pichardo Vinuesa: vida, obra y doctrina sobre el poder del príncipe», *Ius Fugit* 7 (1998).

— «El poder del monarca en la obra de los juristas castellanos (1480-1680)». Universidad de Castilla la Mancha, 2014.

De Foronda, V.: *Cartas sobre Policía*, Imprenta de Cano, Madrid, 1801.

De La Barrera, M.; Donolo, D.: «Neurociencias y su importancia en contextos de aprendizaje» *Revista Digital Universitaria*, 2009, vol. 10 n.º 4.

De Lahaye, J. M. (CORMENIN): *Du Conseil d´Eatat envisage comme Conseil et comme juridition*, París, 1818.

De Los Mozos, J. L.: *Derecho Civil Español, I. Parte General Vol. 1: Introducción al derecho civil*, Universidad Pontificia, Salamanca, 1977.

Diez Estella ; F y García Verdugo, C.: «Las *Guidelines* del Bundeskartellamt como referencia para las multas de la CNMC tras la Sentencia del Tribunal Supremo de 29 de enero de 2015». *Anuario de la Competencia 2015*, Fundación ICO, Madrid, 2016.

Domat: *Les lois civiles dans leur ordre naturelle, le Droit Public et legun delectus*, Traducción parcial bajo el titulo *Derecho Público escrito en francés por J. Domat*, J. A. Trespalacios, Imprenta de Benito Cano, Madrid, 1758.

Domenech Pascual, G.: «Por qué y cómo hacer Análisis Económico del Derecho». Ponencia en *el I Seminario Interuniversitario de Metodología y Teoría del Derecho Público*, Valencia, 31 de mayo de 2013.

— «Por qué y cómo hacer Análisis Económico del Derecho», *RAP*, 195, 2012.

— «Juzgar a destajo. La perniciosa influencia de las retribuciones variables sobre el sentido de sus decisiones», Civitas, Madrid, 2009.

— «La falta de Servicio desde el análisis económico del Derecho», Letelier Wartenberg (ED.), *La falta de servicio*, Legal Publishing-Abeledo Perrot-Thomson Reuters, Santiago de Chile, 2012.

Domingo Baquer, I.: *Para qué han servido los libros*, Universidad de Zaragoza, Zaragoza 2013.

Domínguez Álvarez, J. L. y Terrón Santos, D. (Dirs.): *Desafíos éticos, jurídicos y tecnológicos del avance digital*, Iustel, Madrid, 2022.

Domínguez Álvarez, J. L.: «Interoperabilidad administrativa y protección de datos personales: claves para garantizar el derecho a una buena Administración», en *Tabula: Revista de Archivos de Castilla y León*, núm. 22, 2019.

Fernando Pablo, M. M. y Terrón Santos, D.: «Sobre la gobernanza de la inteligencia artificial», en Del Guayo.

Gamero Casado, E.: «El enfoque europeo de inteligencia artificial», en *Revista de Derecho Administrativo*, núm. 20, 2021.

Dworkin, R.- Hart, H. L.: *Los derechos en serio*, Ariel, Barcelona, 1984.

Edquist, Ch., Nicholas S. Vonortas, Jon Mikel Zabala-Iturriagagoitia: *Public Procurement for Innovation,* EU-SPRI FORUM ON SCIENCE, TECHNOLOGY AND INNOVATION POLICY SERIES. Elgard Publishin Cheltenham, UK, Northampton, MA, USA, 2014.

Einsenmann, Ch.: «Un dogme faux: L´autonomie du droit administratif». *Perspectivas del Derecho Público en la IIª mitad del Siglo XX*. Madrid: I. E. A. L., 1980.

Enoch, A. y Turull Rubirat, M.: *La enseñanza del derecho en Europa y América*, Octaedro, Barcelona, 2014.

Escribano, A. y Del Valle, A. (Coords.): *El aprendizaje Basado en Problemas. Una propuesta metodológica en Educación Superior*, Narcea Ediciones, 2008.

Esmein, A.: *Precís elementaire du l´histoire du droit française de 1789 a 1814*, Recueil Sirey, París, 1911.

Esteve Pardo, J.: «La extensión del derecho público, una reacción necesaria», *RAP*, núm. 189, Madrid, 2012.

— *La nueva relación entre Estado y Sociedad. Aproximación al trasfondo de la crisis*. Marcial Pons, Madrid, 2013.

— *Autorregulacion: Genesis y efectos*, Aranzadi, Cizur Menor, 2002.

Esteve Pardo, J.; Tejada Palacios, J.: *Ciencia y derecho. La nueva división de poderes*. Fundación Coloquio Jurídico Europeo, Madrid, 2013.

Fernandez De Bujan, A.: *Sistemática y ius civile en las obras de Quinto Mucius Scaevola y de Accursio*, Universidad de Córdoba, servicios de publicaciones, 2001.

— «Sistemática y ius civile en las obras de Quinto Mucius Scaevola y de Accursio», *Revista jurídica Universidad Autónoma de Madrid*, n.º. 6, 2002, pp. 57-80.

Fernandez Rios, L. y Rodriguez Diaz, J.: «The "*impact factor style of thinking*": A new theoretical framework», *International Journal of Clinical and Health Psychology*, 2014.

Fernadez Rodriguez, T. R.; Nieto, A.: *Del derecho y del revés, Diálogo epistolar sobre leyes, abogados y jueces,* 1.ª Ed. 1998, 5.ª reimp. 2008, Ariel, Madrid.

Fernando Pablo, M.: «El procedimiento expropiatorio: Doscientos años de garantía de la propiedad», en *Historia de la Propiedad. La expropiación*, De Dios, S. (Ed.), Universidad de Salamanca, Salamanca, 2010.

Ferrajoli, L.: «Doce cuestiones en torno a Principia Iuiris», *Eunomia, Revista en Cultura de la legalidad*, núm. 1, 2011.

Ferrater Mora, J.: *Diccionario de filosofía*, Ariel, Barcelona, 1994.

Ferrini, C.: *Les scuole di diitto. in Roma antica*, Modena, 1891.

Figuerola L.: «La ciencia del derecho en las formas sucesivas de su desenvolvimiento y su estudio», *RGLJ,* vol. 13, núm. 27, 1865.

Flory, M.: «Modeles d´enseignement du droit en Europe: Bilan et perspectives», en *Revue d´histoire des Facultes du Droit*, núm. 13, 1992.

Foucault, M.: *La verdad y las formas jurídicas*, GEDISA, Barcelona, 2005.

Fourneir, M: *Historie de la science du droit en France, Tomo III Les Universites Françaises et l´enseignement du droit en France au Moyen Age*, Larose París, 1892.

Fratti, L.: «L´Epistola De regimine et modo studendi de Martino Fanno» en *Studi e memorie per la storia dell'Università di Bologna*, vols. 6-7, 6, Bolonia 1921.

Gadamer, H. G.: *El inicio de la filosofía occidental*, Paidos, Barcelona, 1995.

— *Verdad y método. Fundamentos de una hermenéutica filosófica*, Sígueme, Salamanca 1977 y 1992.

GALLEGO ANABITARTE A.: «Influencias nacionales y foráneas en la creación del derecho administrativo español», en *Posada Herrera y los orígenes del derecho administrativo español,* INAP, Madrid, 2001.

Formación y enseñanza del derecho público en España (1769-2000: Un ensayo crítico, Marcial Pons, Madrid, 2003.

GARCÍA AMADO, J: «Teorías del sistema jurídico y concepto de derecho», *Anuario de Filosofía del Derecho*, Nueva Época, T II, Madrid, 1985.

GARCÍA COSTA, F. M.: «Lecciones de Derecho Público Constitucional de Ramón Salas y los orígenes de la ciencia española del derecho constitucional», *Empresas Políticas*, n.° 6, 2005.

GARCÍA DE ENTERRÍA, E.: «Reflexiones sobre la ley y los principios generales del derecho», *RAP,* núm. 40, Madrid, 1963.

— «Verso un concetto de diritto amministrativo come diritti statutario», *RtDP*, 1960.

— «La formación histórica del principio de autotutela», *Moneda y Crédito*, n.° 128, marzo 1974.

— «La organización y sus agentes», *La Administración española*, 22.ª Ed., IEP, Madrid, 1964.

— *La Administración pública y el Estado contemporáneo*, IEP, Madrid, 1961.

GARCÍA GARRIDO, FRANCISCO EUGENIO: *Estudios de Derecho y Formación del Jurista*, Madrid, 1988.

GARCÍA Y GARCÍA: «Transmisión de los saberes jurídicos en la Baja Edad Media», *Educación y transmisión de conocimientos en la historia* (Burke et alter, ed.), Universidad de Salamanca, Salamanca 2002.

En el entorno del derecho común, Dynkinson, Madrid, 1999.

GARRIDO FALLA, F.: *Tratado de derecho administrativo*, vol. 1, 10.ª Ed., Tecnos, Madrid, 1987.

GENTILE, G.: «To be or not to be (legally binding)? Judicial review of EU soft law after BT and Fédération Bancaire Française», *Revista de Derecho Comunitario Europeo* 70, 981-1005.

GIANNINNI, M.S.: *Diritto Amministrastivi,* Milano, 1970.

— *Derecho administrativo*, Madrid, 1991 (traducción española a cargo de Luis Ortega).

GIBBONS, M.; JHONSTON, R.: «The roles of science in technical innovations», *Research Policy*, núm. 3, 1974.

Gobert, D.: «Le règlement européen du 23 juillet 2014 sur l'identification électronique et les services de confiance (eIDAS): analyse approfondie» *Droit & Technologies* http://www.droit-technologie.org/dossier/details.asp?id=273.

Gomez De La Serna, P.: *Instituciones del derecho administrativo español*, Dos tomos, Madrid, 1843.

Gonzalez Perez, J.: «El método en el derecho administrativo», *RAP*, núm. 22, Madrid, 1957.

González Posada, A.: *Tratado de derecho administrativo: según las teorías filosóficas y la legislación positiva*, Librería de Victoriano Suárez, Madrid, 1897-1898.

— «La enseñanza del derecho», Universidad de Oviedo, 1884 (Discurso de inauguración del curso 1884-1885).

— *La enseñanza del derecho en la Universidad. Estado actual de la misma en España y proyectos de reforma*, 1889.

Hauriou, M.: *Prologo* a la primera edición de *El acto administrativo* de R. Fernández de Velasco, Librería General de Victoriano Suarez, Madrid, 1929.

— «De la formation du droit administrative française depuis l'an VII» *Revue générale d'administration*, 1892.

Iglesias, J.: *Derecho Romano, Instituciones de derecho privado*. Ariel, Barcelona, 1958.

Jaures, J.: *Causas de la Revolución Francesa*, Grijalbo, 2.ª Ed., Barcelona, 1982.

Jordana De Pozas L.: «Los cultivadores españoles de la Ciencia de la Policía», *REVL*, núm. 17, 1944.

Kant, I.: *Sobre la paz perpetua* (Trd. Abellan García, presentación De Truyol Y Serra, A.), 5.ª Ed., Tecnos, Madrid, 2005.

Kramer S. N.: *La civilización empieza en Sumer*, Alianza Editorial, Madrid, 2010.

Kolb, D.: *Experiential Learning: Experience as the Source of Learning and Development* by David A. Kolb, Prentice Hall, 1984.

Koschaker, P.: *Europa y el derecho romano*. Edit. Ediciones de Derecho Privado.

Laban, P.: *Le droit public de l'Empire Allemand*, París, 1900.

Laferriere, E.: *Traite de la jurisdition administrative et des recours contentieux, 2 tieme ed.* Tomo premier, Berger-Levrault, París, 1896.

Lavigne, P.: «Les manuels de droit administratif pour les estudiants des facultes de 1829 a 1922», *Annales d'histoire des Facultes de droit et de la science juridique,* núm. 2, 1985.

De Dou y De Bassols, R. L.: *Instituciones del derecho público general de España, con noticia del particular de Cataluña,* IX volúmenes. Oficina de Benito García, Madrid, 1800-1803. Forma parte del Patrimonio Bibliográfico y puede consultarse on line: http://bvpb.mcu.es/es/consulta/registro.cmd?id=403995.

Letelier, V.: *Génesis del derecho*, Editorial Jurídica de Chile, 1967.

López Miño, A.: «La compra pública innovadora en los sistemas europeo y español de contratación pública» *Contratación pública estratégica*, Aranzadi, Pamplona, 2013.

Lozano, B.: «Fundamento constitucional y reserva competencial de la jurisdicción administrativa en Francia» *RAP,* núm. 126, Madrid, 1991.

— *Nuevas perspectivas del derecho administrativo*, Civitas, Madrid, 1992.

Mallein A. J.: *Consideration sur l´enseignement du droit administrative*, París, 1857.

Margadant, G.: *La segunda vida del derecho romano*, Porrúa, México 1986.

Martin Retortillo, S.: *El derecho civil en la génesis del derecho administrativo y sus instituciones*, Instituto García Oviedo, Sevilla, 1960.

Martinez Marin, A.: *La enseñanza del derecho administrativo. Un método de participación organizada*, Universidad de Murcia, 1990.

Martinez Martinez, M. G.: *El llamado derecho suave en el derecho de la competencia.* Tesis Doctoral, Madrid, 2017.

Martinez Neira, M.: «El estudio del derecho: Libros de texto y planes de estudio en la universidad contemporánea». Cuadernos del Instituto Antonio de Nebrija, 4, 2001.

— «La cuestión pedagógica. Adolfo posada y la enseñanza del derecho». Aulas y Saberes, vol. 2, 2003.

— «La facultad de derecho en los años sesenta», Cuadernos del Instituto Antonio de Nebrija, núm. 80, 2005.

Masucci, A.: «Formación y evolución del derecho administrativo en Francia y Alemania», *RAP*, núm. 184, Madrid, 2011.

Melleray, F.: «Les historiens du droit administratif sont-ils encore plus positivistes que les administrativistes ?» *Clio Themis, Revue electronique d´histoire du droit,* 14, 2018.

Merlin Ph. A: *Répertoire universel et raisonné de jurisprudence.* París, Garnery, 4.ª (T. I., 1812)

Mestre, J. L.: «Administration, justice et droit administratif,» *Annales historiques de la Révolution française* 2002/2 (n.º 328)

Mitchell, J. D. B.: «L´Absence d´un systeme de droit administrative au Royaune Unie, ses causes et ses efets», *EDCE,* 16.

Mora, A. (Edt.): *La enseñanza del derecho en el siglo XX, Homenaje a Mariano Peset*. Instituto Antonio de Nebrija, Dykinson, Madrid, 2004.

Morgado, I.: *Aprender, recordar y olvidar: Claves cerebrales de la memoria y la educación*, Ariel, Barcelona, 2014.

Mousourakis, G.: *A legal history of Roma*, Roudledge, New York, 2007.

Muñoz Aranguren, A: «La influencia de los sesgos cognitivos en las decisiones jurisdiccionales. El factor humano. Una aproximación», *In Dret*, núm. 2, 2011.

Neira M. M.: «Una supresión ficticia? Notas sobre la enseñanza del derecho en el reinado de Carlos IV», *Anuario de Historia del Derecho Español*, núm. 68.

Nieto, A.: *Estudios históricos sobre administración y derecho administrativo*, INAP, Madrid, 1986.

Nogales Flores: «Aplicación de formato hipertextual a textos legales. El ejemplo del Código del Mercosur», http://www.academia.edu/4106287.

Núñez Lozano, M. C.: «La contratación pública innovadora: compras comerciales y compras precomerciales», en *El impacto de la crisis en la contratación pública: España, Italia, Francia en* Hernández González, F. L. (Coord.), Aranzadi, Thomson Reuters, Cizur Menor (Navarra), 2016.

Olivan, A.: *De la Administración Publica con relación a España*, Madrid, 1842.

Oliver Lalana, A. D.: «El derecho secreto y la formula de Raddbruch. ¿Es la publicidad un criterio definitorio del derecho?» *Anuario de Filosofía del Derecho*, núm. 19, 2002.

Olivier Martín, F.: *Histoire du droit français des origines à la Revolution,* Domat Montchrestein, París, 1948.

— *Les lois du Roy*, París, 1945.

O Neil, C.: *Armas de destrucción matemática. Como el big data aumenta la desigualdad y amenaza la democracia.* Capitan Swing, Madrid, 2018.

Orlando, V. E.: *Primo Trattato completo di diritto amministrativo*, vol. 1., Introduzione, Editrice Libraria, Milano, 1901.

— «Criteri tecnici per la riconstruzione giuridica del diritto pubblico», *Prolusione* al Curso de Derecho Administrativo y Constitucional, leída en la Universidad de Palermo, enero 1889.

Palao Taboada, J.: «La enseñanza del derecho en la Universidad: Presente y Futuro», *Anuario de la Facultad de Derecho de la Universidad Autónoma de Madrid*, núm. 6, 2002.

Pantoja Agudo, J. M.: *Repertorio de la jurisprudencia administrativa española*, LGLJ, Madrid, 1969.

Paulos, J. A.: Érase *una vez un número*, Kootthapali e Pub rase, 1998. Once Upon a Number. The Hidden Mathematical Logic Stories, Basic Books, 1999.

Perelman, Ch.; Olbrecht-Tvtca, L.: *La nueva retórica. Tratado de la argumentación,* Gredos, Madrid, 1989.

Perez De Bes, F.: «Las prácticas comerciales desleales en Internet», *Comunicación y pluralismo*, núm. 9, 2010, pgs 195-216.

Perez Moreno, A.: «El método en el derecho administrativo», *Revista de Estudios Jurídicos (Segunda Época)*, núm. 9, Madrid, 2009.

Peset, M.: «La formación de los juristas y el acceso al foro en los tránsitos de los siglos XVIII y XIX», *RGLJ*, 1971.

— *Las viejas Facultades de Leyes y Canones del Estudi General de Valencia*, Valencia, 2006.

Peset (M y JL): *Gregorio Mayans y la reforma universitaria*. Idea del nuevo método que se puede practicar en la enseñanza de las universidades de España. Valencia, 1975.

Peset, M. y Alonso Romero, M. P.: «Las Facultades de Leyes», en *Historia de la Universidad de Salamanca, vol. III: Saberes y confluencias*. Universidad de Salamanca, Salamanca. 2002.

Peyrefit, A.: *Le mal française*, Plon, París, 1976.

Piconto Novales, T.: «Teoría general de la interpretación y hermenéutica jurídica: Betti y Gaddamer», *Anuario de Filosofía del Derecho*, IX, 1992.

Ponce Sole, J.: «Nudging, simplificación procedimental y buen gobierno regulatorio: el Derecho Administrativo del siglo XXI y sus relaciones con las ciencias sociales», *La simplificación de los procedimientos administrativos: actas del IX Congreso de la Asociación Española de Profesores de Derecho Administrativo: Santiago de Compostela, 7 y 8 de febrero de 2014,* Luis Míguez Macho, Marcos Almeida Cerreda, Diana Santiago Iglesias, Santiago de Compostela (Coords.): Escola Galega de Administración Pública, 2014.

Ponti, F.: «Siete estrategias de creatividad y cómo funciona un equipo creativo», https://acortar.link/78GZZ1.

Ponti, F.; Ferras, X.: *Pasión por innovar*, Norma, 2008.

Posada Herrera, J.: *Lecciones de Administración*, Madrid, 1843.

Raigosa, L.: «Una contribución al problema de la cientificidad del derecho», *ISONOMIA, Revista de Teoría y Filosofía del Derecho*, núm. 1, octubre 1994.

Reale, M.: *Teoría Tridimensional del Derecho: una visión integral del Derecho*, Tecnos, Madrid, 1997.

Ricoeur P.: *Le conflict des interpretations. Essai d'hermeneutique,* Seuil, París 1969.

—*Essai d'hermeneutigue*, Seuil, París 1986.

Riego y Amat, J.: *Jurisprudencia administrativa. Colección de competencias informadas hasta el día por el Consejo Real.* Imprenta de José Marcili, Alicante, 1847.

Raggi, L.: «Sul atto amministrativi», *Rivista di Diritto Pubblico e della Pubblica Amministrazione in Italia,*vol. 1, 1917.

Rivero, J.: «Existe-t-il un critere du droit administratif?», *RDP*, 1953.

Rivero Ortega, R.: *La necesaria innovación en las instituciones administrativas: organización, procedimiento, función pública, contratos administrativos y regulación*, INAP, Madrid, 2012.

Rodriguez San Pedro, L.: «Universidad de la monarquía católica, 1555-1700», *Historia de la Universidad de Salamanca, vol. I: Trayectoria histórica e Instituciones vinculadas* (Rodriguez San Pedro, L. Coord.) Universidad de Salamanca, Salamanca.

Rodriguez Ennes, L.: «La ruptura del monopolio de la enseñanza del derecho romano en las universidades españolas del siglo XVIII», *Revue Internationel des droit de l´Antiquite (RIDA)* 1996.

Romagnosi: *Instituzioni di diritto amministrativo* Milán, 1814.

Rossi, P.: *L'istruzione pubblica nell'antica Roma*, Siena, 1892.

Ruffet, M. (editeur): *La mutation du droit administrative dans Europe*, Selier, Munchen, 2007.

Sanchez Arcilla, J. y Madrid Cruz, M.: «Una propuesta de nuevas estrategias para la enseñanza del derecho» *e-print*. Complutense, 2009.

Sanduli, A.: *Construire lo Stato. La scienza dell diritto amministrativo en Italia 1800-1945)* Giuffré, Milano, 2009.

Santamaría De Paredes, V.: *Curso de Derecho Político: según la Filosofía política moderna, la Historia general de España y la legislación vigente*. Madrid, Estab. Tip. de Ricardo Fé, 1890.

— *Curso de Derecho administrativo según sus principios generales y la legislación actual de España Madrid*, Estab. Tip. de Fernando Fé, 1885.

Santamaria Pastor, J. A.: *La nulidad de pleno derecho de los actos administrativos*. (2.ª) IEAL, Madrid, 1975.

— *Fundamentos de derecho administrativo*, CEURA, Madrid, 1988.

— «Sobre el origen y evolución de la reclamación administrativa previa» RAP, 77, p´g. 81 y ss.

Santosuosso A.: *Le neuroscienze e il diritto,* Ibis, Como-Pavia, 2009,

Sarmiento, D.: «La autoridad del Derecho y la naturaleza del soft law» *Cuadernos de Derecho Público,* núm. 28.

— *El soft law administrativo.* Thomson civitas, Cizur Menor, Navarra 2008.

Savigny, F. C.: *Sistema del derecho romano actual,* Tomo I, (traducción del alemán de Guenoux y vertida al castellano por Jacinto Mesía y Manuel Poley, con prólogo de Duran y Bas), Góngora y Cía. Editores, Madrid, 1878.

Schulz, F.: *Storia de la Giurisprudenza romana*, Sansoni, Firenza, 1968.

Seisdedos Sanchez, C.: «Ars et doctrina studendi et docendi de Juan Alfonso de Benavente», *Brigecio: revista de estudios de Benavente y sus tierras*, n.º 2, 1992.

Soler Cayón,J. I.: «La inteligencia artificial jurídica: nuevas herramientas y perspectivas metodológicas para el jurista» *Revus* n.º 41/2020.

Soriano Arnanz, A., *Data Protection for the prevention of algorithmic discrimination: protecting from discrimination and other harms caused by algorithms through privacy in the EU: possibilities, shortcomings and proposals*, Thomson Reuters-Aranzadi, Cizur Menor, 2021.

Sordi, B.: «Brevi spunti su storia e didáctica del diritto público», Cerulli, S. et alter (a cura dii): *Per una reflexione sulla didacttica del diritto*, Milano, 2000.

Sosa Wagner, F.: *Maestros alemanes del derecho público*. Marcial Pons, Madrid, 2002.

— *La construcción del Estado y del Derecho Admkinistrativo.Ideario jurídico-político de Posada Herrera*, Marcial Pons, Madrid, 2001.

— *Lección de Despedida*, León, 2016.

Storace, D.: «L´ínsegnamento del diritto amministrativo». *Actas del XIII Congreso Ítalo-Español de Profesores de Derecho Administrativo, Salamanca,* octubre 2000, CEDECS, Barcelona 2002.

Suarez Llanos, M.: «El sueño de la codificación y el despertar del derecho», *DOXA*, núm. 29, 2006.

Sumner Maine: *El derecho antiguo,* II. Tipografía de A. Alonso, Madrid, 1893.

Syrey, J. B. A.: *Jurisprudence du Conseil d´Etat ou recu OU RECUEIL des Décisions, Arrêts et Actes du Conseil d'État, sur le contentieux de l'administration, les conflits et les autres matières administratives, — contenant l'exposé sommaire de la question, le point de fait, l'analyse des moyens des parties et le texte de la décision, avec des tables à chaque volume, classant le tout par ordre des matières*. Syrey, vl. 1, París, sin fecha.

Tagliavia Lopez, A.: «Reflexiones acerca de la enseñanza del derecho en España», *Saberes, Revista de Estudios jurídicos económicos y sociales*, vol. 2, 2004.

Taisans, C.: *Les vies des plus celebres jurisconsultes de toutes les natios, tans anciens que modernes, tiree des meilleurs autuers qui ont ecrit*, Ches Selvestre, París 1721.

Tamayo y Salmoran, R.: «Jurisprudencia y formulación judicial del derecho (principios)», *ISONOMIA*, 21, octubre 2004.

Taruffo, M.: *La motivación de la sentencia civil* Trota, Madrid, 2011.

Terrón Santos, D. y Domínguez Álvarez, J. L.: *i-Administración pública, sistemas algorítmicos y protección de datos,* Iustel, Madrid, 2022.

Tixier; G.: *Le controle judiciaire de l´Administration anglaise,* Daloz, París, 1954.

Tocqueville, A. de: *El Antiguo Régimen y la Revolución, Madrid, Istmo, 2004.*

— *La democracia en América, México, FCE, 1963.*

Toller, F. M.: «Orígenes históricos de la educación jurídica con el método del caso», *Anuario da Facultatade de Dereito da Universidade da Coruña*, núm. 9, 2005.

Tomas Forner, M.: «El estudio de casos como método de enseñanza» Universidad de Barcelona, Dipòsit Digital de la UB.

Tomas Y Valiente, T.: *Manual de Historia del Derecho español*, Tecnos, Madrid, 2011.

Torrent Ruiz, A.: «Fundamentos del derecho europeo (derecho romano-ciencia del derecho-derecho europeo», *Anuario de la Facultad de Derecho Universidad Complutense*, 11, 2007.

Turull Rubinat y Alberti Rovira (Coords.): *74 experiencias docentes en el grado en derecho*, Octaedro, Barcelona, 2017.

Touzeil-Divina M.: *Eléments d'histoire de l'enseignement du droit public; la contribution du doyen Foucart (1799-1860)*, LGDJ, Poitiers, 2007.

Tydenmant, J. G.: *Disquisitio historica de iuris civilis docendi discendique via ac ratione apud Romanos: pars prior, argumenti expositionem continens usque ad liberae reipublicae interitum*, Groningae, 1837.

Vandermeersch, L.: *La formation du legisme. Recherche sur la constitución de une philosophie politique caracteristique de la Chine anceinen*. Ecole Française D´Extreme Orient, París 1964.

Veiga, L.: «Innovación y competitividad, hoy y ayer», en http://socrates.ieem.edu.uy/wp-content/uploads/2011/10/hoy_ayer.pdf

Velarde Valiente, A.: «Innovación y seguridad jurídica», http://blog.abengoa.es/2013/09/25/innovaci%C3 %B3n-y-seguridad-jur%C3 %ADdica/, en línea 26 de marzo 2015.

Velley: «La constitutionalisation d´un mythe: Justice administrative et separation des pouvoir», *RDP*, 1989.

Viana H. y Cervilla M. A.: «El papel de la ciencia en la innovación tecnológica», *Espacios*, vol. 13 (1), 1992.

Viehweg, T.: *Tópica y jurisprudencia*, Taurus, Madrid, 1964.

Villapando, W.: «La formación del juristas, objetivos y competencias», *INVENIO* 12, 2009.

Villar Palasi, J.: «El fin del Antiguo Régimen y los orígenes del Estado constitucional en España: la aparición del derecho administrativo», en *Posada Herrera y los orígenes del derecho administrativo español: I Seminario de Historia de la Administración (Madrid, 21 al 23 de febrero de 2001)*.

Villiers, R.: *L´organisations du Parlament de París et des Conseil superieurs d´apres la Reforme Mapeau*, Sirey, París, 1937.

Weil, P.: *Droit Administraif.* (traducción y nota preliminar de Lorenzo Martin Retortillo). Civitas, Madrid, 1986.

Wilkerson L. Gijselaers Wh. (Eds.): *Bringing Problem-based Learnig to Higher education: Theory and practice*, San Francisco, Jossey-Bass Publishers, 1996.

ZARABELLA, F.: «Tratatus de modo docendi et discendi ius canonicun et civile», en L´ENGLE, S.: «A Zealously Annotated Liber Extra: Vich, Archivo Capitular, ms 144» en *Il camino delle idee all Medioevo all´Antico Regimen. Diritto e cultura nell´experienza europea»* a cura di MAFEI, P. e VARANNIN, G. M., Firenze Universiti Press, 2014.

VV. AA.: «Science and technology roadmap for graphene, related two-dimensional crystals, and hybrid systems», Nanoscale. DOI: 10.1039/C4NR01600A. http://pubs.rsc.org/en/content/articlepdf/2015/nr/c4nr01600a?page=search

Made in United States
Orlando, FL
04 November 2026

90206070R00092